教育的探索

长宁区教育学院干训部 ◎ 编

上海社会科学院出版社
SHANGHAI ACADEMY OF SOCIAL SCIENCES PRESS

图书在版编目(CIP)数据

教育的探索 / 长宁区教育学院干训部编. -- 上海：上海社会科学院出版社，2018
ISBN 978-7-5520-2532-3

Ⅰ.①教… Ⅱ.①长… Ⅲ.①教育研究-中国
Ⅳ.①G52

中国版本图书馆CIP数据核字(2018)第275672号

教育的探索

编　　者：长宁区教育学院干训部
责任编辑：何红燕
封面设计：戚亮轩
出版发行：上海社会科学院出版社
　　　　　上海顺昌路622号　　　　邮编 200025
　　　　　电话总机 021-63315900　销售热线 021-53063735
　　　　　http://www.sassp.org.cn　E-mail:sassp@sass.org.cn
印　　刷：上海颛辉印刷厂
开　　本：787毫米×1092毫米　1/16开
印　　张：13.5
字　　数：250千字
版　　次：2018年12月第1版　2018年12月第1次印刷

ISBN 978-7-5520-2532-3 / G·797　　　　　　　　　　　　定价：69.80元

版权所有　侵权必究

序

多年来，长宁区教育党工委认真贯彻习近平关于培养选拔年轻干部的指示："大力培养选拔年轻干部事关党和国家长治久安。培养选拔年轻干部工作必须常抓不懈。随着社会的发展，广大人民群众对优质教育的关注和需求，呼唤更多的优质学校与优秀教师。"区教育局组织科遵循青年干部成长的规律，坚持在使用中培养，通过运作民主"选才"、岗位"试才"、跟踪"管才"、择优"用才"，不断健全集中培训、岗位试才、项目研修、跟踪考察等培养机制，使区域青年后备干部始终保持一定的数量、合理的结构和较高的素养，充满着活力和生机。

《教育的探索》一书是长宁区教育系统"十三五"第一期青年后备干部培训班学员经过一年学习、实践和研修的成果，主要有教育研究论文、课题研究报告、教学方案、案例研究、教学观摩思考和学习体会等。这些研究成果反映了学员们立足本职岗位，从教育教学的实际出发，落实"以学校发展为本、以学生发展为本、以教师发展为本"的思想理念，运用科学的研究方法，对教育教学中的现象、事件，以及可能会出现的问题，通过分析和综合、抽象和概括等思考，逐步形成研究的课题、案例和课例等。这个过程体现了他们把问题转变成课题，怎样搜集资料、处理信息、加工信息，直面教育教学中的实际问题，改变教育教学方式，提高教育教学效果，实现专业能力提升的过程。

在教育信息化时代，教育必然会面对多种文化的影响，百姓对教育多样性的期待，需要培养更多的有教育理想和创新精神、专业化水平高的青年干部。因此，青年后备干部必须强化三种意识：

一是强化使命意识。

学校如何根据党和国家的教育方针、国家有关教育法律法规，结合学校实际，来确定学校的发展目标，并通过自主实施教育教学与管理，让全体师生的教育思想和教育行为向着提高素质方向努力，共同实现教学相长、德智体美劳全面发展目标。

二是强化研修意识。

在教育教学和教育管理过程中，必然会发生各种各样的问题，如教育教学的瓶颈问题，教师专业发展，家校合作有效性，学校基础型、拓展型和研究型课程联通、党建工作与行政工作融合，师资队伍建设和学校工会工作等。这需要青年干部在教育教学和管理的实践中不断地进行探索和研究。通过科学的研究，一定会有更大的收获。

三是强化整合意识。

在青年干部的专业发展中，整合各种资源，提升其教育教学管理的能力是极其重要的，也是学校治理能力现代化的体现。学校管理是一项系统工程，需要整合各种因素、各种力量，提升学校管理的有效性。强化整合意识，处理好一系列关系。比如，要发挥好学校党建工作与学校教育教学的关系；发挥教师和学生家长的积极性主动性，学校校长的领导与学校中层管理的有机结合；还有要处理好法治与德治的关系；坚持依法治校与以德治校相结合，实现以刚性法治为学校治理划定行为底线与边界，以柔性的美德提升全体师生的思想境界与价值追求。

相信《教育的探索》一书的出版，能对青年干部和关心青年干部培养的同仁带来有益的思考和启发，希望各位同仁提出宝贵的建议，我们将在推进长宁区"三好两优"系统工程中，进一步深化青年干部成长的培养与研究，将青年干部的培养工作做得更有成效。

编 者

2018年10月

目 录

教育论文 — 001
影响数学试卷讲评有效性的因素与反思	李春霞	002
突破学生与文本距离的策略研究	孙海瑾	007
融合教育背景下特需学生家长心理支持的实践探索	黄美贤	011
学科教学的育人价值	乔 悦	014
教育资产管理的现状、问题与对策	诸磊强	017
人物画创作促进学生艺术思维发展的实践策略研究	徐苏彬	024
丰富学习经历，提升阅读思维品质	姚丽琳	032
浅谈小学班主任的管理艺术	张静妍	038
幼儿园、家庭与社区共育推进幼儿园节日教育的有效性研究	诸毅萍	044
角色游戏中有效挖掘幼儿内驱力的几点尝试	颜婷婷	049
浅议幼儿园日常生活中数学教学的探索	李 贇	052

课题研究 — 055
初中数学教学中通过改善阅读习惯提升学生审题能力方法的研究（开题报告）	张 静	056
创设挑战性运动情景，挖掘大班幼儿运动潜能的实践研究（结题报告）	王莉莎	060
运用"学习故事"支持幼儿学习与发展的实践研究（结题报告）	廖 蕊	066
园本培训可持续发展教育目标适切性与实效性的行动研究（开题报告）	崔 华	081
提升教师对大班幼儿数学核心经验理解与运用能力的实践研究（结题报告）	胥梦超	087
3—6岁幼儿民间撕纸艺术传承与发展的实践研究（结题报告）	时佩蓉	092

案例研究 — 107
"他们"也当绽放光彩 　　——直面中等生的教育	孙海瑾	108
基于信息技术背景下的课堂教学的思考	余 琼	113

重视青年教师培养　夯实学校发展潜力	郑黎莉	117
关爱外来务工子女　依法构建和谐校园	张静妍	120
引导青年教师积极参与幼儿园课题研究的启示	崔　华	124
月饼节的故事		
——关于大活动策划的思考	时佩蓉	128
发挥工会职能，让教职工自愿献血	李　贇	131
工会工作中的"小风波"	朱雯琼	135
从零开始　注重非专业青年教师能力提升	侯佳磊	139
努力发挥工会的协调作用	陆蓓玲	143

教案与反思　　　　　　　　　　　　　　　　　　　147

全等三角形辅助线添加	张　静	148
参观消防站	郑黎莉	151
翻转垫子	廖　蕊	155

教学评议　　　　　　　　　　　　　　　　　　　　159

充实的内容、扎实的教学		
——《全等三角形辅助线添加》评析	余　琼	160
在生活中学习		
——《参观消防站》评析	张静妍	162
注重孩子综合素质的培养		
——《翻转垫子》评析	黄军成	164
有意义的游戏活动		
——《翻转垫子》评析	崔　华	166
有趣的翻垫子游戏		
——《翻转垫子》评析	时佩蓉	168

读后感　　　　　　　　　　　　　　　　　　　　　171

当今时代如何看待多元智能		
——读《多元智能理论》有感	夏　磊	172
努力求真		
——读《语文教学谈艺录》有感	孙海瑾	174
以论统实，寓论于实		
——读《帕夫雷什中学》有感	黄军成	176

目 录

读懂学生、教师和教育
  ——读《读懂课堂》有感 余 琼 179
我给学校文化建设找一百个理由
  ——读《帕夫雷什中学》有感 乔 悦 182
为师者，任重而道远
  ——读《滋润上海》有感 郑璐佳 185
做一个聪明的教师
  ——读《做一个聪明的教师》有感 张静妍 187
淡到深处是繁华
  ——读《我们仨》有感 姚丽琳 189
积极影响幼儿，为未来做准备
  ——读《学习故事与早期教育：建构学习者的形象》有感 廖 蕊 192
培养学生成为一名乐观主义者
  ——读《斯宾塞的快乐教育》有感 诸毅萍 194
改变，从学写"学习故事"开始
  ——读《用专业的心，让观察更有温度》有感 胡 云 196
把孩子培养成有个性的人
  ——读《窗边的小豆豆》有感 胥梦超 198
学会反思
  ——读《在反思中成长》有感 崔 华 201
掌控自己的内心
  ——读《少有人走的路》有感 朱雯琼 203
培育教师人文素养的重要性
  ——读《教师人文素养》有感 吉燕君 205
心系幼儿
  ——读《幼儿园实用手册》有感 王莉莎 207

教育论文

影响数学试卷讲评有效性的因素与反思

●上海市建青实验学校 李春霞

数学学科的教学特点决定，经过一段时间的学习后，老师要系统而全面地了解学生的学习情况，最好的手段就是考试。特别是复习阶段，为了迎接即将到来的考试，老师几乎每天都下发有针对性的专题复习试卷，或考试或作为作业让学生习作，一方面学生通过考试可以复习整理自己已经学过的知识点，并提高自己的做题速度，另一方面教师通过对试卷评改又可以找到学生知识学习过程中的薄弱点，最终，教师通过试卷讲评的形式，将复习的知识点在学生身上加以落实。

但是，试卷讲评课由于种种原因却往往是课堂效率最低的课，很多时候老师觉得，上课自己讲题讲得十分激动，而学生却反应平平，学习积极的抄抄答案，懒惰的甚至连笔都懒得动一动。那么试卷讲评课到底存在哪些问题，我们又应该如何有效地解决这些问题，提高试卷讲评课的有效性呢？本学期末，我有幸连续听了我校十名初、高中数学教师的试卷讲评随堂课，下面结合我所听的十节试卷讲评课和自己教学实践的感悟谈一点自己的思考。

一、试卷讲评课存在的主要问题

（一）部分教师批改试卷不够认真

目前的教学班，一般一名教师要面对30到40名学生，好的市、区示范性学校甚至可以达到一个班级50人左右。而一个任课教师，一般要上两个班级，每个班级一周六到七节数学课，合计每周12到14节课，而一场考试或一次作业后，一个班级的试卷批改至少需要两个小时以上的时间，每月的月考、期中、期末这样的大考还可以教师流水阅卷集体操作，平时班级的小测验以及复习过程中的以试卷形式出现的作业的批改难免力不从心。在我听的十节课中，有两名老师没有能够及时批改试卷，或者只批改了试卷中的部分题目（主要批改了简答题和解答题），而对选择、填空题则采用了教师课堂上报答案，学生交叉批改的方式。因为没有认真批改试卷，造成教师对学生知识点掌握情况了解不够，使得试卷分析中不能够从学生的实际情况出发，达不到试卷讲评的效果。

（二）教师对学生试卷结果分析不到位

一次考试，特别是平时的小测验以后，由于时间和人员的限制，教师很少对学生的试卷进行一个科学的统计和分析，往往只是凭借自己批改试卷过程中对学生做错题的大致印象来确定试卷评讲内容，本次我听的十节试卷讲评课中只有两名教师对试卷进行了统计分析，了解了每道题的得分率。而大部分的老师只是凭借改试卷时的大致印象进行错题评讲。因为没有做科学的统计和分析，教师评讲的题目并不是大面积学生错的题目或并不是十分有针对性的题目，因为心里没有底，教师在讲评试卷时往往还会问学生：你们看还要讲哪道题？而这时候，通常就是班级里几个平时就愿意发表自己意见的学生会要求老师讲一讲某道题，因为这道题他（她）做错了，而老师却没有讲，大多数时候，学生提出来，老师都会讲一下这道题，使得整节课的教学重点被削弱。

（三）教师教学目标不明确

评讲一份试卷应该达到怎样的教学目标，不少老师心里也不是很有数。虽然自己做了试卷，也批改了学生的试卷，但是评讲这份试卷我们应该突出怎样的重点，达到怎样的目标，重点突出那些方面，让我们的学生有些什么收获？不少教师并没有思考过。在我所听的十节课中，有四位这样的老师，完全就题论题，面面俱到，因为有不少证明计算题，老师在黑板上认真书写，不少学生也就跟着老师不停地抄写，直到一节课结束，一张试卷的一半还没有讲完，使得试卷评讲的效率大打折扣。

（四）课堂教学形式单一

试卷讲评课的教学形式比较单一，大多都是以师授生受的形式进行，我所听的十节课全采用这样的形式。不同的是，个别老师在讲评过程中主要采用对标准答案的方式，学生主要的课堂行为就是抄答案；部分没有完全批改学生试卷或是只改过部分学生试卷的老师，在课堂上，只针对性地评讲试卷中教师认为学生应该注意的问题，其他的题目则采用对答案的方式一笔带过，虽然有一定的针对性，但是削弱了试卷的功能；还有的老师虽然批改了试卷，但在讲评试卷时缺乏针对性，不考虑重点和难点，就题讲题，面面俱到，使得教学效果大打折扣；更多的教师在试卷评讲的课堂上独揽讲评大权，忽视了学生的主观能动性，没有积极引导学生质疑、调查、探究，使学生处于只是被动地接受正确答案的状态，削弱了学生的独立思考和解答问题的能力，使得试卷讲评没有达到应有的复习提高的效果。

（五）缺乏有效教学的课堂反馈

在我所听的试卷讲评课中，没有一个教师安排课堂反馈环节。几乎十节课都是匆匆结束的，给人的感觉是，一节试卷评讲课，最好的时间安排就是在下课之前，教师讲完了试卷上自己认为应该讲的题,这节试卷讲评课就算圆满完成了。除了正常的课后订正以外,老师是不是应该了解自己的课堂教学效果?当然这也与教师自己的课堂教学目标设定有关,因为没有明确的教学目标,就更谈不上对教学效果的反思了。

二、提高试卷讲评课的有效性的相关反思

(一)做好充足的教学准备

上好一堂试卷评讲课,课前需要教师投入大量的时间做好准备工作。

首先,认真批改试卷。虽然现在教师的教学工作任务十分繁重,班级中的学生很多,这是客观事实,但是不能以此为借口来不改或少改学生的试卷,因为要了解学生的真实情况就必须特别注意学生在试卷中的表现,对阅卷过程中收集到的素材进行整理分析,从中抽出具有普遍意义的典型问题进行讲评,哪些该粗讲,哪些该细讲,心中要有数。

其次,做好试卷的统计分析工作。一是加强对试卷的分析,统计试卷中所考的知识点及分布情况,判断试卷的难易度和重点及难点;二是对学生答题情况进行分析,既要总体分析所任教班级学生的整体水平,又要逐项分析学生答题的正确率(得分率和失分率),确定讲评中的重点和难点。讲评试卷重点分析学生的错误比较普遍,问题相对集中的题目并配上相应的练习以便他们巩固。

第三,让学生先分析自己的考卷。考试的主体是学生,拿到考卷后,学生在听老师讲评前,先对自己的考试情况进行一个分析是十分必要的。老师通过这个方法,一方面可以让学生反思且评价自己的学习情况和方法,发现自身优势或认清自身不足,促使学生主动地去搜集试卷中存在的问题,有难度的部分题目,学生会自觉地通过讨论、交流合作的方式解决。通过这样阶段性的自我反思总结,促使学生自我调节、有针对性地改进学习方法以达到最佳学习效果,同时也培养了学生的实践能力和合作精神;另一方面也可以听到学生的意见,了解学生在学习过程中遭遇的问题,增进教师与学生之间的沟通,了解学生在听课学习过程中存在的问题,对教师的意见、建议,以便教师能够及时调整教学方法、补充课外知识、介绍学习方法等等,努力提高自己的教学水平和专业技能,从而达到教与学的和谐统一,使老师和学生共同进步。

(二)明确试卷讲评课的教学目标、主题和内容

首先,试卷讲评课应该达到如下八字目标:纠错、提炼、总结、反思。

所谓纠错就是纠正学生答题中的各种错误,掌握正确解法; 提炼就是对知识、方法作进一步的归纳;总结就是总结解题中的有效方法,寻找适合自己的最佳学习途径,提高自己的考试成绩;反思就是通过试卷讲评引导学生学会学习、培养学生良好的考试习惯,让学生认识到

教师要求与自身学习能力的差距，认识自身与他人的差距。

每一次试卷评讲，作为教师都要在这八个字上下工夫，除了纠错以外，通过纠错而进行的提炼和总结更加重要。

其次，试卷讲评的主题要突出，围绕着教师通过分析后发现的主要问题确定主题进行讲评，切忌平铺直叙，更不要成为简单的对答案和说答案，应做到"突出重点，突破难点，加强思路分析，讲究对症下药"，切忌面面俱到，要准确分析学生在知识和思维方面的薄弱环节，找到试卷中出现的具有共性的典型问题，针对导致错误的根本原因及解决问题的方法进行评讲。具体来讲，对于学生错误集中、题目新颖、启发性强的题目应重点讲评。应将较多的时间用在错因分析与思路启发上，只板书必要的解题过程。

最后，在内容选择上，要注意分析归类，把试题按知识点、解题方法和错误类型进行归类，透过题中的表面现象，抓住问题的本质特征进行讲解，及时巩固试题的变式和延伸，针对学生普遍存在的问题应精心设计题目，设计的新题目最好以逆思路或变式的形式出现，使大部分学生及时得到巩固，让学有余力的学生进一步接触变式题，拓宽学生的思维空间，培养思维的灵活性，增强试卷的讲评效果，促使不同层次的学生都得到进一步的提高。

（三）改变单一讲授型的教学形式，增加多元化的教学形式

由于试卷讲评课师讲生受的单一课堂教学形式，使得学生普遍认为评讲试卷比较单调乏味，没有太大的意思。他们转而更加关注于试卷的得分和老师的批改，考试作为对学习效果的评价，其分数不仅学生本人十分重视，而且同学、教师、家长也十分关注，因而考试得分的高低往往吸引了学生的许多的情感。我所听的一节七年级试卷讲评课上就有部分学生在课堂上先将自己的分数与同学进行一番比较，进而一节课都在研究哪道题老师扣了其他同学的分而没有扣自己的分，整节课都处于极度兴奋的自我陶醉的状态中，完全忽略了老师的讲评。

因此改变单一教师讲学生听的教学形式势在必行。在教师讲授的基础上，适当增加小组互评、学生讲评等教学形式，可以很大程度地提高上课效率。

采用学生讲评的形式，一方面可以请学生分析错因避免一错再错，另一方面通过学生的讲评，让学生了解自己是否做出了最大努力，在学习中有什么优点和缺陷，有什么成功的经验和失误的教训，这样才能不断积累经验，才能很好地杜绝错误再次发生，而且使学生始终处于学习过程的中心，从而使以后的学习变得更加主动、有效、持久。

采用小组互评的形式，可以让学生用自己乐于接受的方式体验知识的生成，培养合作探究的习惯，进而培养学生一定的自学习惯和自学能力。当然在学生自查和互查过程中，教师要进行必要的参与，一方面指导解决学生的困惑，引导学生在互查中不仅要知其然，还要知其所以然，善于找到错误的原因和知识的根源，另一方面，从学生的交流过程中，收集有益信息，弥补自己在试卷分析时的疏漏，可以为后面的重点讲解做更充分的准备。

（四）设计课堂检测环节，巩固复习效果

因为明确了试卷讲评课的主题和重点，所以建议教师在试卷讲评课的最后设计一个课堂检测环节，及时了解学生课堂听讲和掌握情况。这个环节可以不要设计很多的题目，只要一两道题目即可，这些题目应该是试卷中错误率较高的题目的延伸，它能够检测试卷分析课的教学效果，反馈准确的信息，便于教师进行有针对性的课外辅导，布置课外少量的延伸、拓宽性的作业，让学生进一步灵活运用，举一反三，也可以减轻学生课外过重的负担。

在平时的教学过程中，只要我们能够把握好试卷讲评这一关键环节，关注学生的表现，让试卷讲评课成为一堂学生喜欢的课，我们的教学就会达到事半功倍的效果。

突破学生与文本距离的策略研究

●上海市虹桥中学　孙海瑾

有位老师说，"教师不是把自己对文本的理解讲授给学生听，而是要通过适当的方法让它内化成学生自己的东西，更要让学生自己来体验、感悟文本"。因此，当学生与文本产生距离的时候，教师要做的不是直接的给予，而是在充分分析基础上的合理设计，即运用恰当的策略，突破学生与文本的距离，入境、入情，臻于理解的巅峰。

那么，站在初中语文教学设计的视角上，可用的策略有哪些呢？

一、突破时空的界限

今天的学生阅读古代的作品，或者南方的学生阅读带有鲜明北方特色的作品，都是阅读文本时的一种挑战。因此，在这样的现实背景下，教师所要做的，就是运用恰当的方法来引领学生跳出时空的局限，融入文本，深切感受，实现最大程度上的有所得。

以《卖油翁》为例，这篇文言文讲述的是陈尧咨射箭及卖油翁酌油的故事，从中揭示了熟能生巧的道理。教学中，让学生明白这个道理不难，但是明白道理与深切感受毕竟不同。卖油翁技艺高超，但是究竟高到何种程度？这是学生深切理解道理的关键点。针对这一时代差异，于漪老师就进行了有针对性的设计，"当讲到卖油翁'取一葫芦置于地，以钱覆其口，徐以杓酌油沥之，自钱孔入，而钱不湿'时，她出示了一枚铜钱。学生边听边看，既领会了'沥'字之妙，又惊叹老翁的绝技，更深刻地体会到了'熟能生巧'的道理，教学也因而取得了事半功倍的效果"。于漪老师的这一设计很好地解决了学生因时代的差异而造成的理解上不深入的问题。

再比如，南方学生学习北方文化，也会因背景差异而产生一定的困难，对此，郑桂华老师在进行《安塞腰鼓》的教学时是这样设计的，"我们不妨先看一段录像，感受一下安塞腰鼓的气势，也许感受过之后，我们再来朗读，会有更清晰更明确的感受"。后来的课堂走向证明，郑老师的这一方式无疑是有效的。

突破时空，方能沉入文本，领悟核心所在。

二、调动生活的积累

从情感角度来看,初中阶段的学生大都不喜抽象概念;从能力角度来看,他们的思维层次也较难以达到理解抽象概念的水平。那么,当教师在进行这类文本的教学设计时就应当将这样的学情纳入其中,继而进行教学设计。

比如,赵华老师在进行《大自然的语言》教学时,先给学生展示各种大自然景象,之后才提出问题:"你能从大自然的各种景象中,判断出现在是什么季节吗?"进而引出物候的概念。这里,赵老师通过展示与学生生活紧密相关的自然现象来揭示课题,这种调动学生生活积累的方式,不仅使得深奥的自然现象变得浅显直白,易于理解,而且对于激发学生的学习兴趣也是有益的。

学生的生活积累不仅仅是学生阅读文本的背景,更是学生阅读文本的助力。"语文教学回归学生的现实生活世界,学生就进入其熟悉的情境中,可以激活学生的自我意识,激活学生内在的知识和经验,学生便能兴趣盎然地建构新的意义世界"。因此,教师所要做的,就是在学生没有主动意识的时候,运用恰当的策略去将其调动起来,将文本内容和学生的生活积累关联起来,以达到更好地走进文本、理解文本的效果。

三、给予恰切的体验

"教学工作不应仅仅是由教师将一个个知识点传授给学生,而是应让学生充分运用已有的生活经验和知识基础,用自己的思维方式去尝试解决新问题,在体验中建立新的概念"。的确,对于语文教学而言,没有情感投入、没有深切感受的理解是达不到理想的效果的,体验是促进学生理解文本的一种有效方式。

(一)角色转换

学生在阅读文本的时候,往往是以读者的身份进行理解的。但是有时,当理解效果不佳的时候,换个角度,变个角色,与文中的人物同喜乐、共哀怒,情感的体验立时就深刻了,对文本的理解也就相应地深入了。

例如,为了更好地理解《散步》一文中的人物形象,教师在进行教学设计时安排了如下的教学环节:站在文中男孩的角度来说说"我"的爸爸、奶奶和妈妈分别是什么样的?这个家庭在"我"的心目中又是什么样的呢?这样的教学设计旨在使学生能够站在文中人物的角度,深切体会人物形象,感受人物的情感。

（二）入境

　　情境的创设对于学生深入地理解文本是有着极大的帮助的。进行教学设计的时候，教师若能将课文还原到一定的生活情境当中，使学生身临其境，与文本中的人物面临同样的处境，感人物之所感，思人物之所思，教学效果自是不言而喻的。

　　比如，《罗布泊，消逝的仙湖》中作者对于现状的痛心疾首，学生并不能深刻理解，对此，教师可以这样设计：此刻，如果你站在面目全非、满目疮痍的罗布泊面前，你会想些什么，又会做些什么？用这样的设计带领学生入境，就能更好地体会作者的忧思了。再如，林莉的《小巷深处》，学生能够体会盲母对作者的深情，但是作者对盲母的复杂情感，学生要深切体会就有些难度了。因此，教师可以这样设计：面对这样的一位无私付出的母亲，这样的一份感人至深的母爱，你又有何感受呢？在这样的思考过程中，学生的内心感受和文本的情感深度接触，学生自然而然地就能体验作者的感受了。

（三）入情

　　阅读文本时，如果始终站在文本之外，那么读者与文本的距离始终存在。因此，要想理解作者，离开了情感的投入往往不会收到良好的效果。

　　对于家乡，现在的孩子大多是没有感触的，一则因为生活稳定，未尝经历颠沛流离；二则因为交通与信息技术的发达，思乡之情得以通过许多方式成全。那么，在这样的学情之下，深切感受乡愁是有一定难度的。然而，放眼教材，其中有着许多与家乡有关的作品，古有崔颢的《黄鹤楼》、马致远的《天净沙·秋思》，今有余光中的《乡愁四韵》、萧乾的《枣核》，这里传递出的都是浓得化不开的思乡之愁，是深入骨髓的深深情意，那么，站在这样的学情角度，教师该用怎样的设计去引导学生感受思乡之愁呢？

　　教师要做的不仅仅是让学生知道"思乡"这个词，知道"思乡之愁"这个概念，更是应该在教学设计中尝试着带领学生走进作者的生活经历，走进作者的内心世界，投入自己的情感，感受作者的深情。此外，"乡愁"这类情感深沉的文章，其良好教学效果的达成也离不开教学语言的设计，教学语言是否满含深情、满怀感伤，是否恰如其分地渲染氛围，对于学生理解文本也是极为有用的。正如马卡连柯所说："同样的教学方法，因为语言不同，效果可能相差20倍。"

四、提供空缺的形象

　　有时，学生对于文本的理解会遇到一些小小的障碍，这些障碍虽不会影响其对文本的正确解读，但是却会影响理解的深度。

　　比如，舒婷的《致橡树》是一首以爱情为主题的现代诗歌，学生读出这一主题不难，难的是理解作者推崇的独立而又平等的爱情观。为此，学生如果能够亲见文中描绘的橡树和木棉的形象，对于理解这一爱情观无疑是有帮助的。因此，教学设计时借由媒体手段将这两种伟岸的植物形象呈现给学生，填补空缺，学生的感受立刻就会清晰起来。

再如，《罗布泊，消逝的仙湖》，字里行间充斥着作者的忧思，然而作者的满腔忧思缘何而起？是作者亲眼见到的满目疮痍震撼了他的心，之后才有了深深呐喊。因此，如果在教学设计时将罗布泊今昔不同的画面对比适时地呈现给学生，强烈的视觉冲击会让学生真切感受，理解作者的满腔愤慨、满心忧思。

看到距离，并能运用恰当的方式去突破距离，引领学生走进文本，沉浸其中，这就是有的放矢的教学设计！

融合教育背景下特需学生家长心理支持的实践探索

● 上海市长宁区特殊教育指导中心 黄美贤

随着融合教育的逐步推进，普通学校中有特殊教育需要的学生越来越多。在普通教育环境中，特需学生家长普遍面临着压力大、精神负担重、易焦虑等特点。然而，普通学校对于家长的指导是非常有限的，甚至是缺失的。即使普通学校中每个班级建立了微信群，但科任老师只负责布置事务性工作，或者会发布一些信息以反馈学生现阶段的学习现状，非但不能指导家长如何更好地开展亲子教育，反而会进一步引发特需学生家长的焦虑。

特殊儿童的正向发展有赖于良好的家庭教育，但是特殊儿童家庭得到的社会支持比较有限。有研究表明，来自家庭成员之间的支持和来自专业教育机构的支持是对家长的重要支持来源，但纵横交错的社会支持体系尚未形成。通过对现状的了解和把握，家长普遍缺乏有效的亲子沟通方法，对儿童成长规律和儿童发展心理缺乏了解，尤其面对特殊儿童成长过程中出现的发展滞后容易焦虑，家庭成员之间也缺乏有效的沟通和支持。久而久之，特殊学生家长容易出现各种心理困扰，亟须得到一定的心理疏导，缓解因教育孩子而产生的压力，并学习有效的亲子沟通技巧，改善家庭教育环境，最终让特殊学生成长得更好。

一、特需学生家长心理支持的意义

家庭，对每一个人来说都是成长中的温暖港湾，父母是孩子成长中的第一任老师。对于特需学生来说，家庭教育对他们的影响尤为重要。父母即使带着孩子到处"求医问药"，辗转于各大训练机构，也无法取代孩子在真实的家庭环境中所获得的成长。家庭教育对特需学生成长的重要性是不言而喻的。

特需学生是指在普通教育环境中有特殊教育需要的学生，主要包括学习困难、情绪行为障碍、读写障碍、注意力缺陷伴多动障碍学生等，他们与普通学生相比，成长的过程会面临更多的挑战和困难，他们的家长会比普通学生的家长更为辛苦。普通教育环境中，课程设置、课程评价往往是统一标准的，不会因为学生的差异而有所调整，特需学生要适应普通教育的要求，往往很艰难。因而，特需学生家长的心理压力是巨大的，一边要面对来自普通学校教师的责问压力，一边每天晚上陪伴孩子过程中看到孩子不尽人意的表现，容易着急上火，在陪伴孩子过程中会通过语言、行为、情绪等表现出来，导致家庭气氛和亲子关系的紧张，而这并不利于特需学生的更好发展，反而让特需学生的学习表现得更令人忧虑。

脑科学的相关研究成果显示：人在过度紧张的环境中会影响大脑皮层皮质醇激素的过度分泌，皮质醇会损害从记忆中搜寻信息的能力，造成记忆暂时丧失，导致大脑一片空白。因而，特需学生如果一直在紧张的家庭环境中成长，更不利于孩子的有效发展。因而，对特需学生家长的心理支持显得更为重要，只有家长清醒地认识到怎样的家庭环境对孩子有利，并适当地放松调节好自己的心理，才能更好地成为孩子成长的陪伴者和引路人。

二、特需学生家长心理支持的项目开发

特需学生家长需要得到来自专业机构的心理支持，然而现状并不容乐观，系统的、有效的、有针对性的心理咨询并不多。随着心理咨询行业的市场化推进，各类心理咨询不少，但良莠不齐，针对特需学生家长的专业咨询更少又少。在普通学校内，虽然已经配备了心理咨询老师，但由于学校工作量安排过多和专业人员的精力有限，根本无法顾及特需学生家长的心理支持。作为区域内的特殊教育指导中心，有面向区域内特需学生家长指导的服务功能，开发了融合教育微课、团体心理沙龙、一对一心理咨询等项目，对区域特需学生家长提供系统的、专业的、有针对性的心理支持服务。

（一）融合教育微课堂

对于很多特需学生家长来说，心理上的困扰很大程度上来自普通教育环境，与普教教师的沟通交流，在无形中会给家长带来很多压力。因而，帮助家长更好地了解融合教育中如何与教师更好地沟通协作，这对特需学生家长来说特别重要。融合教育微课堂借助微信平台，组织区域内特需学生家长共同参与，定期在微信群内邀请有经验的特需学生家长分享自己和孩子成长中的故事，帮助特需学生家长找到心灵的归属地，帮助他们找到不断前进的心灵力量。同时，融合教育微课堂还定期邀请普通学校有经验的老师，介绍家校合作的有效方法，帮助特需学生家长更好地与孩子的老师交流协作。除此之外，融合教育微课堂还邀请高校的特殊教育专家，就特需学生家长普遍关心的话题进行专题讲座，专题讲座结束后专家与学生家长互动交流，释疑解惑。

（二）团体心理沙龙

团体心理沙龙是基于融合教育微课堂的特需学生家长线下活动。中心每学期设定主题，定期组织特需学生家长参加，通过团体心理沙龙活动，帮助家长进一步获得家庭教育的有效方

法，同时通过轻松的团体心理游戏，帮助家长暂时放下压力和焦虑，重新思考育儿过程中的优势和不足。团体心理沙龙活动围绕着发现孩子的潜能、家庭教育小智慧、学习型家庭创建、孩子社交技能的培养等主题展开，邀请资深的心理辅导教师做主题讲座，家长间也充分沟通交流，不仅收获知识，同时也收获了满满的心理能量。

（三）一对一心理咨询

对于部分特需学生家长来说，除了接受团体式的心理支持服务之外，还需要一对一的心理咨询服务。这涉及更为隐私的话题探讨，其中有涉及家庭成员之间的互动关系，有涉及亲子间的沟通方式，还有家长自身因为原生家庭带来的童年期影响等，需要对一个个特需学生家庭进行最根本、最深入的咨询指导，帮助家长理清思维，找到家庭教育的新方向。一对一心理咨询项目由特需学生家长提出申请，中心根据家长需要对接相应有经验的心理咨询师，咨询过程中家长和孩子可以共同参与，咨询师根据每个家庭的特点设计咨询方案，帮助特需学生及家长解决心理上的困惑，寻找新的动力，改善现状。

三、特需学生家长心理支持的成效与反思

长宁区从2015年9月开始启动了融合教育微课堂和团体心理沙龙活动，至今已有两年多的实践。在这基础上，中心不断完善和改进项目实施，2016年9月，基于实践需要，启动了一对一心理咨询项目，很好地解决了特需学生家长深层次的心理困扰，满足了他们对心理咨询的需要，最终帮助他们和孩子获得心灵的成长。

在特需学生家长心理支持服务项目探索过程中，还有需要进一步改进的地方，比如经过若干年实践后，可形成系列的支持服务菜单，供特需学生家长选择，让他们有所侧重地接受服务，提高服务质量。同时，可以进一步形成特需学生家长的互助群，让他们实现更多的资源信息共享，以形成真正意义上的纵横交错的家长支持服务网络。

学科教学的育人价值

●上海市长宁区特殊职业技术学校　乔　悦

《国家中长期教育改革和发展纲要》中明确指出要将德育渗透于教育教学的各个环节，作为特殊教育学校中的一名专业技术学科教师，也必须在本学科教学中不断挖掘专业技术学科中的德育内涵，创新德育形式，提高德育工作的自觉性和感染力，从而关注学生全面和谐的发展。以下，我主要以面点学科为例，探讨如何在教育教学中发挥学科的育人功能。

一、面点专业技术课的育人价值

面点专业的实践性、综合性等特点，决定了该学科在树德、增知中的特殊地位，尤其在发展学生实践能力上有着其他学科不可替代的作用。而现实问题是特殊教育中作为动手为主的面点学科在实施过程中并没有真正地体现其特有的育人价值。究其原因，就面点专业作为专业技术学科而言，该学科缺少适合学科的具体的、可操作的育人指导意见。另外，在特殊教育中，因学生学习能力弱，而侧重职业技能水平的提高，受时间因素等影响，缺少对德育这方面思维的考虑。然而，德育作为贯穿各学科教育的核心理念，需要在各学科中融入，尤其是对特殊学生的面点专业技能教育，直接关系到学生谋生与发展，能否走向社会，关注他们在学习中的技能学习态度、行为习惯、职业学习意识（即情感、态度、价值观）等，很有必要。针对这点，我校制定了长宁区特殊职业技术学校生命教育学科教学指导纲要，其中明确指出了面点课在学校德育工作中的地位和作用，并根据面点课的课程模块结构细化融入学生德育教育的具体教育点，如爱护环境、节约粮食、安全使用工具、与同学家人学会分享等。

二、面点专业技术课育人功能挖掘的关键点

（一）专业技能学习兴趣，激发学生潜能

诚然，对智障学生的面点学习需要强化与反复，但知识的自主构建能力也同样需要思考。学习活动本身就是探究性学习和感受实践的过程，教师从生活和环境中关于面点知识的实际情

况出发，激发学生对技术学习的兴趣。结合课堂有效设计等实践全过程体验（例如从象形点心的迁移），学生积极参与了探究性学习。让学生主动地发现某项技术中含有的可迁移的技术要素，把握技术活动的过程，提高实践能力，从而激发学生的潜能。

（二）操作实践体验，完善学生性格

对智障学生进行面点学科教学的操作实践，常常会让学生重复简单的一个技能练习，但很多学生在这样的练习中，感受到了平静的喜悦和积极心理的沉浸体验，但也有学生缺少主动性与坚持性。在这个过程中，让他们自觉地确定目标，调节自己的实践行为，克服操作过程中的各种困难和挫折，有助于培养学生不怕困难的坚强意志；这样的意志品质的形成无疑对他们的工作、学习和生活起着非常重要的作用，也影响他们在其他课程中学习的情感。

（三）综合应用能力，培养学生终身发展意识

面点专业技能教育的操作性特点，强调理论与实践的统一，通过实践操作让学生的技术与制作能力、探究能力，以及利用所学技术解决实际问题的能力都将得到增强。虽然是特殊学生，难度可以降低，但这样的过程和普通学生是一样的。例如学习做菊花酥这样的点心，对于十六等分他理解不了，老师不能单纯强化训练他，尽可能通过不同手段进行认知理解，然后实践训练。整个学习过程可以对学生进行好奇心、问题意识、质疑精神、自信心、坚韧品质、责任心等创新素养的培养。

三、面点学科教学融入育人方法

（一）运用多元化教学方法，丰富学生认知与情感体验

特殊教育中，教师运用直接传授法与强化训练居多，因为这样的教学方法有简便、快速、见效快等特点。但殊不知，对于特殊的学生，他们同样有享受多元化教学方法学习的权利，对他们综合使用不同的教学策略方法，可以丰富情感体验与学科学习体验。例如，我们可以采用以语言传递信息为主的教学方法（包括讲授法、讨论法），以直接感知为主的教学方法（包括演示法、参观法），以实际训练为主的教学方法（包括练习法、实践法、实验法），以欣赏活动为主的教学方法（电化教学法），以引导探究为主的教学方法（探索研究法）等。

综合以上，主要运用"视听相辅、讲练结合"的教学方法。首先，用相关事物或播放一个作品视频情景导入，既培养学生的审美能力，又培养学生的发散思维和想象能力，激发学生学习的兴趣。其次，通过教师系统、科学的讲授，再经过学生的讨论，为学生完成作品做好铺垫，培养自信。再次，学生自己亲身体验，理论联系实际，既培养了学生的设计思维能力、又培养了动手操作能力。由于学生的能力弱，适当降低要求，调整教学方法，以期达到学生认知

发展与情感互动的相互体验，让他们在学习中有积极的心态和良好的对面点类专业技术知识的求知欲。

（二）转变教与学的组织形式，培养学生实践与合作意识

小班化教学的学习形式，让我们的特殊职业教学似乎有了一种有利的条件，如何有效利用？我们进一步思考，是小组合作学习，还是自主学习呢？关注智障学生的实际特点，我们需要适时适度，灵活运用。

比如，对于能力较弱的学生，按需要分成小组，合作完成一个项目的制作。合理的分工，充分调动每个人的学习主动性和积极性，培养了学生相互合作学习的精神。对于能力较强的学生，根据主题（提问），学生自己搜集学习资料（教师也可提供一些资料），通过观察、梳理、学习和研究后，需要学生独立完成一个技术项目。这有助于培养学生搜集和处理信息、获取新知识、分析和解决问题以及探索创新的能力。

（三）完善评价方法，关注自我提高与成长

随着评价制度的发展，我们从人本角度出发，注重学生的点滴进步，观察和记录也更着眼于细节。评价的对象、方式、过程、手段都要以有利于学生发展为原则，既要关注学生技术知识与技能的学习和操作的结果，更要关注他们在技术学习过程中的变化和发展。

对于特殊学生，凡参与专业技能学习与实践过程，完成或基本完成所规定的学习任务的，都应当给予肯定。对那些制作成果特别优秀的需要激励，进一步提高他们学习的主动性。对于那些不能完成基本要求的学生，老师可以通过辅助，利用"快乐考试"、进步档案、个别化教学方案等评价方法对他们进行成功教育，让他们同样获得成功感受，健全他们的身心。与此同时，在活动中发挥"小帮手"类学生的作用，应建立激励机制给予特别的鼓励。另外，评价的方法应灵活多样，如作品展示、专题活动、互相交流、作品评定等多种形式，多方面肯定学生，培养学生自信，促进学生成长。

面点学科作为劳动技术类课程，针对特殊孩子，需要关注他们的技能提高，同时更需要关注他们在情感、态度、价值观上得到的进步，因为育人的目标是将他们培养成一个能融入社会、自食其力的社会人，在学校里，通过教学方法、组织形式、评价激励等内容，将育人的目标渗透其中，努力让这群"折翅的天使"能飞得更高。

教育资产管理的现状、问题与对策

● 上海市长宁区教育事务管理中心　诸磊强

教育系统是国家行政事业单位中一个不可缺的重要组成部分，其国有资产是政府财政性资金，为教育发展提供了重要保障。教育资产管理很重要的部分是固定资产管理，主要体现在资产实物形态之间的转化和转化过程中形成的增量（包括负增量），国有资产管理的重点是固定资产。如何管好这么庞大的教育资产，这个问题已经迫在眉睫，亟待加强对国有资产的管理。要探索符合科学发展规律和教育教学要求的管理方法，保障教育资产为教育事业的改革和发展服务。

一、教育系统国有资产管理面临的问题

近年来，随着公共财政投入的增加和教育改革的不断深入，普教系统国有资产的数量有了较大增长，为发展教育事业奠定了坚实的物资基础，提供了充分的条件保证。从管理角度来看，还存在着一些问题和缺失。

（一）国有资产管理体制存在缺陷、机构设置不健全

教育系统资产管理机构设置五花八门，归口部门不尽相同，有些设在区教育基建管理站，有些设在后勤管理机构，有些有单独的资产管理中心。除了机构设置，管教育资产没有一个统一的模式，有的基建和设备由一家机构管，有的分两家机构管，有的基建（设备）和招投标分两个机构管。管理模式的不统一，既不利于上级部门的纵向管理，也不利于各职能资产管理部门的横向联系。

（二）资产管理制度缺乏，管理人员流动性大

虽然财政部于2006年出台了《行政单位国有资产管理办法》和《事业单位国有资产管理办法》，上海市政府于2011年制定了《上海市市级事业单位国有资产使用管理暂行办法》，但是各区县教育系统大多只是参照这些文件执行，而没有具体的落实细则。有部分区县教育局

虽然制定了一些国有资产管理的暂行办法，但往往只是上级文件的翻版，没有根据各自的特点进行细化，操作性不强。资产管理人员应该具有专业技术能力，而现实的情况是学校二线人员占了大多数，年龄老化、学历不高、综合能力偏弱，机构调整频繁，人员变动幅度很大，造成了管理工作上的断层。

（三）管理过程中重建轻管，使用效率不高

普教系统的教育资产每年以数十亿元计的量在增加，为教育改革和发展提供了充分的物质保障，但不可忽视的是这些资产的实际使用效率并不尽如人意，其中不乏重复配置、重复修缮。有些学校校舍刚刚进行过安全整修（校安工程），第二年换了个校长或要搞个活动又申请资金重新装修，每次工程项目的经费在几十万甚至数百万元。教学设备一味要求高配，脱离了教学的实用性，现在基本上每所学校都配置了各类探索性试验室，中学涉及生物、化学、物理，小学涉及科教、美术、自然等。目前，很多学校建有创新实验室、3D打印室、气象海洋馆、城市少年宫、多功能厅，但是有的使用率并不高。

（四）资产账实不符，资产流失严重

在事业单位财务制度中，资产不提折旧，账面资产不断提高，而实际管理缺位，导致很多学校有账无物、有物无账、账实不符的现象存在，虽然教育局会进行不定期的资产清查，但查了以后缺乏整改落实措施，致使资产不断流失。

（五）缺乏有效的考核评价机制，考评体系不健全

缺乏一整套行之有效的考核评价体系，无法将资产的配置和使用相结合，教育资产从管理者到使用者认识不到投入、产出、管理、效用之间相辅相成的关系，对他们工作的好坏没有明确的评价，也不利于人们积极性的调动，从而导致资产的利用率低、配置不够合理等现象存在。

二、国有资产管理的基本原则

管理是决策、计划、组织、执行、控制的过程，管理的目的是效率和效益，资产管理的核心问题应包括三个方面：一是运用现代经济管理学理论对资产进行管理，就是要讲究科学发展，注重管理的持续化；二是注重管理中主体人员的专业化、常态化；三是应秉承"责任有主体，行为有规范，问责有对象"的管理理念，把管理落到实处。具体来说，就是要遵循和落实以下几个原则：

（一）资产管理与预算管理相结合的原则

预算管理与资产管理互为前提和基础，既相互促进，又相互制约，只有在准确掌握资产存量、建立科学的资产配置标准体系的基础上，才能结合单位履行职能的需要，科学核定资产收益、资产配置、资产消耗等预算，以增进资产效益的最优化。

（二）所有权与使用权相分离的原则

事业单位国有资产所有权属于国家，由财政部门代表国家管理；使用权在单位，二者必然要求分离。

（三）资产管理与财务管理、实物管理与价值管理相结合的原则

要求我们在配置、使用、处置等各个环节从不同的侧面、不同的角度对资产进行全面管理，做到账账相符、账实相符，实物与资产账、资产账与财务账都应衔接一致。此外，事业单位利用国有资产对外投资、出租、出借等行为，还涉及国有资产权益、收益的财务管理。

三、加强国有资产管理的对策

（一）建立健全机构，明确管理职责

国有资产管理属于经济管理的范畴，按照社会主义市场经济体制的基本要求，教育局应建立由局职能科室、资产管理部门、学校（单位）组成的三级管理体系，设立一个体制健全、职责明确的资产管理机构。由区教育局授权，在局职能科室直接指导下，实施对区教育系统国有资产的综合监督管理，如长宁区教育局的局科室归口管理单位即区教育基建管理站。其职责是：负责制定区教育国有资产管理的实施细则，落实并监督检查；研究资产配置标准，落实教育局基建、设备年度预算，指导学校资产管理工作开展，并进行绩效评估考核；实施资产的处置和教育资源的配置和整合以及经营性资产的投资收益。

（二）建章立制，依法依规

办事没有规矩，不成方圆，要想抓好资产管理工作，必须在执行国家法律法规的前提下，建立和完善符合教育系统实际、切实可行的国有资产管理办法和实施细则。第一，把严资产的入口关。例如制定"中小幼学校设备配置标准""区教育系统工程、设备项目申报审批实施办法"等配套制度。第二，规范操作过程。在执行《政府采购法》《招投标实施条例》《集中采购目录和采购限额标准》等的前提下，制定"教育系统内部招标、合同签订、付款实施细则"及招投标的监督管理制度和项目审计制度。第三，管好资产的出口。制定《教育国有资产管理办法》及《实施细则》，对资产的报废、调拨、捐赠等处置做出明确规定；对国有资产经营性

收入制定《教育系统资产出租出借相关规定》，实行收支两条线管理；国有资产中占很大比例的房地产处置，要有《教育系统房地产管理条例》等。第四，资产使用管理的重心下移。各级各类学校必须结合学校自身的特点制定《学校固定资产管理办法》，对资产计账、入库、领用、处置、清查盘点等加以规范，报教育局资产管理部门备案，并作为考核的依据。

（三）提高人员素质，加强队伍建设

提高管理人员对固定资产管理的认识，增强管理人员的法制意识，增强教职工的教育资产意识。实行统一领导、归口管理、分级负责、责任到人的管理体制。管理队伍建设作为生产力的重要因素，必须提高资产管理人员的素质。首先，要选拔一些思想进步、作风踏实、责任心强、熟悉政策、懂业务、善于管理的人才充实到国有资产管理队伍中来，给他们相应的职称和待遇，为教育局资产管理部门配备一定数量的工程师、经济师等专业对口的技术人员，只有具有专业能力的人，才能带领整个系统提升管理水平；其次，提高局领导、校长们对资产管理重要性的认识，要制定一套资产管理考核评估制度；再次，加强对学校管理人员的业务培训和业务指导，就像财务人员每年都要进行培训一样，作为上岗要求。

（四）先进的网络工具是使固定资产管理走上新台阶的保证

会计信息系统在信息技术的推动下逐渐从封闭走向开放，从桌面走向网络，所以在资产管理上也要充分利用网络的优势。在一些规模较大的学校，要充分利用校园网的优势，实现资产的动态管理。把各种资产的使用位置、使用者等情况传到网上使数据资源实现共享。单位的成员对资产使用情况都可以一目了然，能方便地知道学校有什么东西，需要用的东西在哪里能找到，促进资产在本单位内有序流动，发挥最大的使用效益。也可以考虑建立整个教育系统的资产网，使一些贵重、稀缺、使用率还不高的资产能够在单位之间共享。这样，既可节约资金，又减少了固定资产重复购置和浪费的问题，提高了固定资产利用率。只有如此，我国的教育资源使用才能日趋合理。

（五）合理配置资产，提高使用效率

制定了资产配置标准和程序，就要进行规范的操作，不能让制度成为挂在墙上的摆设。长宁区教育局每年11月需向区财政上报年度工程、设备项目预算；学校和基建管理站需要做大量的前期准备工作，提出年度工程、设备预算初稿，交教育局分管领导审批，经教育局行政会议讨论通过后报区财政局。资产在完成配置后就要根据记账、入库、领用、盘点、清查等做好日常管理，以提高资产使用效率。学校要抓好资产的日常管理工作，制定"固定资产使用管理制度"，坚持物尽其用的原则。固定资产的处置，要严格按流程办理资产报废和报损、调拨和捐赠、转让和置换，按照公开、公平、公正的原则，实行"阳光操作"，增加资产处置的透

明度。国有资产管理中的房地产管理以前一直没有引起足够的重视，其实在账面价值上这块是占了很大比重的。加强房地产管理，一是要注意理清房地产产权性质，区别产权房、使用权房、自建无权证房的不同特点；二是规范房地产处置的程序，处置价值达到一定数额的，按照"三重一大"原则，由教育局行政和党委办公会议讨论决定；三是用于经营性的房产的出租出借，应该按照市场评估价作参考订立合同，事务管理中心负责合同签订并报区财政局备案，教育局行政和党委办公会议讨论，出租收益实行收支两条线的方式，杜绝教育性房产出租收益的流失。

（六）建立新的教育系统固定资产账务核算体系

国际会计准则对于固定资产的计量以公允价值为主，从而出现了相关的价值重估问题。我国会计法则中也允许企业采用直线法、双倍余额递减法等四种折旧方法为固定资产提取折旧。教育系统也应顺应时代的发展，对固定资产价值进行重估入账。以车辆为例，一台新车在使用5年以后，价值下跌多在一半以上，使用10年后的残值基本就几近于零。但在事业单位的账上，还是原值体现。例如，某事业单位资产价值有300多万元，其中1997年以前的车辆就有10台，价值264万元，而这些有一半以上已经接近报废。电子产品也是一样，2000年以前的电脑价值都在万元以上，而目前能用的少之又少。另外，房屋、土地等也应该重新估价，以资产重置价值入账。随着社会经济的发展，国家土地房屋的价值翻了几番。学校和事业单位的大部分土地和房屋都是很多年前国家划拨的，入账价值极低或没有。由于经济利益的驱使，学校等单位的土地、房屋也有许多挪作他用，或翻新或出租，甚至分给老师个人。由此带来的收入大都在账外循环了。只有及时对资产重估入账，才能让这部分利益不流出学校。所以对事业性固定资产暂不提折旧，对有些固定资产考虑折旧和重置价值是解决困扰学校教育成本核算和经济效益考核等方面问题的有效方法。企业管理的最大目标是企业价值最大化。教育系统虽然目标与此不同，但是应使现有资产发挥最大的使用价值、提供最大的使用效益。使学校成为一个高效有序的群体。也唯有如此，才能使我们的学校在推动整个社会的文明进步方面发挥巨大作用。这正是构筑和谐社会的一个最基本的要素。

（七）建立科学的监管、评估、考核体系

应根据学校的实际情况及特点，制定切实有效的国有资产投入产出绩效评估体系。指标体系包括评价指标表和基础表两部分，评价指标表是评价的依据；基础表是支持评价的基础数据，由被评价单位（项目单位）负责填报，评价组进行数据复核。评价指标表包括项目决策、项目管理、项目绩效三部分内容，围绕资金使用、资源配置、项目管理等维度客观分析项目的产出和效果，体现从资金投入到产出、效果和影响力因素的绩效逻辑路径。在进行专业评估后，得出资产投入产出的评价结论，考核结果和预算管理相结合，并根据评价考核结果对单位

负责人和相关人员实施奖惩，也作为今后资产配置的评判依据。加强普教系统国有资产管理是一项长期而艰巨的任务，要牢牢把握国家的政策法规，执行规章制度，按照经济管理的原则，促使国有资产合理配置、有效使用、科学管理，最终实现教育国有资产的安全完整和保值增值，为教育改革打好坚实基础，保证教育事业稳步、健康地发展。

四、抓好普教后勤管理与服务工作的几点体会

通过几年的探索和实践，长宁区教育系统后勤事业有了长足发展，实现了三个历史性转变：一是指导思想上，实现了由创收育人向管理育人、服务育人转变。二是工作重心上，实现了由注重经商办企业向加强后勤管理与服务转变。三是管理职能上，实现了由经营管理型向服务管理型转变。抓好教育后勤管理与服务工作，应注意抓好以下几个方面：

一是要制定好发展目标和规划。

这是抓好后勤工作的前提。普教后勤是个庞大系统工程，只有切合实际制定好发展目标和规划，才能做到现方向明、路线清，有效引导我区各校、各部门朝着既定方向开展工作。

二是要建好两支队伍。

一个是后勤管理者队伍，另一个是后勤服务者队伍。这是抓好后勤工作的关键。毛泽东同志指出："政治路线确定之后，干部就是决定性的因素。"后勤工作也是如此。因此，要注重选择和培养一批有理想、有知识、乐于献身学校后勤事业的人员充实到后勤工作管理岗位上，并注意培养和造就一批工作勤恳、认真、有技能、有责任心的后勤服务工作者。只有建立高效清廉的队伍，后勤工作才能卓有成效。

三是要树立三种意识。

第一是责任意识，第二是大局意识，第三是服务意识。这是抓好后勤工作的基础。学校后勤工作不仅要保障教育教学工作的顺利开展，而且要确保广大师生在校餐饮的卫生与安全。我们认为，有了责任心，才会有大局意识，才会尽心尽力地干好服务工作。因此，工作中要注意抓好后勤工作者的政治思想教育和职业道德教育，牢固地树立起这三种意识。

四是要搞好四个创新。

一是创新工作思路，二是创新工作领域，三是创新工作模式，四是创新工作方法。这是抓好后勤工作的必要条件。创新是工作发展的动力源泉，是后勤事业发展的客观要求，也是解决发展过程中新问题、新矛盾的有效办法。因此，工作中，要注重抓好创新，只有注重创新，才能实现工作发展、事业进步。

五是要落实好五项举措。

一是加强学习，提高素质；二是健全制度，加强管理；三是明确任务，落实责任；四是抓好调研，创新理论；五是抓好宣传，明确导向。这是抓好后勤工作的有效途径。

以上是这几年我们在抓普教后勤管理与服务过程中的一些主要工作和体会。几年的打拼，我们在摸着石头过河中取得了一些成绩，观念有转变，理论有创新，工作有成效，事业有发展。但离创建现代化中小学后勤管理服务体系的目标还有很大差距，我们将继续保持敢想、敢干、敢拼的工作作风，以更加饱满的热情抓好学校后勤管理工作，为促进普教事业健康、有序、和谐发展做出新贡献。

人物画创作促进学生艺术思维发展的实践策略研究

● 上海市长宁区古北路小学 徐苏彬

纵观人类艺术历史宝库中的传世佳作，绝大多数作品都是以人物题材呈现的。究其原因，一方面，"人"是世界的主体，是文明的主宰，文明世界的主要创造者。把"人"作为观察、认知世界的载体，最能引发人类情感上的共鸣。另一方面，就观察对象本身而言，"人"是最易捕捉的"形"。所以，当下小学生美术学习中人物画内容占比最重，并贯穿整个小学阶段，而对人物画创作的探究则成了美术教师重要职责之一。

随着学生心理的发展变化，小学中高年级（10—12岁）学生在人物画创作过程中已不满足幼儿时期符号化的表达方式，他们笔下的"人物形象"更趋"写实"，更加"理性"。但外界评价时，却极少关注该时期学生绘画作品中的"人物形象"是如何得来的？学生在整个创作过程中，其感悟、思考、反映等一系列艺术思维过程，如何从脑海里由一个意象的"形"，逐步生成、转化为作品中创新的"形"的过程。因其极具价值，故引发了笔者的研究兴趣。

一、小学中高年级学生艺术思维发展在人物画创作中的具体呈现

艺术思维(Artistic Thinking)泛指在艺术创作活动中，想象与联想，灵感与直觉，理智与情感，意识与无意识，形象思维与抽象思维经过复杂的辩证关系构成的思维方式，他们彼此渗透，相互影响，共同构成了艺术思维。在小学中高年级阶段人物画创作中，我们对艺术思维的诠释更多体现在形象思维上，其类似于艺术家把客观对象转化为艺术品时留有的艺术痕迹过程。具体是指：在科学定位美育课程目标下从情感、生活经验上唤起学生对主题中"人物形象"的再认识，通过梳理要素、本质解读、合理组织，不断提升区别"人物形象"的"清晰度"和"典型性"，从而产生更加明确、更具共性的"艺术新形象"的创作过程。

（一）小学中高年级学生生成、再造的"人物形象"，呈现其独立人格和社会意识的不断发展

小学中高年级的学生心智逐步成熟，自我意识进一步发展，社交范围扩大，故伙伴（朋友）开始占据了他们生活的重要地位。人物画创作学习中，学生能透过绘画语言，不断展示内心世界，稳定"我"的形象。同时，主题的出现让学生不断生成、再造出同伴、他人、社会及相互关系。

（二）小学中高年级学生生成、再造的"人物形象"，呈现其对审美感知和辨析能力的发展

美术教育学者维克多·罗恩菲德（Viktor Lowenfeid）把儿童成长时认识世界的主要方式归纳为视觉型和触觉型两种。相比其他载体，"人物形象"同时满足以上两个条件，是认识、辨析"形"最好的载体。小学中高年级学生心智高速发展，在解读、提炼"人物形象"这种复杂形象美感的过程中，他们能有效刺激其艺术思维中感觉知觉的发展。

（三）小学中高年级学生生成、再造的"人物形象"，呈现其理性分析和整体组织能力的发展

小学中高年级学生认知心理正处于瑞士儿童心理学家让·皮亚杰（Jean Piaget）所划分的具体运算阶段末期。具体表现为学生可将形式与内容分开，并能根据假设来进行逻辑推演。人物画创作恰恰是利用主题故事，让学生在理性分析过程中逐步推动对"形"的组织能力。我们发现学生在表现"美术社团活动"这一主题时，作品的完成不是一蹴而就的，而是根据情节变化不断添画、组织各种人物，逐步完善。同时，为了烘托人物，学生尝试把不同空间的道具，根据需要重新组合，展示了强大的逻辑推理能力。

（四）小学中高年级学生生成、再造的 的"人物形象"，呈现其联想和创新能力的发展

艺术教育非常看重学生的"想象力"，如何正确看待"想象力"则更为重要。小学高年级学生不同于低年龄孩子的"自我完满"的状态，其知识面更加丰富，导致其对"形"的超现实和再现性趋于弱化。这不代表他们的想象力消失了，而是在此基础上增加了抽象思维，创造的"形"更合理，更完整，更符合逻辑。所以，人物画创作中不断改造的过程有利于提升学生艺术思维中联想和创新能力。学生由中国宇航员跨出太空舱门的场景联想到了他可能会看到的外星人，富有情趣但又合理。学生在高楼大厦上设计消防设备、逃生通道，看似科幻其实都留有现实生活的影子。

二、小学中高年级学生人物画创作的现状及实验调查

既然人物画创作对小学中高年级学生艺术思维发展作用巨大,那为什么许多学生还是抱怨:"不想画人物!"而美术教师们似乎也不愿意在美术课堂中触碰更多人物画内容。肯定是哪里出了问题?为了解开答案,笔者会同区内项目组老师做了一次问卷调查,想从数据中解答学生"惧"在哪里?人物画创作的"路"又在何方?(部分调研数据见图1)

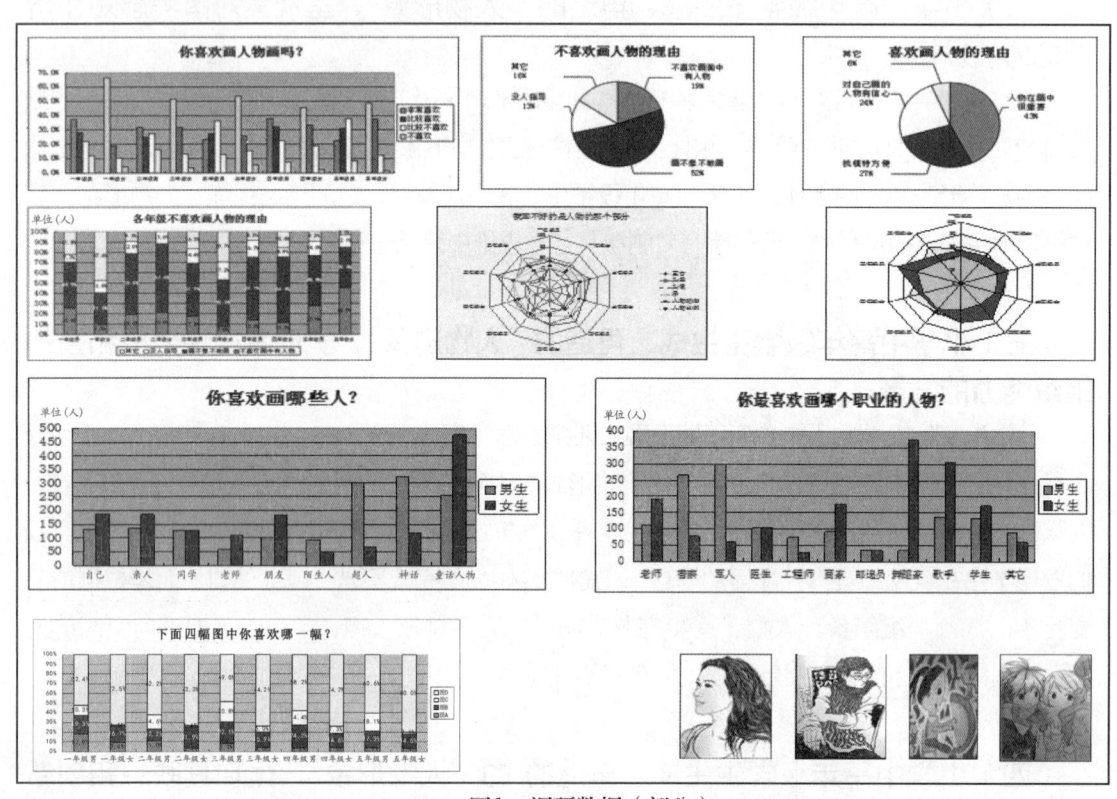

图1 调研数据(部分)

三、从"人物形象"创作的核心要素入手,运用积极、有效的策略提升学生艺术思维发展

通过调查,我们清楚地发现,主题选择、观察方式、素材汲取、角色刻画的组织表现、环境烘托、材料技法等,这些人物画创作过程中的"核心要素"直接影响学生的学习心情、态度及最后表现结果。换而言之,教师如能从以上"核心要素"入手,不断优化、合理干预,才是助力学生艺术思维发展的关键。

（一）基于学生经验，主题先行

美国教育家约翰·杜威（John Dewey）认为最好的教育就是"从生活中学习"。学生只画他看到的、知道的，能记住的"形"，而这些"形"就在他们的生活经验中。

1. 真实体验引发共鸣，兴趣有助提高效率

调查问卷中80%以上的同学愿意尝试表现的主题就是其平时学习、生活中经历过的片断。例如学生都对饮食主题存有强烈共鸣，在体验、模仿环节中他们踊跃参与，兴趣极高。

人物画主题创作教学过程中，有时教师过于主观，强加主题给学生，总是认为学生预设的主题过于肤浅，没有"内涵"。结果，由于主题脱离学生实际，导致学生兴趣全无。其实，学生预设的主题都很好，关键是老师是否及时发现其中"亮点"，并给予有效建议。有位女生想画班上的同学，却无从入手，适逢学校体检，故笔者建议她多观察体检中同学们的有趣神态，就有了一幅满意的作品。

2. 相对开放的主题能引发学生参与度

在调查问卷中，笔者还发现一个共性的问题——学生对于开放式的、半命题的主题更愿意积极参加，他们更喜欢在一个相对自由的空间内充分发挥、探索、表达。学生积极添加、组合"新"形象，而不是照搬和模仿。

（二）审美入手，任务驱动，主动观察，筛选比较

瑞士心理学家让·皮亚杰（Jean Piaget）的结构主义认为，学习不是由教师向学生传递知识，而是由学生自己主动建构知识、信息的过程。在人物画创作教学中，重在学生遵循艺术法则，明确主题下人物形象"美"在"哪里"？

1. 从审美出发，引发学生感悟

英国艺术史家E.H.贡布里希(sir E. H. Gombrich)说，美感是需要人引导和影响的。教师应该在尊重学生视知觉本能的基础上引发学生的审美感悟。

2. 主动观察，有效观察

心理学中把主动观察称为有效观察，只有当我们确定好主题（任务），带着目的去观察、寻找，学生才能逐渐感知到"美"的存在。如果没有任务驱动，学生对车站里常见的各式人物是忽视的，他们不会发现人物形象的动姿、体态、节奏美感。学生之所以能创作出很多优秀作品，原因就在于他们能静下心来反复观察、比对、提炼。

3. 尊重学生观察习惯，鼓励多元视角

在人物画创作中，小学生因为身高原因使其观察世界的方式有限，他们更喜欢像画家老彼得·勃鲁盖尔一样站在平视的角度来描绘笔下的各色人物形象。即使客观人物呈现其他视角，他们仍"聪明"地避开他们不擅长的"空间透视"，把人物形象不断压缩和扁平化，作品形式也越来越"现代"，这值得教师去肯定。

当然，随着年龄、心智成长，小学中高年级学生一定会不满足当下相对单一视角的表达方式，会对多视角、空间、透视等方式充满着无比的期待！那时，教师应及时关注，并根据他们的需要给予及时帮助和指导。

（三）筛选、积累有效素材，事半功倍

小学中高年级学生使用多媒体的能力相对低年级学生有质的飞跃，完全可以利用网络、拍照、录像等手段独立搜集创作素材。笔者发现很多同学不会素材搜集，又没有写生积累素材的习惯，仅凭"记忆"再现人物形象，往往造成主题虽好而角色刻画显得空洞、呆板，缺乏细节和感染力。

（四）围绕主题，多手段、多途径塑造角色，不断生成、再造清晰、典型、共性人物形象

1. 善于捕捉角色的表情、动态变化

调查分析中，我们发现学生普遍喜欢动漫这种绘画形式，且小学中高年级最为突出。笔者认为，动漫人物夸张的表情及丰富的姿态变化是深深吸引孩子的重要原因，他们只要习得一些基本技法，就可以天马行空地自主创作。

2. 利用道具促使角色形象更加典型

今天，我们能耳熟能详的艺术人物（角色）往往伴随着典型的道具符号。如小说中孙悟空的"金箍棒"、李逵的"板斧"，现代影视中超人的"斗篷"……道具能突显人物内心世界和情感需求，使得形象更饱满，特征更具典型。

3. 刻画细节有主次，相互关系需明晰

人物故事"讲"不好，角色表达不清晰，一直困扰着中高年级学生，他们在人物画创作中出现"流水账""偏题"是常事，关键症结是画面中各角色关系没有拉开距离，细节刻画没有主次，缺乏"画眼"。这时就需要老师引导学生用草图不断明晰主体。

4. 有效组织主题下角色，凸显人物形象共性特征

小学中高年级学生伙伴意识初步形成，他们非常热衷于表现自己和伙伴们——群体人物。如何整体组织画面中的众多角色，让许多学生束手无策。此时教师应多让学生参考一些名家作品，给予学生一些经典画作中组织样式的参考，然后结合主题，在凸显人物形象共性特征的基础上展开构思，并进行知识的"迁移"，即先概念，后演绎，再运用。

（五）底图明晰，利用环境有效烘托人物形象

对于人物画创作作品而言，环境的表现是不容忽视的。如果营造得好，它能更好地对主题进行氛围烘托。如一个学生用淡墨、细线来处理火车站的环境，非但没有喧宾夺主，反而衬托

了画面中人们急迫回家过年的思乡之情。

（六）艺术媒介（材料）的合理运用与多元"人物形象"的表达

艺术表现是需要借助媒介来完成的，美术学习过程中学生非常喜欢材料及表现手法的多样性及其不确定性。但我们要清醒地认识到，艺术媒介材料本身没有优劣之分，关键看能否有助于学生对"人物形象"的艺术表现。正如美国美术教育学者维克多·罗恩菲德（Viktor Lowenfeid）提到的"儿童所使用的任何技巧或材料，必须要适合他们的需要"。

1. 发挥材料特性，生成再造切合主题的"人物形象"

优秀的学生人物画主题创作作品背后都折射了指导老师对工具和材料的熟悉程度。如学生想要描绘周日和家人在公园里悠闲团坐场景，尝试选择多种工具和材料后都感觉不理想。在笔者的建议下，学生选择了用"粉彩笔"，利用明度对比，在有色纸上描绘出宁静公园下的人们，情趣盎然。

2. 尝试不同材质，生成再造不同性格的"人物形象"

三位同学都选择了同一题材，但因为审美角度不同，所以选择了不同的工具和材料。笔者认为每一种选择都是对的，关键是学生自己先要明确：要表达哪种性格的"人物形象"。

四、针对人物画创作中制约学生艺术思维发展的"核心要素"设计单元目标课程，逐步应对、分解难点，形成教学新模式

调查儿童人物画现状过程中，笔者深刻体会到，人物画创作中，很多小学中高年级学生普遍存在：主题含糊不清、观察不得法、人物描绘细节能力不足、人物动态表达缺乏手段、组织模式单一、材料运用不熟练等情况，从而制约了学生的艺术思维发展，阻碍了他心里那个"人物新形象"的产生，让他们变得异常沮丧，畏难不前。如要掌握这些"核心要素"，则需要一定时间的系统的练习，短短35分钟的课堂教学显然是不够的。所以，笔者认为，关键要依托现有教材，根据学生心智、能力基础，设计人物画创作单元课程，把"核心要素"的掌握落实到各年段平时教学中去，逐步应对、分解难点，并从中兼顾不同个性学生的需求。

（一）设计人物画单元目标课程的意义和价值

1. 单元目标

单元目标是指突破传统教学目标观，从单课走向单元，建立纵向的教学目标观念，在中长期内预设教学目标。

2．人物画主题创作单元的教学目标

（1）解读小学中高学段学生的身心发展水平及人物绘画的认知规律，以课程标准为纲领，精细化地解读教材，理清该年段人物画创作的教学目标，形成序列。

（2）探索小学美术课程中高学段对人物的描摹要符合学生少年时期的理性需求，在此基础上对学生提出创作性的要求，帮助学生学会从创作的角度来发现生活，用艺术思维来关注生活，并提升学生的组织表达能力。

（3）设计有序的单元化作业，关注学生学习的连续性和整体性，以单元核心知识、技能与作业之间的逻辑关系为突破口，探索小学中高学段人物画创作的作业设计与实施的途径、方法和手段。

（二）实施人物画单元目标课程成效

在人物画单元课程实施过程中，笔者遇到了很多困难，但结果是令人欣喜的。不同的主题、不同形象、不同材料、不同技法、不同视角……对于她来说，她表达起来都能得心应手，皆源于她从三年级开始尝试"人物画单元课程"学习的结果。

近年，在"人物画单元课程"推广阶段，笔者会同区内十二所小学美术老师对72个所在平行班级的中高年级（3—5年级）学生进行大样本双盲试验。通过数据对比发现，较之没有实施人物画单元课程的班级，习得人物画单元课程后的学生，其艺术思维发展与表达都有不同程度的提高。

1.小学中高年级学生艺术思维的发展情况

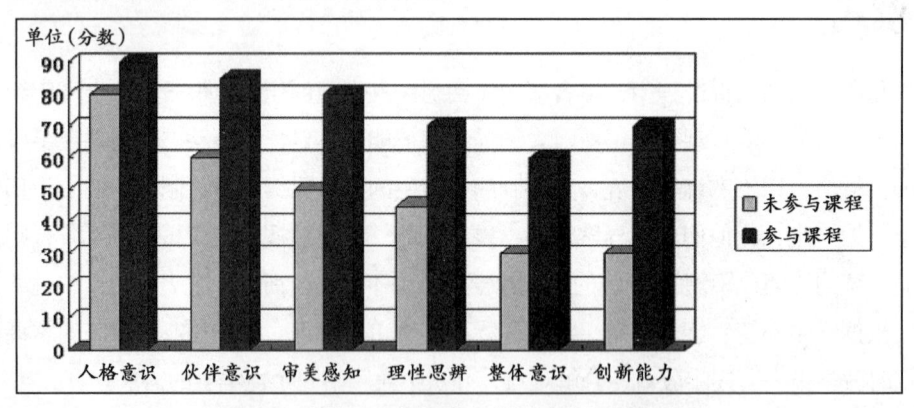

图2 小学中高年级学生艺术思维发展情况

2. 小学中高年级学生技能表达能力情况

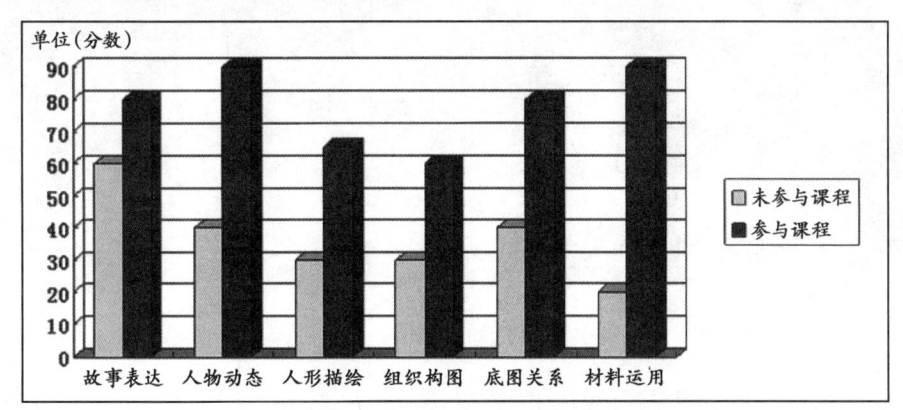

图3 小学中高年级学生技能表达能力情况

中国美术教育的最终目的是培养人，培养像艺术家一样思考，一样实践，一样品质的人。所以，重视培育学生的艺术素养，让他们学会艺术思维，学会遵循艺术法则，学会有情怀的表达，是当下我们艺术教育工作者的重要职责。笔者坚信，积极、科学的干预，能帮助学生把心中所思、所想的那些"人物形象"尽早、尽好地展现。同时，人物画单元课程教学新模式也能助学生突破障碍，受益！

丰富学习经历，提升阅读思维品质

●上海市长宁区绿苑小学　姚丽琳

阅读教学是小学语文教学中一个重要的环节，通过阅读教学可以拓宽学生知识面，发展学生思维，从而提升学生的认知能力、感悟能力和表达能力等。学习经历是指为实现一定课程目标所必需经历的过程，在这一过程中可能包含获得某种知识、思想方法、心理感受等。

《语文课程标准》指出学生是学习和发展的主体，要爱护学生的好奇心、求知欲，充分激发学生的主动意识和进取精神，倡导自主、合作、探究的学习方式。因此，在阅读教学中教师更应强调培养学生丰富的学习经历，让学生获得情感体验、思考空间、学习方法，从而让学生对课本的内容形成自身的理解和感悟，让学生在探究中激发对阅读的兴趣，养成良好的阅读习惯。

一、阅读教学的现状

几年来，上海推进实施小学阶段"基于课程标准的教学与评价"工作，在教学中不断规范教学行为，丰富评价内容，这让小学语文阅读教学有了更清晰的努力方向。

（一）教学目标突出导向性

在"基于课程标准的教学与评价"方针的指引下，阅读教学严格遵循课程标准，制定合理科学的单元、课时教学目标。所有的教学过程以教学目标为导向，合理推进，分步落实，做到不随意拔高要求，不增加学生负担。

（二）教学过程注重体验性

在新课程教学理念的研究中，教师逐步意识到，单纯的阅读教学技巧的教授不足以真正发展学生的思维。近年来，更多老师重视让学生在学习过程中自主体验，变被动接受为主动探索，从而提升学生的阅读品质。

（三）阅读练习力求匹配性

在上海市教育委员会教学研究室的引领下，教师逐步意识到一堂有效的阅读教学课，应该通过设计课前、课中、课后练习来帮助学生巩固知识，尽可能做到练习设计和课堂教学的有机配合。

（四）评价方式关注激励性

在近年来的阅读教学中，教师比较重视以正确、有效的评价方式来激励学生，从而引导他们掌握有效的阅读方法，提高对阅读的兴趣。

二、当前阅读教学中容易出现的问题

（一）技能训练略显孤立

很多教师意识到语文教学的核心是学习语言，因此在课堂中设计了多形式的语言训练环节。但有时却会发生为语言训练而训练的情况，使得语言训练和文章要表达的意思、文章内部的逻辑关系以及文章的价值内涵各自孤立开来，不利于学生阅读思维发展。

（二）学情分析尚有疏忽

教师有时不能准确地分析学生已有的基础，或者也会忽略分析学生的学情，导致对于课堂中一学就明白的问题花了较多时间，对于重要的学习环节又提出了过高的要求，学生的学习经历不够充分，不够有效。

（三）文本解读不够深入

文本解读向来是最考验教师基本功的方面之一，这也是语文教师要长期修炼的专业能力。在文本解读时，教师常常会忽略文本的内在联系，忽视隐藏在作品中的价值内涵，从而不能引领学生做更深入的阅读和思考。

三、丰富学习经历，提升阅读思维品质的策略研究

课堂应当有利于学生智慧的形成与发展，智慧的生成是离不开学生思维的真正启动和高质量运转的。因此，课堂需要充满浓郁的思辨色彩，这样课堂教学才可能以其深厚的文化底蕴与思想内涵来引领学生的思维发展。笔者通过实践，意识到在阅读教学中要舍得给予时间，提供学生丰富的学习经历，在各种体验经历中让学生实现自我成长，从而突破已有的思维瓶颈，实现阅读思维品质的提升。

（一）"问"之惑，培养问题意识

物理学家爱因斯坦说："提出一个问题往往比解决一个问题更重要。因为解决问题，也许是技能而已，而提出新的问题却需要创造性的想象力。"提问意识在思维过程乃至整个学习活动中占有重要的地位，在实际课堂教学中对开发学生的智力，培养他们的创造力同样具有积极的意义。提问的内容可以是针对词意、句意，可以是针对情感、价值，也可以是针对已知和未知，等等。

在上《坦桑尼亚的火山口》一课时，上课起始教师出示两句话："第一句话是，坦桑尼亚有个美丽的火山口，被称为世界一大奇景。第二句话是，火山口水源充足，绿草如茵，简直成了动物的乐园。"让学生围绕这两句话展开提问，从而开启全文的教学。学生分别提出以下问题："那里有哪些动物？为什么水源充足？为什么绿草如茵？'奇景'指什么？火山口的名字叫什么？那里究竟有多美？火山口附近住着哪些人？火山口在哪里……"问题五花八门，有些是学生对文本内知识的渴求，有些是对文本外知识的探索；有些是对字词的理解，有些是对文章内部关系的整理。笔者以为，这种种问题，便是学生思维的火花，智慧的源泉。经常如此提问，学生才会变得善于思考。所以，教师要舍得花时间让学生提出疑惑，进而激发其阅读的兴趣。

（二）"探"之源，培养探究意识

《语文课程标准》指出要积极倡导自主、合作、探究的学习方式。语文阅读课必须尊重学生的身心发展，关注学生的个体差异和不同的学习需求，充分激发学生的主动意识和进取精神，从而培养学生主动探究、团结合作的精神。

在上《中彩那天》一课时，对于学生来说，了解"这个道德难题是什么？应该'还'还是'留'？"这些并不难，难在要让学生去体会"父亲"内心的为难。于是教师让学生合作学习，细读文本，寻找父亲"可以留下车"的理由和"必须还掉车"的理由。学生在讨论中发现父亲可以把这车"留下"来的理由远远超过了"还掉"的理由，这才开始体会到父亲内心的矛盾和挣扎。这个环节学生的思想意识就是在探究的过程中逐渐理解并得到情感上提升的。

（三）"思"之辨，培养思辨意识

苏霍姆林斯基说过："如果教师不想办法使学生产生情绪高昂和智力振奋的内心状态，就急于传授知识，那么这种知识只能使人产生冷漠的态度，给不动感情的脑力劳动带来疲倦。"所以课堂中通过让学生不断地比较、辨析，调动学生学习的积极性，从而激发学生学习的内驱力，有效打开学生的思维是很有必要的。

学生在学习中的错误，作为珍贵的教学资源，是可遇不可求的，也是稍纵即逝的。因此，教师不仅要善待学生在学习中的错误，还要敏锐地发现学生错题背后的原因，挖掘学生错题的价值。

在教授《晏子使楚》一文时，让学生给第一个故事起小标题。学生们分别给出了以下答案：嘲晏子矮小、智开城门、楚国是狗国、狗洞现狗国、智斗楚王……学生的答案五花八门，但教师却并没有立即表态，而是把学生的答案全部写到黑板上，让学生从中挑选最为合适的。顿时答案聚焦在"智开城门"和"智斗楚王"之间。学生甲认为，"智斗楚王"比较好，因为故事主要讲了晏子和楚王斗智的过程。学生乙却认为后两个故事也都是讲晏子"智斗楚王"，如选择这一标题，那么三个故事就没有区分度了。而"智开城门"既能反映故事的主要内容，又能突显晏子的聪明才智。就这样让学生去比较、去选择、去修正，这便是一个思辨的课堂。

（四）"学"之类，培养类化意识

有时阅读教学可以不局限在单课的视角内，它可以站在一类课文的高度去学习。如果将一类课文的阅读引入教学中，可以让阅读的视野打开，拓宽学生的阅读思路，获得更多的感悟和提升，从而更好地把握文章。

在教授五年级第一单元的课文时，教师围绕单元主题"童年"展开，让学生比较本单元五篇课文，说说每篇课文分别是怎么来表达童年的。学生通过类比逐渐感到童年像一首诗：童年是浪漫的，童年是刺激的，童年是伟大的，童年是敏感的，童年是好奇的……这便是五篇课文所呈现出的各种童年滋味。通过小诗的编写，也让学生对童年有了更完整的体悟。在此基础上，教师让学生联系自己的童年，说说自己的童年有些什么特点，这样在类比的过程中，让学生对童年这一主题有了更深更新的认识。

（五）"迁"之情，培养迁移意识

迁移对于语文学习能力的培养具有重要意义，教师在阅读教学时"举一"，学生在学习之后"反三"，可有效提高语文教学效果。举一反三，触类旁通，这就是学习的迁移。学生能够在新的情境中灵活地运用已学知识或方法来解决新的问题，这样学到的知识才有意义。

在教授《母校》一文时，教师发现全文多是对母校的描写和赞美，而此文恰好是毕业班学生在小学阶段的最后一篇课文，根据这一实际情况，教师设计作业：让学生运用文中语言并结合自己的实际感受给母校写一段话。为激发他们的真情，教师身体力行，也写了一篇下水文《写给学生的话》。学生听后竟感动得流泪，教师通过自身迁移的例子激发学生迁移的激情，结果很多同学都出色完成写话任务。作为语文教师，要根据教材的特点，挖掘作品蕴涵的思想，精心设计教学，为学生创造出情感迸发的迁移情境。

（六）"留"之白，培养想象意识

人民教育家陶行知先生说："解放儿童的头脑，使他们可以想。"那么怎样训练和培养学生的想象力呢？笔者认为，可以充分挖掘课文的内容资源，及时稳妥地抓住契机，使学生的想象飞扬起来。在教学实践中，笔者进行了一些探索。

教授《鸟语》一文时，文中的作者爱鸟，梦想自己能通晓鸟语，常常假想和鸟儿对话，通过对话从鸟儿身上学到可贵的品质。于是，教师也尝试让学生编一些和鸟儿的对话，结果学生们的想象远超出了教师的预设，他们分别想象了和鸟儿聊春天的故事；想和鸟儿一起飞上蓝天看世界；向鸟儿倾诉烦恼；和鸟儿谈梦想；向鸟儿谈家庭趣闻；了解鸟儿的家庭……教师再次引导，通过和鸟儿对话，你学到了什么？这就是让学生经历美妙的想象，从而使其对文本产生更好的理解。

以上的一些阅读教学策略研究，旨在丰富学生的学习经历，它们仅仅是提升学生阅读思维品质的一部分。这些策略研究，将更关注学生的学习经历，培养学生的思维方式，唤起学生在已知和未知之间产生碰撞或共鸣，让学生获得适合自身的良好的阅读习惯、阅读方法以及经历美妙的阅读体验。

四、提升阅读思维品质的几个注意点

为更好地提升学生的阅读思维品质，在关注学生学习经历的同时，教师应更多关注教学过程中的以下几个方面：

（一）关注学生的已知和未知

多数教师在备课时更多关注教材之间的内部联系，关注教学过程的巧妙设计，关注教学目标的达成情况等，却容易忽视对学生进行学情分析。其实，学生的年龄特点、性格特点、兴趣爱好、已有的学习基础以及未知的学习内容都值得教师去分析和研究。教师只有站在学生角度去思考，才会设计出更适合学生学习的学案。

（二）关注教学的等待与引导

阅读教学要重视学生的独特感受、体验与理解。为了让学生能形成自我的理解和思考，听到更多学生的独特感受和独特体验，阅读教学中要学会等待。面对学生的沉默和迟疑，教师要给予学生充分的时间去考虑，等待学生能充分地理解并内化学习所得，等待的过程同样有利于促进学生的阅读思维品质的提升。

（三）关注文本的解读和剖析

这里的解读和剖析要求教师尤为关注解读文本之间的内在逻辑关系，剖析语言的表达形式和作者要表达的思想之间的关系，通过解读和剖析，能够引导学生更好地感知文本语言所产生的情感，从而丰富学生的学习经历。

（四）关注练习的连续和完整

在阅读教学中，教师所有的练习设计要关注到课前预习、课中练习、课后巩固三者之间的连续性，更应关注到单元乃至学期练习的完整性。尽量避免出现孤立的练习设计，希望学生能在连续和完整的练习训练中提升阅读能力。

（五）关注评价的精准和激励

教师应该改变传统的评价观念，树立起评价要着眼于学生的进步与发展的理念。评价首先要做到精准，能够清晰地指出学生回答中值得肯定的地方以及不足之处，能够在不同的学习阶段对学生提出循序渐进的指导性建议。其次教师的评价应体现激励性，教师通过艺术化的语言，策略性的引导，不断激发学生的阅读兴趣，让其体验成功的喜悦。

总之，在提升学生阅读思维品质的过程中，教师尤其要重视丰富学生的学习经历。学生只有经历了各种学习体验，才能上升为经验，掌握方法，形成思想。在此期间，我们期望学生通过共鸣、碰壁、反思等过程不断地丰富、调整、修正自己的学习过程，从而真正地在阅读学习中领略其美妙，迸发其智慧。

浅谈小学班主任的管理艺术

●上海市长宁区北新泾第三小学　张静妍

班主任是班级的领导者和组织者，是一个班级的灵魂，其承担着指导学生的一日生活，规范学生的日常行为，培养学生正确的学习生活习惯，促进学生良好品德修养的养成，组织开展各项活动等工作。其琐碎、繁杂的特点，给从事班主任工作的老师提出了很高的要求。同时，班主任工作的成功与否直接关系到学生的成长和发展，关系到学校整体工作的顺利开展。因此，班主任工作在学生管理中具有重要的作用，班主任老师在开展班级管理工作中，必须不断摸索，才能找到有效的管理方法和途径，做到因材施教。

一、小学班主任管理的基本原则

（一）表率性原则

古人云："师者，人之模范也。"为人师表既是教师职业道德的显著特征，也是班主任工作的立身之本。尽管班级管理中也要通过制定规章制度、工作计划和常规管理等内容来落实管理思想。但大量的日常管理主要是通过班主任直观的、感性的榜样作用来达到目标的，班主任的表率行为不仅影响和制约全体学生的行为，而且对全体学生的道德情感会产生强烈的影响。

虽然小学生的自我控制能力较之幼儿阶段有了发展，但特别容易受他人的影响与暗示，进而产生不自觉的模仿行为。不论好的差的，对教师的一举一动，特别是班主任的各种行为，都会模仿着去做，因此我们常常说，有什么样的班主任就会教出什么样的学生。针对学生的这一心理特点，班主任更应树立坚定的事业心，培养较强的集体荣誉感，热爱教师职业，忠于教育事业，胸怀宽广，正直宽容，自觉地加强自身修养，使学生能模仿到正面的行为。

（二）博学性原则

德高为范固然重要，但学高才能为师。班主任不但要有所教学科扎实的基础知识、基本技能、专业知识及其相关学科的知识，还要有超前意识和现代教育思想，懂心理学、教育学、法律常识、信息技术知识等。小学生，特别是低年级的学生注意力持久性比较差，针对这一特点，班主任要利用各种不同的方法，时刻提醒和激发学生的兴趣，这些方法的取得就需要班主任对各方面的知识都有充分的掌握和了解，发挥老师特有的敏感、多思、持重和观察、研究事物的能力，使学生能自觉服从班主任的教导。

（三）客观性原则

这个原则要求班主任在工作中应从客观实际出发，防止认识上的主观主义。每个学生都是活生生的个体，他们的思想、兴趣、爱好、健康状况、生活环境和家庭条件等都不一样，思维和表达能力不强，这就要求班主任要特别注意调查研究，经常深入学生中间，了解情况，并加强同科任老师以及学生家长的联系，掌握第一手材料，防止情感因素的干扰，进而有的放矢地开展管理工作。

（四）公正性原则

班主任在工作中对每一位学生都要一视同仁，处理每一件事都要公平合理，绝不能分亲疏和感情用事。因为小学生，特别是低年级学生在思想上还比较单纯、幼稚，做任何事情都会爱憎分明，因此班主任对待学生，在批评和表扬上，在处理问题时，在给予关心和照顾中，在提供奖励和学生表现自己的机会上以及在某些细节问题的处理上都要公正。

（五）全面性原则

班主任在工作中要面向全体学生，关心每个学生的思想、学习和生活状况，从而充分调动全班学生的积极性，把班级各项工作开展得有声有色，使全体学生在德、智、体、美、劳诸方面得到全面提高。低年级的学生自我管理和互相管理的能力都较差，因此班主任要合理统筹、全面协调，使各方面有机配合，才能形成教育的合力，获得良好的整体的育人效应。

（六）民主性原则

在如何管理好班级问题上，班主任和同学具有同等的权利和义务，这就是说班主任在工作中要注意集思广益、博采众长，要真心诚意地听取各方面有益的意见。因此教师要更好地教育学生，就要与学生平等地交朋友，鼓励学生发表不同的意见，充分尊重每个学生的想法，并善于采纳正确的建议。对学生中的不同意见，能做出善意的说明和解释。

（七）情感性原则

班主任要注意到每个学生都是独立的个体，每个学生的潜能是不一样的，发展水平也是不平衡的，因此，班主任要注意保护学生的自尊心，特别是后进生的自尊心。日常工作中要把注意力放在发现学生的优点上，并激励学生继续向优点方面发展。要给学生以成功的体验，使学生相信自己的能力，体会到自身的价值。要重视培养学生良好的心理素质，培养学生坚强的意志、开朗的性格、乐观向上的精神。平时还要多注意关心学生心理的变化，及时做心理咨询、辅导等方面的工作，使每一位学生都有健全的、良好的心理素质。

二、小学班主任管理的途径与方法

（一）确定科学合理的班级管理目标

制定目标是班级管理的前提条件，而班主任在制定科学的班级管理目标中起着重要的作用。小学生的知识、经验还不够丰富，对于目标的认识与确定还缺乏应有的能力，班主任可以帮助他们策划好班级组织，并明确分工，让他们各司其职，充分发挥班级组织的各项功能。每个学生都是班级管理的主人，他们既是被管理者，又是管理者。因此，作为班主任，首先要从思想上更新管理观念，在指导他们自主管理的同时，充分调动学生的思想积极性，发挥他们的聪明才智，充分挖掘他们的内在潜力，确认每个学生在班级中的主体地位、权利和义务，尊重学生的人格、个性，加强自主意识和民主意识的教育，以"我是班级管理的主人"为主线，引导学生参与班级管理目标的制定。

（二）构建有效的班级管理体系

1. 建立一支较强班干部队伍

建立一支富有朝气、富有战斗力、富有号召力的班干部队伍是班主任的首要工作，它是班级工作的核心，是一个班能否迅速形成良好班风、学风的决定因素。因此，在选拔班干部过程中，班主任既要挑选德、智、体全面发展的学生，又要综合考虑个人素质、能力、知识三者的关系，做到精心选拔，在实际工作中不能凭学生入学时档案或第一印象而"一锤定音"，而应广泛征求意见和做深入细致的调查研究，从不同侧面对选拔对象进行考察。为确保这支队伍的战斗力和号召力，班主任对新生班的班干部可采用先试用后任用的方法，给临时班干部一定时间的试用期进行考察，考察合格后再任用。班级班干部队伍建立后，班主任应悉心指导、热心扶持、大胆使用，要定期考核、优胜劣汰，使其有压力、又有动力、更具战斗力和合作力，真正成为班级管理中的生力军。

2. 善于掌握学生的各种情况

班主任要善于掌握学生在思想、学习、生活特别是纪律等方面的情况。要特别留意学生受各方面环境的影响，出现了打架、骂人、搞恶作剧、无心学习等不良行为，不能掉以轻心。应善于掌握学生在不同环境、条件下的特有心态，根据学生性格特点，因材施教。在教育过程中，要从"爱"字出发，坚持疏导教育，循循善诱，晓之以理，动之以情，为学生分析不良行为的危害及可能造成的后果，从而导之以行。细致入微的关心、苦口婆心的谈心、朋友般的交心，把不良倾向"消灭"在萌芽状态。

3. 协调科任老师，进一步加强管理工作

班主任在学生心目中的地位是至高无上的，是其他科任老师遥不能及的，所以很多班级都会出现这样的现象：班主任上课是纪律最好的，效率是最高的，而该科目的成绩也是最好的，但科任老师进教室上课就不一定这样好。所以，班主任必须协助科任老师，保证好课堂纪律和良好的学风，及时解决科任老师所反映的问题，绝对不能只顾自己的科目而置其他科目于不顾。科任老师也应该尽职尽责，与班主任同心协力共建优良的班集体，从而使大家都能达到事半功倍的效果。

4. 充分发挥家庭教育作用，深化学生的全面管理

家庭教育是学生教育管理工作中的重要组成部分。无论学校管理与教育工作做得多好，缺少了家庭教育都是不行的。因此，要真正减轻班主任身上的重担，就要充分发挥家庭教育的力量。密切与家长之间的联系，及时了解学生学习上、生活上和思想上的动态，内外结合，多管齐下，教育效果自然加倍提高。

（三）营造良好的班级管理氛围

在班主任工作实践中，要注意发挥自己的主导地位，努力营造民主、和谐的班级管理氛围。首先，必须坚持"一个标准"，就是说在处理班级事务时，尤其是奖惩方面，对好学生和后进生应使用一个标准。对于问题和建议，要分清轻重缓急，调查清楚后，每个学生、每个问题、每个建议的解决方法可能不同，但要一视同仁，使学生感觉到老师对他意见的重视，他以后反映意见的积极性就会更高。其次，要调动"两个积极性"。一是要尊重每个学生，在课余时间里要尽量多与他们一起交谈、活动，与他们无拘无束地相处，他们必然会对你敬而近之，由此而产生一种"爱屋及乌"的效应。二是发动大家积极参加班级管理的各项活动，让学生人人都有发言权，都认为自己就是班级的主人，班中的事就是我自己的事，班集体的荣辱就是自己的荣辱。

（四）班主任要用心去教

1. 以爱心抚慰他们的心灵

在班级日常管理中，班主任始终要将自己"与人为善"的爱心和班集体"普遍的友爱"倾注给"问题学生"。在班集体中，精心营造一种平等、和谐、友爱的气氛，让"问题学生"能够充分感受到老师的爱心、同学的关心和集体温暖，感受到自己在班上有一席之地。反之，班主任如果不关心他们，一心想着学习好、表现好的学生，那么，班主任的偏爱会强化一部分同学的自负心理，班主任的冷淡则会强化"问题学生"的自卑心理，使这部分学生与老师之间产生隔膜,甚至对立,致使班主任对"问题学生"的转化工作难度加大。怎样让"问题学生"感受到班主任对他们的爱心和关心呢?(1)安排座位:班主任应坚持在一个小组中实行好中差的搭配,要求好生主动地去帮助差生。(2)排学号:不能按分数名次排列,"问题学生"可适当地插在好生之中,使他们觉得没有什么特殊之处。(3)课堂提问:班主任包括所有老师要鼓励"问题学生"踊跃发言,使他们把注意力集中到老师教课中,使他们少有时间思想开小差,如上课中提问时,可以让"问题学生"优先回答,对于较难的问题,老师可以在学生准备时,给"问题学生"一些提示和帮助,让他们觉得自己不比别人差。(4)班级活动:班主任要不忘留给他们一展身手、表现自我的机会,给他们一些适当的岗位,如这次我给全班的学生制定了一个岗位责任表,每个学生在班级中都有自己的岗位,使他们学有所用。而对于父母离异的学生,要经常与他们交谈,解开他们思想中的困惑,把家庭因素带给孩子的心理障碍尽量化解。对屡教不改的,要寓爱于严,严中有爱。

2. 以诚心赢得他们的信任

与优生相比,"问题学生"的自尊心更强。因为学习不好或纪律差,长期受冷落、歧视,他们一般都很心虚,对外界极为敏感,脾气又倔,但在内心深处仍渴望得到老师和同学的理解、谅解和信任。因此,一旦他们犯错,班主任一定要做到心平气和,以诚相见,以诚对待,切忌动不动就当众批评、挖苦、讽刺,或者变相体罚,否则必定会刺伤他们的自尊心,增加转化工作的难度。教师的诚心还应表现在对学生自我教育能力的发掘和肯定上。为了做到防患于未然,班主任要吸收"问题学生"参与班级管理和班级活动,让他们承担某一方面力所能及的工作(如担任小组长),并不断地鼓励、鞭策他们,让他们在管理和完成某项活动的过程中克服自身不良的行为习惯,为他们提供展示自身价值、树立自尊形象的舞台。实践证明,这种"信任"不失为转化"问题学生"的一种行之有效的方法。它好就好在使"问题学生"感受到:班主任相信我,我也一定要做好工作,回报班主任对我的信任。

3. 以耐心期待他们的转化

俗话说:"十个指头有长短。"转化后进生成了每个班主任都会遇到且令人头疼的问题。班主任对他们不仅应施以爱心、施以诚心,更应施以耐心。

"问题学生"意志薄弱,自控力差,尤其是小学低年级的学生,行为极易反复无常,所以做"问题学生"的思想工作不要简单地认为通过一次谈心、一次家访或者一次笔谈他们就能彻底改好,应反复抓,抓反复。遇到"问题学生"不良行为出现反复,班主任一定要有耐心,客观分析不良行为反复出现的原因,要及时发现、及时抓住、及时诱导,做到防微杜渐。当然,这里所指的耐心教育并不是消极等待,而是要做有心人,为后进生的转化积极创造条件。"问题学生"虽然有很多不足之处,但即使再差的学生也总有某方面的特长或优势,比如学习差的,他在体育方面很好,或在音乐、美术方面有特长,班主任要善于捕捉他们身上的闪光点,发掘其身上的潜能,充分肯定他们的优势,千万不要吝惜"好话",积极的评价能使学生的进取之火燃得更旺，使"问题学生"重新找回自我，获取克服缺点的勇气和信心。

　　班级管理工作千头万绪，工作方法千差万别，形势和任务又在千变万化，多年的教育教学管理工作也使我深深地意识到：班主任的管理艺术不是学出来的，也不是干出来的，而是在教育管理实践中，通过理论结合实际，坚持与时俱进的动态管理，认真落实"以生为本"的教育理论而形成的。让我们在实践中去探索总结更为有效的方法和经验，使班级管理工作水平不断跃上新台阶。

幼儿园、家庭与社区共育推进幼儿园节日教育的有效性研究

●上海市长宁区愚园路第一幼儿园　诸毅萍

一、研究背景

　　我国的节日活动是宝贵的教育资源，为幼儿社会性等多方面的发展提供"实践场"。无论是社会性节日还是传统节日，凝结着中华民族的民族精神和民族感情，承载着中华民族的文化血脉和思想精华，集中体现中华民族勤劳勇敢、尊老爱幼、追求和平、团结合作等优秀品质和精神。而这些优秀的文化和精神的传承，是教育必须承担的神圣使命。当前社会关系、家庭结构的发展和变迁以及独生子女的社会性体验学习的欠缺，由此引发了幼儿不尊敬长辈、不懂礼貌、自私、自理能力差、自信心不足，以及缺乏必要的交往、互助、合作的意识和技能等问题。而家长在面临幼儿社会性品质缺陷的问题束手无策时，忽略了节日活动中所蕴含的教育价值。因此充分利用节日契机，挖掘节日活动的教育价值是向幼儿进行社会性教育的重要课题。

　　家园有效互动是促进幼儿社会性发展的必经之路。《纲要》提出：社会学习是一个漫长的积累过程，需要幼儿园、家庭和社会密切合作，协调一致，共同促进幼儿良好社会性品质的形成。当前家园合作共育不仅是幼儿教育的发展趋势，更是教育现实的需要。幼儿园的节日教育活动要取得最大化的成效，必须充分发挥家庭教育生活化、自然化的特点，为幼儿社会性等诸方面发展提供"实践场"，统一整合社会、家庭资源优势，调动家长合作共育的积极性、主动性和创造性，实现家园教育在目标、价值和追求上的协同。

　　家园互动要立足园本。我园一贯坚持"以幼儿发展为本"的办园理念，在节日教育活动中积累了丰富、宝贵的经验，无论是国庆大活动，三八妇女节，走向社会活动还是尊老爱幼重阳节敬老亲子活动，都取得了良好的活动成效，为扎实深入地研究本课题提供了宝贵的、可借鉴的经验，而本课题的研讨也促进园本的节日教育活动更深入有效地开展下去。

二、我园幼儿园节日教育的现状分析

　　我园十分注意探索家园合作共育的有效途径与方法，也取得了许多成果。如建立家长学

校、成立家委会、开放家长参观日，让家长来园参观或与幼儿一起活动，利用家访或家园联系栏等形式相互交流情况。然而，从总体上看，家园合作多流于形式，实质性的教育效果有限，具体表现在两个方面：一是家园合作不够深入，多停留在表面，很少配合课程深入幼儿园教育过程的各个环节之中；二是家园合作不够密切。家园活动很少与家庭教育联系起来，也就很难产生有针对性的实际效果。

我园的园本课程中也有节日教育的内容，也积累了一定的经验，但是在实践的过程中，三位一体合作效果还不十分理想，仍存在着这样那样的问题，归纳起来主要表现在以下几个方面：一是幼儿园与家长对家园合作的内涵理解不够导致积极性不高。长期以来，家长都习惯地认为幼儿教育就是幼儿园教育。既然幼儿园包办了幼儿教育，家长工作自然而然表现为以幼儿园为中心，家园合作由此容易出现表面化、形式化、走过场等弊端，反映出幼儿园与家长教育观念的陈旧和落后。二是实际开展的家园合作教育工作实效性不强。三是幼儿家长缺乏科学的教育理念和教育方法。四是社会支持参与不足。

三、调查分析

为了更好地利用社区、家庭等资源，笔者事先对幼儿园附近的社区资源以及家长幼儿园节日教育观点等一些内容进行了调查和统计，分析如下。

（一）幼儿园附近具有的资源

调查表明，最多的资源是"超市、食品店、商场"，第二是"医院、保健站、防疫站"，第三是"车站"，第四是"饭店、小吃部、肯德基/麦当劳等快餐店"和"书店、报刊亭"，第五是"公园"，第六是"银行、证券交易所"，第七是"服装店"，第八是"邮电局"，第九是"图书馆"，第十是"加油站"。

由此可知，幼儿园所在社区的资源是比较雄厚多样的，这就为幼儿园教育活动走出园门、走进社区提供了丰富的学习资源。

（二）我园利用过的附近资源

调查显示，利用最多的是"公园"，第二是"超市"，第三是"医院"，第四是"邮电局"，第五是"车站"，第六是"饭店、小吃部、肯德基/麦当劳等快餐店"，第七是"银行、证券交易所"，第八是"图书馆"，第九是"书店、报刊亭""服装店"，在运用这些资源时，选取的形式主要有张贴图片、播放录像、"请进来"、"走出去"等。

由此可知，我们只利用了"公园"这一资源，幼儿园与社区的联系还比较松散，成了游离于社区的"文化孤岛"。美国幼儿教育专家E.L.埃斯萨指出，"幼儿园的课程应该运用可能的社区资源",“社区应该被充分地运用到幼儿园的课程中去"。因此如何开发社区的资源，构建幼儿园的园本课程，是摆在我们面前的一项紧迫任务。

（三）影响幼儿园附近资源利用的因素

虽具备较为丰富的教育资源，但却未能加以运用，事实上这也是宝贵的教育资源的一种浪费。在和园长、园长助理、教师的谈话中，我发现主要有以下几个因素在阻碍着。

认识偏差：有些家长认为，幼儿园教育主要应该在园内施行，坐在教室里能够解决的问题，没有必要到园外去解决。

费时费力：有些教师觉得，每搞一次外出活动，都是"劳民伤财"，要花费许多时间和精力，往往吃力不讨好，付出大于收获。

不安全：有些家长担忧，幼儿外出活动容易走失、发生意外伤亡事故，毫无疑问，不像在园内那样开展活动时的安全系数大。

没有支撑：有些教师反映，一些社会人士不了解幼儿教育，不关心幼儿教育，没有认识到社区资源对儿童发展的重要价值，不愿意将社会场所对幼儿园优惠开放，不情愿接待幼儿的参观游览。

四、幼儿园、家庭与社区共育推进幼儿园节日教育的策略

（一）了解是前提，信任是基础，变被动为主动

家园携手合作，实现共育，必须争取家长的理解、支持和主动参与，建立相互间的信任是不可或缺的。家长在孩子入园前总有许多担忧。所以，我们组织开家长会，向家长介绍我园关于幼儿节日教育的内容和经验，指导家长对幼儿节日教育的方法和配合重点，并请家长了解我园节日教育的案例和资料，让家长提出建议，在开放与沟通中让家长对幼儿园产生信任感。

畅通家园联系渠道是保持家园合作的途径，幼儿园与家庭之间的合作方式有很多，无论采用什么方式进行合作，都要保证其及时有效。为此，我们采取了几种有创新意义的合作方式：一是随着信息时代的到来，网络已经进驻千家万户，我们尝试利用网络促进家园合作，在互发邮件的过程中，不仅方便家园信息交流，更有助于保证这种交流及时有效。二是在巩固全园家委会的同时，进一步缩小范围，以班级为单位成立班级家委会。在开展每一个主题活动之前或制定每一阶段目标之时，教师都会与家委会成员一同讨论，从活动设计、准备阶段开始就引导家长参与，让家长了解主题活动的目标、内容、组织形式等各方面的情况，并虚心听取家长的意见，吸收有益的建议。三是及时更新家园联系栏。家园联系栏不仅是反映保教工作情况和进行教育交流的一扇窗户，更是教师与家长沟通的一座桥梁。它能促进家庭与幼儿园、教师与家长、家长与家长之间的沟通与交流，从而使幼儿获得全面和谐的发展。我们根据幼儿的发展特

点，以及家长们的需求与建议，在原有基础上不断更新家园联系栏。各班创设的家园联系栏也可谓丰富多彩，如教学ABC、网上新星、信息点击、童言稚语、回音壁、聊天室纸形屋、求助热线、心心网页、创造之星等，形式新颖独特而且亲切，深受家长的欢迎和好评，家长们纷纷伸出热情的双手，变被动为主动，积极参与。

（二）丰富活动形式

通过问卷调查我们发现，家长半日活动开放是家园共育形式中最受家长欢迎的形式之一，因为幼儿入园后的教育活动开放日，可以让家长从整体上了解自己的孩子在幼儿园的表现以及幼儿园教育内容与方法，从而打消家长的忧虑。如何使开放更有成效呢？我们尝试了针对幼儿的个别差异邀请个别家长来园参加活动。如有的幼儿自信心不强，教师就专门邀请家长来园制定观察方案，指导家长观察幼儿在各种活动中的表现，然后一起商量制定实施增强自信心的方案；有的幼儿社会交往能力较弱，教师则设计相应的个案观察目标，请家长在各项活动中观察其表现，然后交流意见，制定家园共育策略；现在我园孩子的自信心和合作交往能力方面有了很大的提高。

一般来说结合节日活动开展各种丰富多彩的家园共庆活动是很有必要的。让家长在主动参与中了解孩子的兴趣和需要，以转变自身的教育观念和行为。例如：在三八妇女节，每个小朋友画了一幅画"心中的妈妈"，并且幼儿每人口述了一封写给妈妈的信，请家长记录下来带来幼儿园念给全班小朋友听，和大家一起分享自己对妈妈的爱。在放长假的时候，请家长带孩子出外游玩，家长和孩子一起搜集见闻资料，并带来幼儿园送入展示区中，让幼儿在同伴间相互交流信息，为每一名幼儿都提供表现的机会，进一步增强其自信心，培养他们的合作交往能力。

为了家长及时、全面地了解幼儿园教育目标，配合幼儿园进行教育，教师们做到了"三公布"：开学初在家长会上公布学期幼儿培养目标；每月在家长园地公布月工作目标；每周向家长公布月重点，并在周重点中增设了"请您配合"一栏，请家长协助完成目标。如："十一"前大班教师在"请您配合"中写道："国庆节快到了，请家长和孩子一起搜集祖国大好河山的资料、祖国的四大发明、中华人民共和国成立的各种资料，在外出活动中请您有意培养孩子的公德意识，如尊老、爱护花草、不乱扔废弃物等。"短短几句话既使家长明确了幼儿园教育目标，又使家长知道了为配合目标的落实自己应如何做。

家长对幼儿园教育了解后会积极、主动地配合幼儿园教育。如家长们了解到大班正在进行重阳节主题活动后，主动参与到活动中来，为幼儿讲述他们的成长经历与趣闻。在重阳节这一天，我们请小朋友自己制作水果串、贺卡等送给自己的爷爷奶奶，幼儿园领导也特意为每位小朋友的爷爷奶奶送去一块重阳糕，它代表我们全体老师对老人的美好祝愿。由于小朋友了解了重阳节，知道重阳节又是爷爷奶奶的节日，当有的爷爷奶奶还想省给自己的孙儿吃时，那些孩子说什么也不肯吃，有位老爷爷激动地说："现在的教育好，老师好，还能想到我们这些老人。"正是在家、园的共同配合下，教育活动开展得生气勃勃，幼儿从中学会了许多知识，同时情感教育也获得了发展。

（三）发挥教师在活动中的引领作用

教师在活动中的引领作用，表现在能有效地激发幼儿活动的内在主体性以及调动家长参与活动的积极主动性上，表现在根据不同节日蕴含的不同主题设定目标、根据不同年龄幼儿的身心发展水平设计组织不同层面（课程、家园互动等）的活动。

角色游戏中有效挖掘幼儿内驱力的几点尝试

● 上海市长宁区新实验幼儿园　颜婷婷

角色游戏是幼儿园里深受幼儿喜爱的一种游戏形式，能最大程度激发幼儿的想象力和创造力，并同时促进其社会性发展。角色游戏设计的关键在于充分考虑幼儿身心发展水平，合理选择游戏设施并设计游戏情节，最大程度地调动幼儿自身内驱力，从而避免游戏停留于过场和热闹。那么如何让幼儿真正参与游戏？笔者本着这一思考，进行了一些尝试性探索。

一、基于当前生活，以"自我服务"的方式推进游戏

开学之初，教室里需创设各种环境。比如植物角需种植种子、舞台需更换场景、墙面背景需一些装饰。依照往常，所有这些可能都需教师一一亲手而为之。诚然，这能在一定程度上体现教师的用心及对孩子的倾力支持。

但要细究之，其中包含着教师对身处这一环境中的活动主人的权利包揽。谁是环境的主人？教师还是幼儿？毫无疑问，幼儿才是环境真正的主人，他们完全有创设环境的权利和整理环境的义务。当然，在其创设环境的同时，必须要求教师提供适当、适宜的支持。

基于此，本班的尝试如下：首先，在角色游戏开展之前向全班说出创设的要求。出乎意料的是，孩子们对能参与教室环境创设非常感兴趣。其次，就教室里孩子们可以操作的事务进行分工，并由孩子们自由选择。游戏时，班级里20多个孩子被分成几个大组：豆子准备组、翻土种豆组、舞台拆卸组、舞台装饰组、墙面装饰组等。结合组别的任务需要，每组的人数并不固定。

豆子准备组：这一小组为创设植物角做准备。

为了创设给孩子更多的操作机会，游戏时不直接给孩子准备豆子，而是给孩子提供上学期他们自己用豆子拼贴但现已不需要的豆子画。任务要求是，小组成员想方设法把画上的豆子剥落下来。剥落后，小组成员还需对豆子进行分类整理。

其间，教师不做任何的引导，只是鼓励幼儿借助教室里可利用的工具。这既可激发其解决问题，又可通过操作机会促使其锻炼动手能力。

翻土种豆组：这一小组同样为创设植物角做准备。

本组的任务要求是：（1）对植物角的枯枝败叶进行整理；（2）松土及润泽土壤。教师提供垃圾桶及铲耙工具。

舞台拆卸组：本组为创设小舞台场景做准备。

任务要求：成员们合力把舞台支架上的旧装饰拆卸，尽量保持干净整洁。

舞台装饰组：本组为创设小舞台场景做准备。

这组的人员相对较多，成员被再分为两部分：一部分成员给气球打气、包扎；另一部分成员把扎好的气球挂到舞台架上。

墙面装饰组：本组结合春天主题的到来做些创面装饰的准备。

任务要求简单，但需认真细致。即小组成员的任务是把墙面的主题字体涂上颜色，并设法进行粘贴。

以上各组人员的分配均首先由幼儿自己选择。教师的主要职责有三：一是向孩子介绍任务需求；二是提供必需材料；三是根据任务需求进行人数的合理协调。最后开始游戏时，每个孩子都应清楚自己的任务和要求。

游戏的过程中，幼儿分工明确，活动有序。在游戏后的集体分享中，孩子们纷纷表达了各组的完成度和小成就："……老师，我们的豆子什么时候发芽呢？！明天会发芽吧！……？""老师，我们在舞台上再贴点小花吧！"……其间，孩子们对参与环境且做环境小主人的兴奋溢于言表。

二、基于当前的课程，以"主题延伸"的方式推进游戏

在幼儿园有序安排的课程里，孩子们每天都在潜移默化地发生微妙的变化。对他们来说，课程就是其每日的主要生活。那么如何使孩子们的浸润式生活发挥更大的价值？或许把课程内容与孩子们自主游戏结合起来，不失为一个好办法。

比如尽量保留学习活动中的材料，并把它投放到角色游戏场地。到了角色游戏时，孩子无须教师提醒就能主动游戏起来。以下是课程与游戏结合的三个小实例。

实例1：

在"猜动物"（见主题"在动物园里"）活动里，活动材料的准备非常丰富。为提高材料的使用率及拓展材料的使用，活动中可把这些材料打印和张贴于板上。

集体活动结束后，这些动物展示板千万不可丢弃或放置角落，而是把它投放到孩子们容易发现的区域，并给孩子预留可活动的空间。

到了游戏时间，孩子们纷纷上阵。只不过与课堂不同的是，孩子们在游戏中争相扮演"老师"的角色。即一人扮"老师"，其他人做"学生"，轮流模仿老师在集体活动中的言行举

止。场面有模有样，竟然拷贝不走样。这何尝不是另一种游戏性的学习呢！

实例2：

在"交通工具"主题中，有一个"乘飞机"的活动。一般来说，园内会把活动统一安排到大型教室。教师将用椅子摆出一个大型客机，方便每个班级集体活动。

为拓展和延伸幼儿的乘机经验，教师在活动前可与孩子集体回顾一下活动流程，并以提问的方式予以鼓励："我们的教室里好像缺一架飞机，你们能自己设计出来吗？"这一提议立马得到正向回馈。当飞机造好后，角色游戏的各类场景也就自然而来。

诸如此类经验再现、生活模拟化的集体活动，它非常便于孩子们进入游戏角色中。当教师抓住机会，鼓励孩子在自己班级里进行创设飞机场景，并模拟扮演其中的一系列的角色，既能激发幼儿的二次创造、拓展课程的内容，又能满足孩子们角色扮演的需要。

三、基于幼儿的兴趣，以"角色释放"的方式推进游戏

性别差异是一个不可忽视的存在，角色游戏中最能突显这种差异性。比如女生热爱装扮、喜欢手工等，但男孩子在教室里除了在娃娃家扮演爸爸、爷爷等不可或缺的角色外，其他的角色似乎都能让女孩子承担，而女孩子倒不仅愿意而且乐此不疲。那么男孩该如何凭自己的兴趣找到他的位置？

当然，在老师的引导下，有些男孩可能会选择参与女孩子的游戏，但仍有一部分"坚持己见"的男孩子，他们会自立为警察或是解放军，甚至以负责全班秩序的名义把整个教室搅浑。

面对如此情况，教师该如何是好？与其堵，不如疏。一方面尊重女孩选择各类操作类或角色扮演类游戏，另一方面放手让男孩去完成枪支或兵器的组装后满足其扮演威风凛凛的警察或士兵。出乎意料的是，这一决策唤发了男孩子从未有过的热情。教师瞬间因此获得男孩子们的信任和尊敬。他们从心底认为，自己的长期被束缚的需要被老师看见，并能在老师的引导下得以满足。因此，当游戏中引发冲突时，在老师的协调下，他们能快速接受，并尽力能做好。如此一来，教室里无序的闹腾因男孩子们的"冷静"而变得和谐有序多了。

总的说来，本学期开展的以上三点尝试，收效明显。因内驱力被激发，孩子参与游戏的主动性和积极性非常高。比如，因本园角色游戏的时间安排在下午，每每在睡后用点心时，孩子们就会陆续兴奋起来："老师，等会儿是角色游戏吧？！""××，待会儿我们去×××！""××，你先去XX地方，我吃好就过来！"对游戏的各种期待，何尝不是对游戏的极大肯定？！

浅议幼儿园日常生活中数学教学的探索

●上海市长宁区仙霞路第二幼儿园 李 赟

《幼儿园教育指导纲要》中明确指出数学教育的目标："能从生活和游戏中，逐渐形成幼儿的数学感和数学意识。在真实的情境和解决问题的过程中，感受事物的数量关系并体验到数学的重要和有趣。"它明确了幼儿园数学教育的目标和价值取向，不是一种纯粹的重复练习、机械操作，而是强调数学活动要与真实任务相联系，初步学习数学解决日常生活中的问题，使幼儿体验数学与大自然及人类社会的密切关系。这样的目标就要求幼儿园教师在开展数学活动时必须结合幼儿的年龄特点和学习特点，创设生动有趣、活泼多样的情境。在幼儿园一日生活的任何一个环节、任何一个活动都应充分利用这种机会，让幼儿在现实生活中玩，感知数学，在自然、轻松、愉快的环境中感受数学游戏及活动的乐趣。

一、利用生活环节激发幼儿探索数学情景的兴趣

数学存在于我们生活的方方面面，数学信息可能是分散或是隐蔽的，但只要我们引导孩子去关注、去体验，让幼儿感到数学就在我们生活中，就能使幼儿从中发现数学的乐趣。我们要充分利用幼儿园中各个活动场所，丰富、变化环境中的数学教育内容，潜移默化地影响幼儿积极感知、尝试、摆弄，积累感性经验，巧妙地渗透生活中的数学知识，为幼儿营造"数学就在我们身边"的氛围，让幼儿在自己生活的环境中不知不觉地学习新知识。

例如，进入大班后的孩子不再满足于等着老师来点名，他们会想在老师点名前就知道今天来了多少人。可是孩子们发现在点名前是自主性游戏和自由活动的时间，孩子们来来往往，跑进跑出，不容易点清楚人数。于是老师给了孩子们一点点提示："你们找找看，我们教室里什么地方可以提前就让你知道今天来了多少小朋友？"孩子们很快就找到了是教室门口插晨检牌的地方。于是每次自主性游戏结束后的自由活动时间，不少孩子就会来到晨检牌前点有多少个牌子，看看来了多少小朋友。

一开始，他们是通过1，2，3…一个个地点数红牌子的数量，来确定来园人数的。他们经常是从一数到三十，需要花费相当长的一段时间。然后老师问孩子们："可以数得更快一些

吗?"孩子们开始比赛看谁数得快,于是有孩子开始2,4,6…两个两个地数,这下比一个个点数的孩子快了不少,还有孩子说:"我可以五个五个地数。"他们对于这个游戏乐此不疲。就这样,他们从一个一个地数发展成了五个五个地数。

又过了几天,老师又问:"还有没有什么办法可以更快呢?"有一名孩子说,只要数有几个小朋友没来就可以,然后用总人数减去没来的人数就是来的人数了。只见他很快地就目测出只有2个位置没有插牌子,他说:"有2个小朋友没来,我们的总人数是30,减去2,今天来了28个小朋友。"随后他把这个方法告诉了别的小朋友,于是又有许多小朋友来尝试这个更快更便捷的新方法了。

在这个案例中,我们很容易就能发现幼儿数能力的发展过程。一般的孩子要想知道一个集合的总数,首先都会通过一个个地点数的方式进行。当他们能够充分掌握这个方法后,就开始寻求更快捷的方法。于是他们的能力就从"点数"发展到了"群数"。能力更高的幼儿则能运用加减法来解决这个问题。点名不再是孩子被动地被老师点,大班孩子会通过竞赛的形式,自发地去点名,在这个活动中孩子们体验到了数数带来的快乐。同时老师也借助点名这一每天都要进行的生活活动,帮助幼儿理解数数及加减法问题的实际意义。

又如,在中班庆祝六一节的活动中,学校为孩子们准备了丰富的自助餐。老师在每一样食物的盘子边都贴上了数字小卡片,提示幼儿按数取物。幼儿看见数字卡片,就知道虾可以吃2只,鸡翅膀可以吃1个,毛豆可以吃3个,蛋可以吃1个等。

自助餐是幼儿非常喜欢的活动,可是在以往的自助餐中,我们常会发现中班的孩子不会合理取食,于是教师在生活活动中结合数教育,在实际的情境中既可以巧妙地帮助幼儿理解按数取物的概念,又能很好地控制幼儿合理进餐,让幼儿在享受充分自主的同时潜移默化地掌握了数概念,一举两得。

其实,各个生活活动都能渗透数教育,喝水、洗手、擦毛巾等,关键就在于教师能否创设符合幼儿兴趣的数学情境,把数与生活合理联系,引导幼儿用数的方法解决生活中的实际问题,让幼儿在轻松自然的生活情景中获得数学知识和经验,增强幼儿学习数学的兴趣。

二、利用情境创设提高幼儿用数方法解决实际问题的能力

良好的教育环境对幼儿的身心发展具有积极的促进作用。通过情境的创设和利用,有效促进幼儿的发展。幼儿的认知、情感和社会性始终来自同环境的相互作用。因此,把数教育渗透在环境创设中,创设以幼儿数能力发展所需要的教育环境对提高幼儿数能力、解决实际问题的能力是十分重要的。

例如,中班的亲子运动会要到了,每个班级有三个比赛项目。教师为幼儿创设了运动会报名表的环境图。在环境中,教师先用图示告诉幼儿这个项目怎么玩,在照片的边上,教师用一

个卡通的小人，上面写着"10"来告诉幼儿这个项目所需要的参赛人数，并准备了幼儿照片和夹子，如果幼儿想报该项目，就把自己的照片夹在这个项目上即可。

在报名期间，教师观察发现，有的孩子来报名时不管这个项目是否人数已满，拿起自己的名牌就夹。此时旁边的孩子会告诉他："参加这个项目的人已经满了，不能报了。"有的孩子会将名牌夹在绳子长而名牌挂得松散的项目上，他们认为绳子短名牌挂得紧凑的人数多。而有的孩子会在报名前将每个项目已经报名的人数都点一遍，再看看什么项目还可以报名。

孩子在报名时用到了点数、群数、比较两个集合数量的多少、数的形成等多个概念。通过同伴间的互动、相互纠错逐渐让孩子理解10以内集合的数量变化的意义。在增强幼儿的规则意识的同时，又可以利用数能力解决自己的实际问题。

在大班自然角的情境中，孩子们自己带来的植物需要浇水的频率是不同的，于是教师将每个月的日历贴在植物角中。孩子们根据提示了解不同植物浇水的周期是不同的，有的需要7天浇一次水，有的需要5天浇一次水……孩子们每浇一次水就要在日历上贴上一枚粘纸做标记，下一次什么时候需要浇水则要看看、点点日历上的时间。

自然角情境的创设，让孩子在照顾植物的过程中逐渐学会了看日历，在一次次算浇水的时间中理解了周期的概念。

再如大班的天气预报情境创设，教师提供了空白的日历表，孩子们用自己的方式将今天的天气进行记录。每个月结束时，孩子们会根据已有的记录统计出本月晴天、阴天、雨天的天数。并且比较哪种类型的天气最多，哪种类型的天气最少。

这样的环境创设把幼儿的数学经验与生活情境联系起来，而不再是单纯地习得机械、静态的数学知识。

幼儿在园的一日中，生活环节占据了很大的部分，这也是帮助幼儿建构和积累数学经验的良好途径。幼儿园数学教育应注重生活化、情境化。所以，我们将抽象的数学知识寄寓幼儿感兴趣的生活中，教师要立足幼儿的学习特点，紧密联系幼儿的现实生活，把数学教育的目标、内容、核心经验融于各个生活情境，使幼儿摆脱枯燥抽象的数概念。让幼儿在自由自在、无拘无束的生活情境中、在解决实际生活问题中，逐渐体验、感知初步的数学知识，亲身体验到学习数学是那么的自然、轻松和有趣。从而为幼儿学习数学积累丰富的感性经验，让幼儿喜欢数学、探究数学、学习数学。

课题研究

初中数学教学中通过改善阅读习惯提升学生审题能力方法的研究（开题报告）

● 上海市天山第二中学 张 静

一、研究的实践意义

（一）问题的提出

数学是一种语言，"以前，人们认为数学只是自然科学的语言和工具，现在数学已成了所有科学——自然科学、社会科学、管理科学等的工具和语言"。美国著名心理学家布龙菲尔德(Leonard Bloomfield)说："数学不过是语言所能达到的最高境界。"更有苏联数学教育家斯托利亚尔说："数学教学也就是数学语言的教学。"语言的学习是离不开阅读的，所以，数学的学习不能离开阅读，这便是数学阅读之由来。大教育家叶圣陶说："教师教各种学科，其最终目的在于达到不复需教，而学生能自为研索，自求解决。"阅读是自学的主要形式，自学能力的核心是阅读能力，因此，教会学生学习的重头戏就是教会学生阅读，培养其阅读能力。值得指出的是，未来科学越来越数学化，社会越来越数学化，将来要想读懂"自然界这本用数学语言写成的伟大的书"，没有良好的数学阅读基本功是不行的。因此，面向未来，数学教育重视数学阅读、培养学生以阅读能力为核心的独立获取数学知识的能力，使他们获得终身学习的本领，非常符合现代教育思想。波利亚在《怎样解题》中将整个解题过程分为四个阶段，依次是弄清问题、制订计划、实现计划、回顾。"弄清问题"指解题的第一环节"审题"。审题对于成功地解题至关重要。因而在数学中早流传着这样一句格言："问题想得透彻，意味着问题解决了一半。"

我们在教学中经常遇到这样的情况：老师教得认真，学生学得也很认真，老师和学生对学习效果都感觉满意，可做作业、考试时却出现不少的错误。之后，学生常常后悔地说："我都会做，怎么就做错了？""这么简单的题，当时怎么就做错了？"这种情况，家长、学生和部分老师常常把学生产生错误的原因归结为不认真或粗心！深入分析，其实在粗心、马虎的背后暴露的正是学生审题能力的薄弱，问题的根本在于学生缺乏良好的阅读题目的习惯，缺乏与数学文本交流的习惯，缺乏阅读分析的能力。再如，近几年来的中考，数学应用的比重愈来愈大。可不少学生不但对应用题有厌烦心理，而且"看到较长的题目就无所适从，那么多的条件不知该如何取舍"，甚至"这些条件中还隐含什么条件"就更望而生畏了。学生的应用题分析能力差，其实这是受学生阅读理解能力的制约。如果学生没有养成一个认真阅读的习惯，没有真正掌握阅读的技巧，学生的解题能力怎能提高？

（二）实践意义

从学生看到题目到动笔解题之间有一个非常重要的过程，这个过程便是审题。审题是解决问题的基础和先导。审题能力是一种获取信息、分析信息、处理信息的能力，它需要以一定的知识水平为基础，更需要有良好的读题习惯、有效的思考方法作为基本保证。新的数学课程标准，强调从学生已有的生活经验出发，让学生亲身经历将实际问题抽象成数学模型并进行解释与应用的过程，进而获得对数学的理解的同时，在思维能力、情感态度与价值观等多方面得到进步和发展。这对学生的理解能力、处理信息的能力提出了更高的要求。这种能力的获得需要有一个学习、积累、反思、巩固、发展的长期过程。

关于具体审题的一些方法，各地的研究者已有不少介绍，而如何有效地培养学生的审题能力之文章却不多见。我区初中学段实施"阅读领航计划"，数学学科在教材阅读、拓展阅读两个方面有一定的经验积累，早期试点的部分学校学生成绩进步明显。事实表明，数学阅读有助于学生数学语言的提高及数学交流能力的培养，有助于学生掌握科学的学习方法。我们在实践中发现，学生阅读时速度很快，急于从课本中找到现成的答案，对课本中的举例、演算、推理以及插图、旁注等内容不甚关心。而往往这些内容中蕴涵着科学的方法、深刻的思想。有从具体形象到抽象概括的过程，有对解决问题提出假设、验证的过程，更有让学生思考寻找另解的过程等等，这些对学生掌握科学的学习方法是非常有益的。

综上所述，学生存在审题理解不透问题、学习过分依赖于老师等问题，这些直接影响学生理解教材、领会教材，造成知识脱节，影响学生对知识理解的连贯性……改变现状的其中之一的有效途径就是改善初中学生的阅读习惯。

本课题旨在通过对学生数学阅读习惯的改善提高其审题能力开展行动研究，力求使我们所教的学生在初中学习过程中能培养良好的数学阅读习惯以提升审题能力，从而提高数学成绩，并为其终生可持续发展打下坚实的基础。

二、研究的目标及内容

（一）研究目标

通过课堂实践，改善学生阅读习惯，让学生正确认识数学阅读的作用，有效地发挥数学阅读的教学功能，培养和提高学生的自学能力，锻炼学生独立获取知识的能力；通过阅读习惯改善的探讨，进一步开发教材，更有效地利用教材；在阅读中培养学生自主学习的意识和能力，突出学生的主体地位，进而提高学生的审题能力。

（二）研究内容

（1）研究改善学生数学阅读习惯的途径与方法。针对学生阅读现状，改变教学方式，对教材阅读方式、拓展阅读内容的选择进行研究分析，并在实践中寻求行之有效的方法。

（2）研究如何逐步通过阅读方式的改善提升学生审题能力。以导读提纲的形式为主，在阅读过程中对学生提出明确的要求，如引导学生弄清术语，理解关键词语，抓住例题下的小字，引发学生思考与解题；对于学生解题的错误，引导学生从课本的概念中去找原因，获得成功的体验，从而领悟到认真看书的必要性，对课本感兴趣，逐步愿意并喜欢阅读课本；教学中，对知识的重点、难点以及关键处，提出供学生自学的思考提纲，帮助他们自己学习，自己探索，使他们养成爱阅读数学课本的习惯。

三、研究方法

（一）调查法

通过问卷调查，了解初中学生及一线数学教师对数学阅读的理解、阅读教学开展的现状，学生的阅读习惯的现状。

（二）行动研究法

行动研究法是以课题研究计划为目标，对各个阶段的研究不断进行计划、研究、总结、修正，使实验研究科学、规范、合理。

（三）个案研究法

个案研究法是对典型的教学案例进行解剖，采用多种方法，进行全面、细致、深入的分析，从中揭示出教学规律。

四、研究步骤

（一）前期准备（2017年9月—2018年1月）

包括：（1）查阅相关资料；（2）考察了解开展相关研究的主客观条件，进行科学的可行性研究；（3）撰写开题报告和课题申报；（4）课题实施的设计；（5）进行课题论证，开展问卷调查。

（二）实践研究（2018年2月—2019年3月）

进行课堂教学实践：（1）根据教学内容，每周安排一节课，针对当前教学内容中阅读性的知识点进行专项练习；（2）对于平时上课中阅读性的题目，要求学生读懂，弄清："说的是什么事？"；"哪些语句有用"；"哪几个字最关键"，强化读题意识；（3）对于每章题目中带有文字叙述内容的题目，如果学生因为审题不清出现错误，教师须对这样的题目进行汇总，不断强化学生的审题意识。

各年级开展个案研究：教师对每次考试中"因为读题不清而丢分"的题目和相关的学生进行总结，要求学生写出解题时的想法。

进行中期评估和小结：根据课题实施的实际情况对课题研究方案进行及时调整和完善；根据调整和补充后的计划继续开展活动和研究。

（三）成果总结（2019年4月—2019年9月）

课题完成研究并进行个案和论文撰写，梳理课题研究过程中产生的相关论文、数据、案例分析；撰写课题研究报告和进行结题论证。

五、关键问题和特色创新

关键问题：改善学生阅读习惯，让学生正确认识数学阅读的作用，有效地发挥数学阅读的教学功能，培养和提高学生的自学能力，增强学生独立获取知识的能力。

特色创新：本课题研究成果将具有较强的可操作性，并且根据教学内容编写成系列性的阅读教学教案设计，将对初中数学教师的教学具有普遍参考价值，因而具有推广意义。

创设挑战性运动情景，挖掘大班幼儿运动潜能的实践研究（结题报告）

● 上海市长宁区南新幼儿园　王莉莎

一、研究的背景和意义

《在上海市幼儿园保教质量评价指南》一书指出，要根据幼儿的年龄、运动特点及考虑幼儿的动作发展水平合理安排运动，要具有一定的挑战性，如何创设具有挑战性的运动情景值得我们深思。

在实践过程中我们发现：幼儿升入大班以后随着身体的发展，各方面能力有了较大的提高，对于许多问题的挑战意识也增强了。现今社会重智力轻运动、安全因素等错误观念，造成了幼儿运动潜能挖掘的缺失，如何挖掘幼儿的运动潜能，也就成了该年龄段幼儿迫切需要解决的一个问题。

二、研究的概况

（一）概念界定

（1）所谓的挑战性运动情景是基于原有的运动情景模式来说的。《上海市幼儿园保教质量评价指南》指出，要根据幼儿的年龄、运动特点及考虑幼儿的动作发展水平合理安排，要具有一定的挑战性。可见"挑战性"一词是需要我们教师去充分思考和把握的。尤其对于5~6岁的大班孩子来说，伴随着他们身体的成长带来的走、跑、跳、平衡、投掷等各方面能力得到了长足的发展。因而作为教师来说，如何给孩子一个富有兴趣的能够激发孩子们运动经验又能满足大班孩子年龄特点中喜欢挑战性这一特质的运动情景，就显得非常重要了。

（2）挑战性的运动情景是相对于日常的运动情景而言的，当然创设要基于三个要素：①首先要了解孩子的已有运能经验；②基于幼儿园的园所环境和条件；③对于不同运动器械的创新合理利用。

（二）研究的目标

　　大班的孩子随着身体素质的增强，已经不满足于原先小班、中班的单一运动，他们向着更为灵敏的身体协调能力，以及更强的身体力量和耐力前进。因而如何结合大班孩子喜欢挑战、乐于挑战的个性，运用需要"跳一跳"才"够到"这样的模式去探究实践，从而提升幼儿运动经验，挖掘幼儿运动潜能。

（三）研究的内容

　　在不同的运动情境以及不一样的运动难度场景中，孩子们对于运动的持续时间以及专注性是我们考量的标准之一。注意难易结合地合理设置区域，满足不同孩子的个性化需求，通过丰富性、多样性的运动器械的结合激发孩子们的运动兴趣，吸引幼儿参与到运动中来，从而挖掘他们的运动潜能。

（四）研究方法

　　（1）文献资料法：先期是从文献资料的搜集开始，对于大班孩子的年龄特点以及相应的运动方法及策略进行研读，对孩子进行心理层面的分析。

　　（2）观察法和教育实践法相互结合：观察幼儿在不同环境的创设下对于活动的参与情况以及兴趣情绪。通过教育手段的调节和实施，找出怎样的环境创设才是更适合激发幼儿运动潜能的。

　　（3）经验总结法：在实践研究中，教师随着课题的深入开展要时刻进行经验案例的总结和记录，此外也要关注自身的一些问题改善和调整，使总结出的经验条理化、系统化。

（五）研究的步骤

1. 准备阶段：（2014年8月—2014年9月）

　　（1）查阅资料，搜集相关的信息

　　（2）对大班幼儿的基本情况进行分析和归纳，对运动活动中出现的一些现象进行罗列和反思。

2. 实践阶段：（2014年9月—2015年6月）

　　（1）创设不同难度的运动情景，观察幼儿运动兴趣、能力等情况。

　　（2）积极实践，创设挑战性情景，激发、挖掘大班幼儿运动潜能。

　　（3）及时调整与反思，在实践过程当中的问题和情况。

3. 总结阶段：（2015年5月—2015年6月）

根据整理的资料进行分析和数据处理，撰写研究报告。

三、研究的具体过程

（一）大班幼儿运动兴趣的现状调查

为了能更好地了解大班孩子的运动能力及运动兴趣，对自己执教的大班孩子的运动能力和运动兴趣进行了现状调查，对于平行班孩子的发展情况进行了比对和分析。

根据《3—6岁儿童学习与发展指南》中动作发展部分对于5—6岁的孩子进行了相关走、跑、跳、钻爬、平衡、投掷六个方面的现状调查。针对以上六项内容进行了班级30名幼儿的基本能力现状测评。（见表1）

表1　幼儿运动能力情况

项　目	轻松完成人数	基本完成人数	需要帮助的人数	不能完成的人数
听信号走	15	10	5	0
快速跑	8	10	10	2
接力跑	4	12	12	2
单脚连续跳	4	10	12	4
多种方式跳	6	11	12	1
钻山洞	14	10	6	0
攀爬（攀登架）	4	12	5	11
平衡（荡桥）	1	14	11	4
原地旋转	4	10	12	4
投掷（投远）	2	12	5	11
投掷（投准）	3	13	6	8

（1）走。孩子们对于听信号走的基本动作的发展能力是不错的，绝大部分的孩子可以完整，但是在连续指令出现后就造成了听信号走的困难出现。

（2）跑。这项技能中，孩子们快速跑的能力虽然是能够在一定条件下完成，但是对于跑动中的挥臂动作的正确度并不是很高，此外部分孩子奔跑中呼吸调整有一定的问题。且男女生的差别不大，但是在追逐跑过程中孩子们的灵敏性和速度方面都是比较欠缺的，可以在后续的运动活动中更大限度地挖掘一下潜能。

（3）跳。主要围绕单脚连续跳和多种不同方式的跳跃方法创编来的。测评中要求孩子们单脚连续向前跳跃8米左右，这个要求普遍比较难以达成，只有少数孩子能够完成，这个跟日常中这一技能相对较少练习也有一定关系。

（4）平衡。主要围绕荡桥的行走以及原地旋转两个点进行基本测评，由于荡桥这种运动器械孩子们日常有过尝试，行走过去的比例还是比较可以的，但是也有一部分孩子害怕尝试而未能完成。孩子们行走的速度相对都较慢，还有提高的空间。

（5）钻爬。主要围绕钻山洞和爬攀登架来进行比对分析的，绝大部分孩子的四肢协调的钻爬动作还是非常协调和正确的，但是在攀登过程中有部分孩子对于相对高度稍高一些的地方就有迟疑、退却等表现。

（6）投掷。主要围绕投远和投准两方面。幼儿的挥臂动作都不是那么的准确和快速，所以在投远方面还是有一定欠缺的地方，由于日常的大型运动器械中有投准方面的创设，所以孩子们相对于投远来说，近一点的投准反而要比投远更加突出一点。

（二）实践探索与经验总结

1. 基于幼儿原有的运动能力情况，挖掘提升幼儿的运动能力

所有的运动情境的创设首先要基于孩子的年龄特点以及他们的运动能力，此外也要关注幼儿园的园所条件和环境特质。我园是一所分园加上又是老园所，活动场地比较有限，很多场景的创设受到场地的限制，所以从幼儿的运动能力的测评现状也不难看出，孩子们在跑这一运动技能上是有挖掘和提升的空间的。跑说起来虽然大家都会，但是对于跑动中上肢的摆动动作以及呼吸的调整控制等都比较欠缺。再加上由于场地狭小，因此在日常的运动场景创设中对于跑这一技能的偏重相对较少，也较难兼顾到。因此我在日常的运动场景中针对以上的情况进行了有目的的场景创设和运动开展。

比如，在运动活动开展时候，创设了《小小消防员》的情境性运动游戏，充分挖掘幼儿跑动的积极性和运动的兴趣和潜能。

在活动进行的时候，我层层递进地提出要求，从起初的跑步这一运动技能的要求落实，从"嘴巴吐气，鼻子吸气"这一要求的落实，首先要让孩子们呼吸方式正确，为后面跑的活动打好铺垫，因为正确的呼吸方式是一个跑步活动成功的先决条件。此外，在跑步技能的点拨中，及时采用了个别幼儿的示范，让孩子们掌握恰当的跑步摆臂方式。孩子们通过游戏进行了验证，恰当的跑步摆臂方式能使自己跑得更快。

2. 不同运动器械的创新合理利用

学前儿童的运动游戏是可以让幼儿获得良好情绪体验、锻炼幼儿身体的一种游戏。经过这样的游戏锻炼，可以培养幼儿良好的认知能力，促进身体素质的提高。通过不同材料的整合和搭配，孩子们在不断的变化中体验着一次又一次不同的尝试和挑战。因此《勇敢者道路》这个游戏一直是孩子们非常喜欢参与的。我想孩子们看中的一定是它的多样性和组合性，更因为《勇敢者道路》带来的是一种勇于挑战的尝试。

四、研究成效

（一）老师的转变

运动的场景和环境的创设，不单单是老师在帮助创设，其实把这个创设的权力放给孩子们，往往孩子们会更欢喜地投入和愿意尝试。他们会有更多的自主权，也能给后面的运动增加更多的兴趣点。孩子们逐步适应和尝试后更愿意给自己一些挑战，尝试许多新的不同思路的摆放方式，就如运动游戏《勇敢者道路》以上的只是初期创设的一些样式，经过一年的大胆尝试和探索，孩子们远远已经不满足于低阶的运动难度了，他们愿意挑战更高的软垫数量，喜欢前后架空的竹梯，对于三角梯也更加愿意有高低，有斜坡的链接等等一系列更具有挑战性的场景搭建和创设。所以作为老师的我们更应关注的是给孩子们权利，让他们去发挥，往往会给我们带来很大的惊喜。

（二）幼儿的转变

基于孩子原有基础的运动场景，既满足了孩子们已有能力的游刃有余，又给了孩子一些挑战和尝试的空间，满足了大班孩子的心理需求。所以孩子们的兴趣会更加高涨，持续的时间也相对更长一些。

五、结论与反思

（一）结论

在学前儿童体育活动的组织上，我们一般会遵循全面性原则和适量性原则，我们的运动情境的创设是基于以下的原则来进行的。

1. 全面性原则

这是指在幼儿身体运动过程中，要选择和安排全面的、多样的活动内容和方法。那么基于这一个原则，好比我们在《勇敢者道路》游戏的场景创设和材料选择上充分考虑全面性的这个原则，进行不同的技能的锻炼和练习。有平衡、攀爬、钻爬、跑跳等这样一系列的不同维度的身体机能的练习，让孩子的身体得到全面均衡的发展和锻炼。

2. 适量性原则

这是指幼儿在进行身体锻炼和游戏时，要注意合理安排、调节幼儿的身心的负荷量，以达到最适当的运动效果。当然其中还有一个注意幼儿个体差异的问题。那么基于这个适量性原则，我们在《勇敢者道路》游戏的开展过程中，首先在道路创设时，在考虑均衡性、全面性的基础上，要考虑难易程度的有机结合，以配合不同幼儿的差异化选择，也不能一味地追求难度和挑战，也要结合部分幼儿的情况来进行难易度的相互协调，让参与游戏的幼儿都能体会到挑战所带来的乐趣和成功感。

那么作为一个运动游戏，我们的《勇敢者道路》不仅满足运动游戏的全面性原则和适量性原则，而且在游戏的开展上可以因地制宜地不仅能在室外开展这样的游戏，如果遇到特殊天气等，也能巧妙地利用室内的一些场地和器械道具来开展。这个游戏的广泛性还是很值得推广的。在游戏开展的同时，可以结合幼儿当下的一些热点话题等及时地进行游戏深入，比如结合消防员游戏开展，爬过勇敢者道路进行抢救货物等。

（二）思考与研究

1. 对课题研究存在的问题

教师对于运动场景的创设还是比较粗浅的，对于挑战性的运动创设更是又有尝试的欲望又怕不安全的因素，因而左右摇摆，举棋不定，需要老师更加大胆地去创设和开拓尝试，不要过于拘泥小节。

2. 对课题研究的再认识

老师应该真正地走近幼儿，关注幼儿的整体需求以及个体差异，在活动中要充分考虑孩子的年龄特点以及运动中积累的经验，借助不同运动场景的创设以及多样化的运动器械的组合等激发幼儿勇于尝试，满足孩子想要挑战的心理需求，只有激活了幼儿的运动潜能，才能更加有效地提升幼儿的运动经验。

运用"学习故事"支持幼儿学习与发展的实践研究（结题报告）

●上海市长宁实验幼儿园 廖 蕊

一、问题的提出

（一）研究背景

1.《3—6岁儿童学习与发展指南》对教师的专业能力提出更高的要求

随着《3—6岁儿童学习与发展指南》（以下简称"《指南》"）的出台，《指南》成为教师进行幼儿行为观察、幼儿发展评价、幼儿学习研究与支持的重要依据，教师可以从健康、语言、社会、科学、艺术五大领域，借助《指南》的细化指标来观察、评价、支持幼儿的发展，但这仅仅是教师提升专业能力的起点，教师更要重视各领域幼儿学习与发展的过程性特点和规律，对幼儿的发展评价应该从结果转向过程，教育支持也应从对目标的达成逐步转向支持幼儿学习与发展过程性能力的培养，最终实现在一日生活和游戏中随时随地观察幼儿的学习与发展过程及特点，并能结合幼儿发展诸方面的特点进行综合分析，从而提出发展适宜的支持性策略。这就需要教师将保教工作的重心转向"观察幼儿、分析评价幼儿、更好地支持幼儿"。

2. 实践中存在的问题与困惑

对照《指南》对教师专业能力的要求，我们感到实践中仍存在不少问题与困惑。例如，虽然我们通过"幼儿成长档案""在园情况表"等方式对幼儿的发展情况进行评价，但档案袋中更多呈现的是零星的幼儿作品、活动照片、活动介绍，并未很好地运用《指南》对幼儿发展进行分析、评价；实践中，教师更多的是凭借主观感觉或统一的课程安排来对幼儿的学习与发展提供支持，并未很充分地基于对幼儿现有水平的观察、分析与解读来给予有效支持；再者，虽然长期以来我们都强调"关注与尊重幼儿个体差异"，但实践中由于教师缺乏对幼儿个体的充分了解，难以真正做到为幼儿个体的学习与发展提供适宜的支持。因此，尚有很大空间来改善我们的实践，即更充分地运用《指南》进行幼儿观察与评价，教师的支持更关注幼儿个体的学习与发展。

3. 新西兰的"学习故事"为我们打开了视野

"学习故事"是新西兰幼儿园中广泛使用的一种叙事性评价方式，近年来在国际幼教界评价颇高，并在英国、德国、加拿大等国家的很多幼儿园中推广。随着新西兰和中国幼教界的交流日益频繁，"学习故事"也受到中国幼教工作者的高度关注。不少国内幼儿园也开始尝试运用这一幼儿评价方式。2015年，上海市幼教界也开始大力宣传"学习故事"的理念与做法，我们被它折射出的儿童观、教育观所深深吸引。新西兰早期教育"Te Whariki"（草席）课程中所倡导的儿童观、教育观，以及"学习故事"这一评价方式与我国《指南》的精神高度吻合，"学习故事"提倡的正是基于对幼儿个体的观察、分析，提供适宜的支持，重视幼儿学习品质、过程性能力的养成。它所倡导的"激发力量和授权、整体发展、家庭和社区关系"教育原则也与长宁实验幼儿园的办园理念、课程理念、管理理念非常贴近，得到了我园教师的高度认可，激发了我们的学习热情。

因此，本人及所在教研组的教师们希望在教学第一线尝试运用"学习故事"这一叙事性评价方式，对幼儿的学习与发展进行观察、评价、支持。本研究对于幼儿园运用《指南》进行幼儿观察、评价、支持具有现实意义；同时，本研究能够积累一些"学习故事"，在上海市示范性幼儿园实践中运用。

（二）概念界定

1. 学习故事

此概念由新西兰学前教育学者卡尔（Carr, 2004）提出，学习故事既是一种评价儿童的方法，也是一种研究方法。它是在真实情景中完成的结构性观察和记录，能提供一种反映儿童发展的持续性画面，能用来记录和交流儿童学习的复杂性。学习故事作为一种研究和评价的方法，强调情景、地点以及相关人员在儿童学习中的作用。它所关注的是儿童能做什么，而不是他们不能做什么，这样能够清楚地展现儿童的长处和兴趣(Hatterly & Sands, 2002)。学习故事中包含的要素是——注意、识别、回应、记录、回顾。

2. 幼儿学习与发展支持

指教师能有效观察与分析幼儿的学习行为（含学习品质），并能够结合对幼儿学习与发展的观察与分析，为幼儿提供恰当的教育支持。

二、研究方案

（一）研究目标

本研究旨在探明"学习故事"在上海市示范性幼儿园中的实践路径与方式，优化支持幼儿学习与发展的环境，促进教师对自身教育观、儿童观、课程观的深入理解与重新审视。

（二）研究内容

1. "学习故事"在本园的实践路径与方式是怎样的？即结合《指南》精神、上海市示范园课程实践积淀，探索"学习故事"的适应性实践经验。

2. 在"学习故事"的理念下，如何在环境方面更好地支持幼儿的学习与发展？即探索持续支持幼儿学习与发展的环境保障策略。

3. 如何在"学习故事"中体现幼儿持续的学习与发展？即对"学习故事"中幼儿学习与发展的连续性进行实践与案例研究。

（三）研究方法

文献法：搜集与"学习故事"相关的国内外文献资料，对文献进行分析、整理，从而对研究问题的确定、研究方法的运用以及研究结果的梳理发挥积极作用。

行动研究法：研究者对所教班级幼儿在一日生活与游戏中的学习行为进行观察记录，撰写"学习故事"，通过每周一次的教研活动，以"同伴互助"的方式共同研讨"学习故事"的撰写及其支持幼儿学习与发展的环境创设实践与思考，反思教师支持幼儿学习与发展的行为。进而，持续对幼儿的学习情况进行观察记录，撰写"学习故事"。在这一"做—反思—做"的过程中，持续支持幼儿的学习与发展，并探寻一些本土化策略。

三、研究行动与过程

（一）了解"学习故事"

教研组从托班开始，由参加过"学习故事"培训的三位教师带领大家开展了一系列的理论学习，了解"学习故事"的背景、课程理念，研读"学习故事"的文本案例。理论学习的形式主要有讲座培训、共读"学习故事"系列书籍与资料、交流研讨等。这期间，我们努力将"学习故事"与我国《指南》、所在幼儿园的教育实践积淀、教育客观情况建立联系，寻找实践的起点。

（二）尝试写"学习故事"

在理论学习的基础上，大家开始尝试写托班的"学习故事"。我们关注"学习故事"所倡导的以扬长、欣赏的视角来发现幼儿的学习与发展；强调有助于学习的心智倾向的获得；学习故事文本"注意""识别""回应"等要素。经过一年托班的实践研究，我们收获了本土化的多样化"学习故事"样式，即幼儿成长册里的"学习故事"、教室墙面上的"学习故事"、家园沟通手机APP平台上的"学习故事"、教师与家长口中的"学习故事"。

（三）优化环境以支持幼儿的学习与发展

在一年来托班的实践，让我们认识到从一日作息、环境材料的创设、班级氛围、班级常规、师生关系、家园互动等对幼儿"学习故事"的发生与发展非常重要，于是我们反思现有环境，并不断优化环境。如调整了托班、小班一日作息，使幼儿有更长的自主与环境互动的时间；打破教师空间与材料的限制，赋予幼儿更多与环境材料互动的自主权；开展项目活动，支持幼儿持续、深入地探究；围绕与家长建立紧密的互惠关系、班级规则、师生关系等进行教研，积累了一些有效的环境保障策略。

（四）关注"学习故事"的连续性

在中班期间，教研组重点围绕"学习故事"的连续性开展了案例研究。我们首先学习文献中"学习故事"的"连续性"，并加深理解："学习故事"不仅是对孩子学习发展连续体的记录，更是推动幼儿发生连续学习、不断发展的工具。通过研读相关书籍、故事案例进行交流讨论。随后，我们尝试发现、撰写连续性的"学习故事"，并交流讨论。在故事描述中（注意）、分析中（识别）、计划部分中（回应）、通过搜集到的一系列事件或照片资料（记录）、围绕某个"学习故事"与一个或一组学习者交谈（回顾）体现连续性。随着主题背景下项目活动实践探索的深入，我们在项目进行中观察、记录幼儿学习发展的连续性。

（五）研究回顾与总结

结题阶段，我们围绕研究问题对两年半中的实践探索进行梳理、总结，撰写研究报告，并整理《学习故事案例集》。

四、研究成果

（一）"学习故事"的运用路径与方式

通过实践与探索，我们获得了一些如何在幼儿园运用"学习故事"的实践经验。

1. 将"学习故事"与"我们自己"建立联系

课题之初很长一段时间，我们都在尝试模仿新西兰"学习故事"，努力将自己写的"学习故事"写得像，写得有"学习故事"的味道。这个味道里混杂着："学习故事"的"注意—识别—回应"三个基本的结构、放大"学习故事"中幼儿有助于学习的心智倾向分析、用"我"和"你"的人称将故事写成讲给孩子听的话语。每周一次的小教研中，我们会集体研讨教师撰写的"学习故事"，协助她一同分析幼儿所表现出的心智倾向，帮助她为故事起名字，将"学习故事"修改得越来越像那么回事。

这个过程是必经的阶段，也是非常重要的阶段。在这个阶段中，我们从最初被新西兰"学习故事"所震撼与吸引、对其只知皮毛和渴望改变自身的满腔热情,到逐渐深入了解"学习故事"背后新西兰早期课程的框架、核心理念。与此同时我们也越来越多地认识到,模仿仅仅是第一步,但模仿永远解决不了我们实践中的本土化问题,我们必须将"学习故事"与"我们自己"建立联系,探索本土化的"学习故事"方式与路径。

(1)"我们自己"的《指南》

首先,我们将其与我国《指南》建立联系。教师们越走近"学习故事"越有这样一种体会:它与《指南》所倡导的精神与理念有许多相同点,都关注儿童的主体性,关注儿童学习兴趣、需要、想象和创造等学习品质,关注儿童在生活、游戏中学习,关注创设温暖的、互动的、富于理解和激励的学习环境,关注理解和解读儿童心声,关注各领域相互联系、相互促进以及儿童发展整体性,关注灵活地拓展儿童学习。尤其是《指南》中对"学习品质"的强调与新西兰"学习故事"中对"有助于学习的心智倾向"的重点能够做对接,找到契合点,也就找到了"学习故事"本土化的切入点。

(2)"我们自己"的教育实践积淀

其次,我们将其与我们的教育实践积淀建立联系。"学习故事"之所以能够如此打动"实验人",正是因为我们在多年的教育实践中形成的教育价值观与它产生了深深的共鸣感。更确切地说,"实验人"在长期的教育实践中越来越相信"幼儿是有能力的",越来越追求"以幼儿的视角"来开展课程,越来越重视"幼儿自主性"的培养。当直面新西兰早期教育课程的理想宣言,他们对儿童形象的描述,仍然给我们以震撼,"儿童天生就是有能力有自信的学习者和沟通者。这不是成长目标,所有的活动不是为了孩子成为这样的人,而是希望孩子能保持这样的状态。"他们对儿童彻底的相信,更加鼓舞了我们前行的方向。

另一方面,作为有着深厚底蕴和课改积淀的上海市示范性幼儿园,我们拥有教师共同体认同度很高的办园理念。我园的办园理念为:创设可支持环境,让幼儿、教师、家长共同成长。我们认为,环境对身处其中的人产生不同的"可支持"影响,同时他们与环境产生互动,一系列的互动又成为一部分可支持环境。环境包括自然物质环境和人文心理环境两部分,具有安全、开放、温馨、互动的特点。自然物质环境,体现为幼儿的活动环境、教师的工作环境、家长的沟通环境;人文心理环境,体现为幼儿的成长经验、教师的团队氛围、家长的参与感受。这同样与新西兰"学习故事"所倡导的理念与精神有着共通点,都强调儿童在与他人、所处环境和事物之间建立的互动和互惠关系中学习,关系和参与处于学习最显著的位置。因此,创设支持幼儿学习与发展的环境,成为"学习故事"本土化的又一切入点。

(3)"我们自己"的客观情况

此外,"学习故事"的本土化还必须与我们所处的国家、城市、社会大背景下的客观情况建立联系,例如:班级师生比高、信息化时代特征明显、家长群体以80后居多,等等。这些都是我们在探索"学习故事"本土化过程中,必须要考虑的现实问题。

我们认为只有从这些视角比较全面地将本土幼教与"学习故事"之间建立连接，才能使"学习故事"在我们的土壤里生根发芽，焕发活力，对我们的幼教改革有益。

2. 多样化的"学习故事"样式

"学习故事"的读者是孩子和家长，而不是老师、园长等，因此"学习故事"的样式要满足孩子和家长的需要。课题组教师团队通过行动研究，梳理出以下适用于家长、幼儿阅读的"学习故事"样式，这些"学习故事"样式，在我们自己的幼教土壤中，收到了比较好的效果。

（1）幼儿成长册里的"学习故事"

这一样式的"学习故事"，听众既指向家长也指向幼儿，老师将幼儿的wow时刻（指老师的惊讶和赞叹）以文字图片的文本形式记录下来，文本的主要样式遵循新西兰学习故事的撰写结构，即"关注—识别—回应"。文本打印出后放入我园长期实践的"幼儿成长册"，成长册以开放的形式陈列在教室中，孩子可以随时取阅、翻看、听老师讲述他的故事。每月月底孩子将其带回家与家长一起欣赏并丰富自己的成长册，月初再带来园。

这一样式的"学习故事"将孩子的成长点滴永远地保存了下来，父母、孩子能够随时翻阅、欣赏、回忆、谈论，特别是图片能够唤起孩子对当时情境的回忆，使他对自己的学习进行回顾成为可能，并激发他谈论自己、与他人分享沟通的愿望。当孩子聆听成人讲述他自己的故事时，他感受到自己被他人欣赏、重视，他的学习品质得到积极的强化与肯定，这有可能引发他新的学习机会和发展方向。

成长册中"学习故事"的记录形式

我们尝试用两种形式：复杂版和简单版，一个月一个故事，以此让孩子和家长都可以分享到这些有意义的故事。

故事一：

今天，在户外活动中，我看到了两个孩子都玩滑滑梯的过程中，悠悠自觉地谦让、等待同伴，表现出了谦让这一良好的心理品质，而在小小班年龄孩子的交往中能够做到谦让和等待，这是比较难能可贵的。于是，我用相机和文字记录了这个过程，并将它写成了"学习故事"放进了成长册，通过记录告诉悠悠和他的父母，让悠悠自己也能知道并巩固下来，让家长也能鼓励和继续发扬她的这一良好品质。

这个就是成长册中"学习故事"的复杂版，教师会对孩子一个月中的行为进行观察，发现孩子身上表现出的某些良好心智倾向和有发展价值的行为进行记录。过程中会比较完整地记录孩子一个好的行为事情片段，对行为背后的各种心智倾向做出分析，并为孩子之后的发展做出简单的引导。

这样的故事有情节有分析有指导，家长能比较清晰地了解教师的理念，认识和认同孩子的某些心智倾向，对孩子的发展有指导性的作用。

故事二：

教室里，宥宥在制作手工小汽车，在制作过程中他积极地思考，运用数数判断自己车辆摆放的位置，并用自己的方式进行着演绎和制作。整个过程表现了这个孩子思维的活跃和积极的思考能力。我觉得他的这个片段很有意义，所以做了一个简单版本的学习故事。

这就是成长册中的"学习故事"的简单版，教师对孩子的一个有意义的行为做连续拍摄，运用简单的文字，记录当时孩子的语言或行为，不做具体分析和指导，但从画面和简单文字中就能了解孩子的心智倾向。

简单版的学习故事更益于孩子看懂读懂，孩子也比较喜欢这种形式。

成长册中"学习故事"的分享方式

我们在完成了孩子的"学习故事"后就会即时插入成长册中，在每个月的月底发给家长，家长在阅读后再插入孩子在家中的生活记录，又会在月中交到幼儿园。所以在幼儿园的这段时间，我们会把这些成长册摆放在教室的图书角中，让孩子自己阅读或集体分享。

对于孩子们来说，最方便的阅读还是在教室里随时取阅。因此我们在图书区也设置了一个区域，放着孩子们自己的成长册，孩子们想看时可以自由找个地方，随时取阅翻看。当然，偶尔也会看到孩子们互相分享自己的学习故事，指指照片，告诉同伴照片中发生的故事，你说一个我说一个，真是乐趣横生。

让孩子介绍自己的学习故事，孩子们看着自己的照片，引发了语言表达的兴趣，同时老师在一旁鼓励的语言，也会让其他孩子了解这些"学习故事"背后的那些积极的心智倾向，逐渐认同、接受并模仿学习。

（2）教室墙面上的"学习故事"

这一样式的"学习故事"，听众主要指向幼儿，教师有选择性地将幼儿的wow时刻以带有注解的儿童作品、带有注解的儿童学习活动照片的形式，陈列在教室显眼的位置，老师不仅可以讲给孩子们听，孩子们在活动中也能随时注意到自己或同伴的"学习故事"，同样有助于激发幼儿谈论、沟通的愿望，强化他们的学习品质，欣赏自己和他人的正能量。

托班实践的这一年，我们发现对于小小班年龄阶段的幼儿，读图更加符合他们的年龄特点，因此我们将挑选出的幼儿wow时刻用几张清晰的图片再配上一句很简单的文字说明进行展示，这样展示在墙面上的"学习故事"直观易懂，"故事"的主体又是幼儿本身，幼儿容易产生阅读的兴趣。

一开始在墙面上张贴照片版学习故事的时候，幼儿关注的是"这是我的照片"，于是我们每隔一段时间就利用放学前组织幼儿一起来看看讲讲这些墙面上的"学习故事"：这是谁？在干什么？幼儿逐渐地能够自己关注到墙面上的故事；会在路过的时候驻足观看，愿意和教师聊一聊照片中的自己在做什么，或是问问老师照片中发生的故事。再过了很长一段时间，幼儿开始和同伴们聊聊墙面上的学习故事的情况——"这是我，和甜甜在一起玩"；"我们在玩跷跷板"；"我们在收玩具"。虽然幼儿之间的语言交流很简单，对于故事的叙述也并不完整，但这却对幼儿的语言发展、社会性发展都非常有益。

选择创设墙面上的学习故事是为了让孩子们更多、更直观地接触到他们自己的故事，感受到教师对于他们的良好品质和行为的认同与肯定，在阅读、谈论"学习故事"的过程中幼儿能尝试着欣赏自己和他人，让良好的学习品质能够得到肯定与传递，因此在对于故事的选择上并不是随机的，而是具有一定的导向性。例如，当近期的生活重点在于自己收玩具时，教师会选择两个幼儿一起送玩具回家的故事照片贴在墙面上，赞扬幼儿能够物归原处的好习惯；当幼儿之间出现轮流玩玩具的行为时，教师又会将其记录下贴在墙面上，引导班中孩子"轮流玩"是解决抢玩具矛盾的一个好办法；当有幼儿安慰伤心的同伴时，教师又会将这个故事记录张贴，肯定幼儿的善良，引导幼儿关注同伴……在这些"学习故事"的引导下，幼儿的发展也的确在向着好的方向前进，幼儿之间的沟通交流更多，对于同伴的关注更多，模仿榜样的良好行为也更多了。

（3）家园沟通手机APP平台上的"学习故事"

这一样式的"学习故事"，听众主要指向家长，这基于我园2016年新使用的一个家园沟通手机APP平台"时光树"。"时光树"面向所有家长，兼具私密性和公开性，信息传递即时有针对性。

我们目前较常使用的有三个板块：动态、班级相册、生活剪影。

动态和班级相册面向的是班级所有家长，一般发布的是幼儿日常活动的照片和匹配的文字说明。两者最大的区别在于，动态针对的是少数或个别幼儿某些生成的、偶发创意的活动内容。班级相册则针对集体或大多数幼儿的预设性活动。由于班级相册建立的不同名字相册文件夹可以添加照片，因此也适合一些有后续进展的活动。

生活剪影是一个私密性较强的板块，每个幼儿都有属于自己的文件夹，老师上传的照片只有该幼儿的家长才能见到。所以一般照片记录的都是展现个别幼儿学习品质和有趣瞬间的。

这三个板块在上传照片的同时，老师都可以配以文字说明，这一功能让老师通过日常活动传递教育理念变为现实，而这种传递比口头的表述更为具象直观，也容易让家长接受。幼儿在幼儿园的一日活动中，是无时无刻不在学习的，他们的哪些行为代表他们正在进行什么学习，他们表现出的游戏行为可以解读出什么学习品质，老师设计的活动又希望激发他们哪些能力，对于他们的作品我们又该如何解读等等。照片记录下幼儿的学习故事，这样在日常生活中潜移默化地分享，让老师对幼儿的观察变得有的放矢且有深度，锻炼了老师观察幼儿、分析幼儿成长的能力。同时也让家长们理解幼儿园各种活动的目的，理解幼儿的学习发生在哪里，应该如何去看待，如何去支持幼儿的学习。

在经过一个阶段的尝试后，我们发现这样的做法正慢慢起效。家长会通过班级微信群、家长朋友圈很自豪地对外分享孩子的"学习故事"照片与教师的记录话语，并且会在群里、朋友圈中与大家讨论，反思自己家庭教育中的不足之处，家长们逐渐开始尝试转换视角来看待幼儿某些貌似无意义的行为。

(4) 教师与家长口中的"学习故事"

这一样式的"学习故事"，听众主要指向家长，一般在与家长面对面交流孩子在园情况时会使用这一形式的"学习故事"，例如家长会、来园离园沟通时。这些"学习故事"可能是日常老师们记录下来形成文本化的"学习故事"，也可能是并未形成文本但老师同样认为非常有意义的"学习故事"。

当老师与家长交流孩子的学习情况时，老师通过口头语言讲述着一个个生动的、令她感动和欣赏的孩子的学习故事，传递着对孩子学习品质的极大关注，家长此时特别会被老师用语言、表情、肢体动作、情感所描述的故事以及老师发自内心对孩子的赞赏深深打动。曾有家长对我们说："听了老师讲述的事情，我发觉老师眼里的孩子竟然和我们家长眼中的他如此不同，我从来没有从这样的角度看到过孩子身上宝贵的东西，对我们来说，这太有指导作用了，我能感受到老师发自内心对我孩子的爱和欣赏，作为家长感动极了。"家长的积极反馈，让我们也意识到，口头形式的"学习故事"，从某种角度更有助于传递老师的情感，更易于家长直观地感受故事所传递的信息，也更为高效和快速。

(二) 支持幼儿学习与发展的环境保障

研究中，我们逐渐认识到幼儿所处的环境对于"学习故事"的发生与发展至关重要。我们梳理了以下支持幼儿自主学习与发展的环境保障策略。

1. 作息调整

"学习故事"实践运用的初期是在托班阶段，当时，我们在研究新西兰"学习故事"资料时，了解到那里的孩子所做的很多事情都是需要花很长时间的。而反思托班原有的作息时间，我们将幼儿持续的、自发的、投入的游戏切割成了一个个碎块，幼儿真正的游戏难以持续，常常是幼儿刚刚对一件事感兴趣，或是刚刚进入状态，活动时间就到了。老师和孩子们像机器人一样严格遵循"程序"既定的时间开始和结束。老师每天忙着走一日生活中的一个个常规"流程"，难以观察、发现、记录孩子的学习故事，更谈不上深入了解和解读幼儿了。

我们逐渐意识到，给孩子提供充裕、能够自己选择和支配的时间，不仅体现了老师对孩子最大的信任和支持，而且也是孩子自由自主游戏最基本的保障。于是，我们五个托班的教师共同研讨，一致认为必须调整一日生活作息时间，将自主游戏时间延长，从根本上满足幼儿的游戏需要。

升入小班，我们基于托班的实践研究经验，分析现有小班一日作息的合理性与适切性，同样提出小班（上学期）一日作息调整方案：(1) 取消上午个别化活动讲评与集体教学活动之间的一次户外散步环节；(2) 将上午的个别化学习活动时间适当延长；(3) 将上午的集体教学活动，调整到下午点心后进行。调整后，老师频繁组织幼儿的时间相应减少，幼儿游戏和个别化学习的时间延长了。老师组织起来方便了，能够关注幼儿的需求，为每个孩子提供支持与帮助，师幼互动更加频繁有效了。

2. 打破空间与材料的限制

在"学习故事"理论资料的研读与实践探索中，我们逐渐发现，以往教室中以建构区、阅读区、美工区、益智区、表演区等来清晰划分的空间，以及区域间材料少有联系与互动的现状，限制了幼儿按照自己的意愿、想法开展游戏和完成自己想要达成的任务，我们想象的"学习故事"还是不能经常出现，显然环境已经不能充分满足幼儿自主学习的需要。

于是，我们尝试打破区域之间的绝对划分，打破区域间材料相对固定的局面。以幼儿的视角合理规划教室空间与区隔、摆放材料，为幼儿的活动提供方便，引发幼儿多种游戏内容的产生。教室中增加开放取阅的材料、工具百宝箱；允许孩子可以根据游戏的需要去其他区域选取自己需要的材料，鼓励不同区域间材料的组合使用，只要用完了物归原处即可。打破环境空间与材料的限制，幼儿产生了更多自己设定的游戏目标和内容，活动的状态更主动了，更积极投入游戏，寻找自己喜欢的事，专注更长的时间把感兴趣的事情做下去。

值得一提的是，这一过程中《和儿童一起学习——促进反思性教学的课程框架》一书对我们如何提供环境与材料的支持，起到了重要的作用。孩子在与材料积极互动的时候学习效果最好，所以我们要挑选那些能够激发和扩展孩子兴趣的材料；要尽可能多地选择生活中常用的设备和材料满足孩子再现生活经验的需要；要提供能够支持多种用途的、足够数量的开放式材料；要创建能够激发孩子学习态度、提高学习能力的氛围；要鼓励语言沟通交流、社会交往和情商的发展，促进身体发展和身心健康；要提供体现数学和认知、科学和技术的参考图书，提供满足孩子社会交往、学习、艺术发展、多种类游戏的学习材料。

3. 依托项目活动，优化环境材料设计

如果说前两个环境支持策略，使"学习故事"的出现成为可能，那么依托主题背景下的项目活动优化环境材料设计，则有力地支持了幼儿的持续和深入的学习与发展。在"学习故事"的实验研究过程中，我们有幸学习并了解了意大利瑞吉欧教育以及项目课程。这两种课程在很大程度上与新西兰"学习故事"和我园的课程理念有相似之处。而它们所倡导的"围绕幼儿感兴趣的问题深入探究，持续发生有意义的学习"深深地吸引了我们，于是我们从中班开始尝试主题背景下的"项目活动"。

我们先后开展了秋叶、娃娃家、造新家、造动物园等项目活动。在项目活动中教师基于幼儿的兴趣、经验进行环境材料的设计，引发幼儿主动探究、深入持久地学习。以下是H教师在"造动物园"项目中，对一位幼儿学习连续性的观察记录，充分体现了项目活动对幼儿学习与发展的支持作用。

案例：鳄鱼的身体——盒子？还是杯子？

今天皓皓拿着一个纸盒子要做一个鳄鱼，我好奇地问："这个是做鳄鱼身体的吗？""是的！"皓皓毫不犹豫地回答道。"鳄鱼到底长什么样子呢？"皓皓东看看西瞧瞧，找来了鳄鱼的模型，仔细地看了又看："鳄鱼的身体圆圆的、长长的，背上还有鳞甲。""那你觉得什么材料适合做鳄鱼的身体呢？""我再去找一找！"皓皓来到了材料区，嘴里还反复地嘟囔着："圆圆的、长长的。"终于一个透明的饮料杯引起了他的注意："就它了！"皓皓拿着杯子在自己的鳄鱼计划书上划掉了原来的盒子，画上了杯子。他又开始寻找起制作鳞甲的材料来，这一次皓皓毫不犹豫地选择了绿色手工纸，找来工具后，用剪刀把手工纸剪成了一小片一小片。"用什么工具来贴呢？"他先找来了玻璃胶，但在贴的时候，发现鳞甲怎么也贴不好。"可不可以试试其他的工具呢？"在老师的提醒下，皓皓又找来了双面胶，"鳄鱼的鳞甲是一条一条整整齐齐的，但我怎么也贴不好。""有没有长条的粘贴工具呢？"他看了看手中的双面胶："我的双面胶就是长条的，想要多长就有多长。""那它可以帮助你变成长条的鳞甲吗？""哦，我明白了！"只见皓皓在杯子上贴了一长条的双面胶，再将剪好的小片仔细地贴了上去，并兴奋地说："这下终于整齐了！"皓皓拿起鳄鱼数了数背上的鳞甲："1，2，3，4，5，一共有五条，我想请一个小伙伴和我一起来贴。"于是他找来了毛豆一起完成了鳄鱼背上的鳞甲。

在做鳄鱼的身体的过程中皓皓尝试着为"做鳄鱼"制订了一个小小的计划——画出鳄鱼的外形，选择做鳄鱼的材料，并通过检索鳄鱼外形的相关资料来调整材料、确定合适的材料。在制作鳞甲的过程中，皓皓仔细地观察了鳄鱼模型上的细节特征，并用手指点数的方法来确定鳄鱼鳞甲的条数。在粘贴鳞甲的过程中，皓皓发现了鳞甲的排列和模型的不一样，皓皓选择了改变鳄鱼鳞甲的位置，试图将鳞甲排列整齐，但反复尝试了好几次，发现问题并没有解决。他决定再次寻找其他的粘贴工具——双面胶来解决这个问题。在老师小小的点拨下，皓皓接受了老师的建议，并尝试着将鳞甲贴在长条的双面胶上，果然鳞甲变整齐了。

在制作鳄鱼的身体的过程中，皓皓已经有了"计划意识"，当遇到困难时，会通过自己检索资料的方式来寻找答案。制作的过程，让皓皓对鳄鱼的观察变得更仔细了，他会使用点数的方法来确认鳄鱼身上鳞甲的每一个细节。虽然在制作的过程中，会碰到材料和工具不合适的问题，但他会一次次地尝试和调整。

（三）让幼儿持续的学习与发展看得到

新西兰的"学习故事"关注幼儿学习的连续性，认为学习故事是重要的学习事件链条中的连接环，它能够体现发展有连续性，并让连续性直观可见。连续性，是指从久远的过去延续至今，或延续到遥远的未来，延续的是一个可能的自我，一个理想中的身份。教师需要捕捉教室里不断发生和展开的学习轨迹，能够被串联起来的这些重要事件拥有一些共同特征，即围绕一个看似相同或相似的主题、技能、心智倾向或文化活动所发生的持续性强化过程。教师要思考这些事件链对孩子哪些发展有影响，识别"学习故事"的价值，并继续支持这些学习事件的发展。

在实践中，我们如何在成长档案、学习故事中看到幼儿学习的"连续性"呢？

1. 在故事描述中（注意）体现连续性。可以将一段时间里发生的小的学习事件组合成一个长故事，也可以在故事中提到他过去发生的事情和今天学习间的联系。

2. 在故事分析中（识别）体现连续性。将幼儿之前发生的学习与今天的学习联系起来进行分析（比如学习越来越复杂、深入），对他后续的学习表达信心与期望。

3. 在故事的计划部分中（回应）体现连续性。教师后续可以做哪些来加强、支持、拓展学习，如：询问他是否愿意尝试其他材料创作、确保电池每天充满电，你可以随时使用相机、再带你们去树林玩一次、建议她将图画做成一本书等。

4. 通过搜集到的一系列事件或照片资料（记录）体现连续性。如一学期里在不同情境环境中，幼儿个体在读写方面、绘画方面的发展，教师记录下来的一系列故事，故事中明确提到这些环境因素的作用。

5. 围绕某个学习故事与一个或一组学习者交谈（回顾）体现连续性。在回顾故事的过程中，不仅有讨论、解释，还可能产生新的学习计划，比如我还要给妈妈爸爸做一幅拼画呢。

案例：一个体现连续性的"学习故事"

注意

早晨区角时间，新诚在拼图区玩一个8块的大熊猫拼图，在图书角看书的你被吸引了过来，站在一旁看，看着新诚在尝试找拼图拼，她时不时地还会边拼边问："这样拼对吗？"在一旁的你很自然地加入了进来，不紧不慢地说："这个好像不对，这个呢？"拿起一块帮助新诚试一试另一块。新诚也没有反对你的加入，于是两人一起研究，很快8块熊猫拼图也拼成功了。

"我们再试试看乌龟拼图吧！"你提议，新诚同意了，问我："这个难吗？"我说："这个看上去有二十几块呢，好像不简单。"这时，你说："没关系，我们试试看吧。"在你的鼓励下，新诚和你一起研究起来。这是一个25块的拼图，我猜之前你俩都没有挑战过这个拼图。过程中你们主要依靠拼图底板上的图案颜色、图案形状来寻找相类似的拼图，为了帮助你们便于观察，我把框里的拼图全部正面朝上摆在你们面前。有时，你们会遇到放错的情况，或者不确定是否正确，跑来问我，我提示了你们可以先拼容易的"天空、大树"部分，也提示了你们有平边的一边应该靠近底板的四条边框。

过程中，你俩很默契地彼此补充、调整修正，旁边围观的早早也时不时给你们"指导建议"，你们也很乐于接受她的一些指点，眼看着拼图就剩最难的"乌龟妈妈的壳"部分了(约

4块），你拿起一块，用"旋转"的方法，不断试验哪个方向能刚好放进，但由于龟壳纹路看上去都差不多，你边旋转边试，试了四个空缺的位置都不行。我提示你："仔细看看拼图上的颜色，黄条纹要和黄条纹连接，蓝色要和蓝色连接。"同时指给你看。于是，你旋转手中的拼图，将它刚好旋转到黄色条纹在左右两边，蓝色色块刚好在上下部分，这样再去寻找匹配的位置就成功了。随后的3块，你也用了这个方法完成的，这部分大约用了10分钟。新诚兴奋地把我叫来看你们的杰作。我也欣喜地为你俩拍照，我说："这也有朋友宥宥的功劳，一定要一起合照。"一旁的早早表示："也有我的功劳，我也帮助他们了！"你说："那就我们一起合照吧！"我大大赞赏了你们彼此间的合作："有朋友帮助，难一点的拼图也不怕，也能成功。"

随后，你和新诚、早早又拼了2个旁边的15块动物拼图，我还听到你说："没关系，不会时，有朋友可以帮帮忙的。"2个15块拼图成功后，两个女孩子便离开了。你却又为自己设定了目标——旁边的一个老牛拼图，当你拼完后，走过来开心地告诉我，我真替你开心："你们今天把桌面上的所有拼图全部拼完了，看来廖老师得再找一些块数更多的拼图给你们了，你们敢挑战吗？"你和新诚都说："敢！"我提议："下次你们可以再来试试今天玩的拼图，今天用了10分钟成功，说不定明天就用8分钟，后天就用5分钟呢！"你马上说："说不定再后来用3分钟呢！"

识别

我在丁老师写你托班的故事里了解到，你还在小小班学用剪刀剪纸、玩折纸时，就已经表现出对周围事物极强的观察能力，以及乐于尝试新鲜事物、遇到困难愿意多试试多做做的精神。丁老师那时就叫你"小男子汉"。

今天在玩拼图过程中，你同样展现出做事情的坚持，不断为自己设定目标去挑战自我。你对早早、新诚给予帮助的认可，也表现出你对他人贡献的感激。在挑战更难的任务时，你能用"不会时，有朋友可以帮帮忙"来鼓励自己和他人，能够运用老师鼓励和赞赏你们的话语，相信你将成为我们这个集体正能量的传递者。

回应

我可以为你和另几位拼图小能手准备两套20—30块的拼图，供你们挑战自我。对于熟练的拼图，鼓励你们可以尝试把图纸从底板中拿出来使用，促进空间方位能力的发展。同时，关注你和新诚等人玩拼图时，在技巧策略方面的困难，例如：先拼哪里比较容易；能否关注有平边的拼图和摆放位置的关系；关注对图案细节的观察等。

同时，我想我可以与你们几个小伙伴一起分享一下我写的这个故事，让你们了解老师是多么欣赏和在乎你们共同为拼图出谋划策，并对同伴的贡献心存认可与感激，我想也许你们再来分享这个故事时，会对你后续学习更有目的性，也许新的计划就会产生。

五、研究成效

本研究对幼儿的发展评价、教师支持幼儿学习与发展的专业能力、家园合力共育等方面都带来了非常积极的影响。

（一）"学习故事"成为我园幼儿发展评价的有益补充

以往，我园的幼儿发展评价主要是通过个人成长册和"学期在园情况表"来呈现的。个人成长册主要搜集幼儿一段时间里的各种作品、重要活动的简单记录；"学期在园情况表"则是学期末对幼儿在各领域的发展情况的阶段评价。

自从开展本研究以来，我们将撰写的"学习故事"也收纳进幼儿成长档案，将其作为幼儿学习与发展的叙事性评价。为了使每个幼儿都能够有机会被记录下学习故事，我们还尝试每月、每学期、每位教师适当有计划、有目的地观察撰写，使每位幼儿都能拥有自己的"魔法时刻"。

"魔法时刻"这个词常常在老师们的"学习故事"中出现，那个"哇"的制造者是可爱的孩子，它在感动老师的同时也在感动孩子自己。当老师把一个个通过专业视角解读出来的"哇"时刻记录下来，又展示给孩子们时，那个"哇"的主人会多么激动和惊喜。因为他做这件事是不经意的，老师对他行为的描述，使他忽然意识到这样做原来很好、很对，强化了他好的品质与行为，他就会更愿意做这件事，更愿意重复他的好行为，久而久之，可以形成良好的习惯与品质。他看到了自己的学习这么让老师惊喜，让同伴赞叹，自信的小宇宙就被点燃了。而一篇篇记录着"魔法时刻"的"学习故事"，也将成为孩子们的终生财富，伴随他们成长。

（二）促进教师关注自身在幼儿的学习与发展中如何"更有作为"

研究中，教师认识到"学习故事"不仅仅是幼儿学习瞬间的记录，更应该成为推动幼儿持续学习与发展的助推器。我们对"学习故事"连续性问题进行了深入的学习与实践。教师记录的"学习故事"从图文并茂、取悦听者、煽情无止境的点状片段，发展成记录一个个"在专为支持学习与发展而设计的环境中，所有直接或间接经验、活动和事件的总和"的有联系的故事链。而在实现此连续性的过程中，教师的支持至关重要。

我们从提出调整一日作息、打破教室区域空间、材料限制，到创设支持幼儿自主探究的主题环境、开展项目活动等，都在更加积极主动地发挥着教师的支持作用。从而看到更多幼儿学习的连贯性，即围绕一个看似相同或相似的主题、技能、心智倾向或文化活动所发生的持续性强化过程。

（三）推进家园合力共育的品质

"学习故事"以图文形式真实记录孩子学习成长的故事，一件看似简单的事被老师用镜头和文字记录下来，家长读后会感动于老师能关注并鼓励自己的孩子，感受到老师的专业素质和对孩子的真心。不少家长还会通过交谈、微信等方式，与老师交流自己浏览故事后的看法和想法。这一形式更鼓励了家长在家中也记录孩子的学习故事，有效地促进了家长对幼儿学习与发展的科学认识，实质性地进入了家园合力共育的情境。

六、研究的后续思考

研究中，我们着重对新西兰早期课程体系、"学习故事"评价方式、撰写方式进行了深入的学习，努力尝试基于"学习故事"的理念、基本结构、关注重点去撰写学习故事。同时也发现，撰写的本土化"学习故事"，仍缺乏依据《指南》对学习故事中幼儿的学习与发展进行分析及后续支持。

因此，后续我们需要进一步提升教师学习《指南》、运用《指南》观察、分析、支持幼儿学习与发展的意识，尝试在研讨教师撰写的"学习故事"时，围绕《指南》对幼儿的学习品质、学习与发展水平进行分析，并提出后续支持策略，科学计划和有效支持幼儿的进一步学习与发展。

园本培训可持续发展教育目标适切性与实效性的行动研究（开题报告）

●上海市长宁区虹桥幼儿园　崔　华

一、研究背景与意义

自20世纪90年代中期开始，联合国教科文组织开始在全球范围内推进环境人口与可持续发展（EPD）教育项目，其目的在于通过全世界各国的努力，把可持续发展与环境、人口教育联系起来，动员广大青少年和全社会成员积极参与，以改善人类的生存环境，实现经济和社会的可持续发展。2002年约翰内斯堡会议进一步将可持续发展具体化为社会、环境、经济三方面的协调发展，并且充分肯定了"可持续发展教育"的重要性。2002年12月，联合国大会将2005至2014年确定为"联合国可持续发展教育十年（DESD）"，并且制订了可持续发展教育十年的"国际实施计划（IIS）"，指出可持续发展教育是面向每一个人、包括从幼儿到成人的终身学习。但是，"与其他形式的教育相比，幼儿教育的重要性在整个教育体系中没有得到足够重视，幼儿教育在建立可持续发展社会中的重要性也没有得到足够的认识。"

学前阶段是价值观、态度、生活方式、习惯形成的重要时期。儿童对可持续发展的理念接触得越早，对一生的影响也就越大。儿童自出生后就能体验到环境、经济和社会环境的挑战。在生活中，他们是积极的、有能力的能动者，不仅受到环境的影响，也能对环境产生影响。可持续发展所关注的是未来，而儿童是未来最重要的受益群体，他们在可持续的未来中需要承担起责任。所以，学前教育阶段在可持续发展的教育中占有重要地位。

世界学前教育组织（OMEP）于2005年成立"可持续发展教育国际合作研究课题组"，开展了"各国儿童对可持续发展概念的理解"的研究。国内周欣等人通过搜集、分析和比较0—8岁儿童对可持续发展概念的理解，在《中国儿童对可持续发展概念的理解——倾听来自儿童的声音》一文中表明，儿童不仅获得了较丰富的有关地球和环境方面的知识，也在尝试理解人类行为与环境之间的关系，开始思考人类的行为对环境造成的影响；儿童明确地表达了对于参与拯救环境行动的迫切愿望。该研究也反映出学前儿童对可持续发展概念的理解可能仅仅是朴素的理解。

根据《3—6岁儿童学习与发展指南》的学习和研究，幼儿园普遍在幼儿生活、运动、艺术、语言、社会、科学等领域知晓了幼儿的发展目标，让一线教师能对幼儿在这些领域的发展有一定的借鉴。

但是在幼儿的可持续发展教育方面，没有相关的课程教材的辅助，对于幼儿可持续发展的目标也没有任何的参照，使老师在开展此类活动时，往往都是摸着石头过河，可借鉴的内容少之又少。

在以往的幼儿园科学教育中，培养幼儿"珍惜自然资源，有初步的环保意识"已经是重要的教育目标之一。这与环境领域的可持续发展教育目标基本一致。但是，可持续发展教育的目标远大于传统科学教育目标的范畴。可持续发展教育不仅包括环境领域的环保教育，而且还涉及经济领域的可持续性消费观念以及社会文化领域中对差异的尊重，平等和公正等。

鉴于此，如何在幼儿园科学教育中扩大现有教育内容的范围，落实可持续发展教育三大领域的教育目标，成为本园在可持续发展教育实践过程中碰到的首要难题。

我园一直以来都非常重视对幼儿的可持续发展教育，并于2012年开始对于幼儿在科学教育中的可持续发展教育进行了专题研究。作为世界学前教育组织（OMEP）可持续发展教育研究项目的中国分课题，曾被评定为年度最佳项目之一，相关研究成果已发表在《幼儿教育》上。

在三年研究过程中，课题组以主题形式对同心圆活动开展实践，即三个年龄段就同一主题进行研究，再加上各年龄段开展适合自身年龄段的主题活动，课题组成员不断地挖掘在科学教育领域中的可持续发展教育契机，从无到有，设计活动并进行实践，现共搜集了特色集体活动10余节，个别化学习活动18个，家园共育系列活动9个，以及渗透于一日生活的常规教育要点。在开展活动的过程中，课题组成员针对幼儿的实际行为和能力的表现，对不同年龄段的幼儿在环境、经济、社会文化的可持续发展教育的发展目标上做了初步的构建，从具体的每个活动目标，逐步发展到领域目标：（1）环境可持续发展领域：就"认知世界""环境保护"进行目标构建，小中大三个年龄段共有10条目标；（2）社会文化的可持续发展领域：从"家、幼儿园、社会"三者之间的关系以及幼儿在这些群体中的定位进行目标构建，共有12条目标；（3）经济的可持续发展领域：从"消费方式""资源的节约利用""资源的重新分配"等三个方面进行目标构建，共有9条目标。

由于这一研究是以幼儿在科学教育中的可持续发展教育为研究背景的，所以已初步构建的可持续发展教育目标也是以科学教育领域为主。但是，可持续发展教育的内涵是极其丰富的，而学前阶段是价值观、态度、生活方式、习惯形成的重要时期，幼儿对可持续发展的理念接触得越早，接触的范围越广，对一生的影响也就越大。

我园拟在前一个课题经验积累的基础上，走出科学教育领域，更多地拓展幼儿在可持续发展教育中可以获得的经验。通过实践，继续构建我园的可持续发展教育目标，并进一步细化和完善；在实践活动中验证我园已有的幼儿可持续发展教育目标的适切性及实效性，以期在目标制定上积累相关实践经验，为教师日常的可持续发展教育活动提供经验借鉴。

二、核心概念的界定

园本可持续发展教育：可持续发展教育是把可持续发展的原理、价值观和实践渗透到教育和学习的所有方面。其中包含三个重要方面和内容：社会、文化的可持续性，环境的可持续性，经济发展的可持续性。

我园在前一个课题"科学教育中的可持续发展教育实践研究"的过程中，对于可持续发展教育已有一定的实践，园本可持续发展教育则是在此基础上，积极探索除科学教育领域外，可持续发展教育在幼儿园其他教育领域的渗透。

适切性：意指园本可持续发展教育目标的适合贴切，展现幼儿在可持续发展教育过程中所能达到的一个发展方向。目标适切性可细分为：目标科学性——可持续发展教育目标是否符合幼儿客观实际，是否反映出幼儿的思维本质和内在发展规律；目标适宜性——可持续发展教育目标恰当，不超过心理预期度，与幼儿身心发展相吻合；目标可行性——可持续发展教育目标在活动实践中具有操作的可能。

实效性：是指可持续发展教育目标在目标操作上的可行性，实践过程中的实际效果，及可持续发展教育达成程度。

三、研究价值

1. 进一步丰富学前教育领域可持续发展教育理念及其内涵。
2. 为在幼儿园实施可持续发展教育细化目标，具体落实目标的科学性、适宜性和可行性。
3. 对可持续发展教育目标的实效性做出评价，使教育目标与幼儿可持续发展教育发展方向契合。

四、研究目标

通过研究幼儿可持续发展教育的目标，并进一步采取集体活动、区域活动、渗透性活动和家园共育活动的形式予以实施，在帮助幼儿理解可持续发展理念的基础上，构建、完善我园幼儿可持续发展教育目标，采用行动研究的方法，并在实践中不断验证目标的适切性及实效性，为最终形成幼儿可持续发展教育具体目标提供经验支撑。

五、研究内容

（一）不同年龄段幼儿可持续发展教育目标构建的研究

幼儿在环境可持续发展教育上的目标研究；幼儿在经济可持续发展教育上的目标研究；幼儿在社会文化可持续发展教育上的目标研究。

（二）不同年龄段幼儿可持续发展教育目标适切性研究

可持续发展教育目标科学性的验证研究；可持续发展教育目标适宜性的验证研究；可持续发展教育目标可行性的验证研究。

（三）不同年龄段幼儿可持续发展教育目标实效性研究

幼儿行为与可持续发展教育目标一致性的观察研究；园本幼儿可持续发展目标与可持续发展教育总目标的关系研究。

六、研究方法

（一）访谈法

选取我园教师、家长为访谈对象，进行专题访谈，深入了解对幼儿在可持续发展教育目标的理解程度，从而帮助教师更有效地寻找幼儿可持续发展教育的契机，为制定目标做活动的准备。

（二）观察法

利用评价表进行观察，看幼儿的实际表现和对可持续理念的理解及相关行为，从而了解幼儿在可持续发展教育活动中的发展现状及进一步的发展方向。

（三）行动研究法

通过设计以幼儿可持续发展教育为核心的各类活动，在实施过程中仔细观察、记录幼儿参与活动过程中的各种行为及表现，根据幼儿的表现对活动目标进行调整（此环节可能会多次重复进行）；最后概括提炼并搜集整理小、中、大班幼儿可持续发展教育目标，在不断验证科学性、适宜性、可行性的基础上，形成幼儿在环境、经济、社会文化方面的可持续发展教育目标和活动方案。

（四）案例法

采用多媒体手段，以及学习故事的方式记录幼儿在可持续发展教育活动中的学习过程，通过集体教研分析、提高教师教学反思的能力，把握幼儿可持续发展教育的目标界定，为进一步验证目标实效性提供实践经验。

七、实施步骤

（一）准备阶段：2015年10月—2016年2月

1. 通过对已有科学教育中的可持续发展教育活动方案的再思考，挖掘更多有关幼儿可持续发展教育的内容。

2. 组织个别访谈和专题式集体座谈，深入了解幼儿可持续发展教育目标的构建上的理解及困惑。

3. 进一步搜集可持续教育活动的素材、教学方案等资料。

（二）实施阶段：2016年3月—2018年7月

1. 第一阶段：2016年3月—2017年7月

（1）幼儿可持续发展教育目标在科学及其他领域的构建

在前一个课题的经验基础上，进一步丰富我园在科学领域中幼儿可持续发展目标的建构。

（2）可持续发展目标科学性及适宜性的研究

根据幼儿在集体活动、区域活动、渗透性活动、家园活动中的行为和能力的展现，对已构建的可持续发展教育目标进行验证，发现其与幼儿实际行为和能力的吻合程度，是否符合幼儿客观实际，反映出幼儿的思维本质和内在发展规律以及是否具有实践操作的价值。

2. 第二阶段：2017年8月—2018年7月

（1）幼儿可持续发展教育目标实效性研究

通过第二轮教学实践，对目标的实效性进行评价，是否与幼儿实际操作中可持续发展教育目标的实现程度一致。

（2）园本幼儿可持续发展目标与可持续发展教育总目标的关系研究

对照"OMEP环境评价量表"，分析我园可持续发展教育目标的适切性和实效性，进一步提升可持续发展目标与幼儿实际发展目标的吻合度。

（三）总结阶段：2018年8月—2018年12月

1. 整理、分析课题资料；

2. 整理修改可持续发展教育案例，针对不同年龄段幼儿以及可持续发展三个领域（经济、社会、环境）整理、完善可持续发展教育目标；

3. 撰写结题报告。

八、本课题的关键问题

1. 构建和完善幼儿可持续发展教育在经济、社会文化、环境三大领域的发展目标。
2. 该教育目标在实际教育教学活动中的实效性评价。

九、本课题的拟创新点

本课题拟尝试在幼儿中接触可持续发展观念，形成有利于可持续发展行为的教育实践，将可持续发展教育纳入幼儿园课程发展；利用幼儿家庭及社区资源开展家园共育，通过实践研究积累不同年龄段幼儿在可持续发展教育三大领域的发展目标，将可持续发展教育真正实效化。

十、最终的研究成果

1. 《园本可持续发展教育目标适切性及实效性的行动研究》报告。
2. 《幼儿可持续发展教育目标》。

提升教师对大班幼儿数学核心经验理解与运用能力的实践研究（结题报告）

● 上海市长宁区安顺路幼儿园　胥梦超

一、研究的意义与价值

为了落实学前教育课程"以幼儿发展为本"的课程理念，使幼儿能够为日后的数学学习建立良好的基础，教师对数学核心经验的正确理解与运用是至关重要的，只有当教师真正认识到各个核心经验之间的关联，了解在某个概念中各年龄段幼儿学习与发展的规律，才能更好地引导教师设计活动、指导幼儿的学习，同时帮助幼儿获得数学学习过程中的各种能力。

当前本园幼儿教师对数学教学活动有一定的兴趣，但是从教育教学现状来看，教师们对于幼儿数学教育偏向正式数学活动（即集体教学活动），却对非正式的数学活动（即除了集中教育活动的各种日常活动，包括生活活动、自由活动、游戏以及一些随机的教育）忽视了。教学活动中教学形式比较新颖且多形式（如：多媒体辅助、丰富的教学材料、与绘本结合、游戏化教学等），但在幼儿操作的过程中，忽视幼儿、材料、教师间的互动，缺乏耐心等待，过多地注重知识的传递。在游戏环节大多流于形式，轻操作，教学资源的利用不太重视幼儿的需要。

在幼儿园阶段，大班幼儿对数学核心经验的学习与发展是比较全面的，因此我们将课题研究落脚点放在大班年龄阶段，便于教师的观察与实践。同时课题组成员来自长宁区三所不同级别的幼儿园，研究具有普遍性意义，有利于课题成果的推广。

二、研究目标

1. 通过研究，提升教师对大班幼儿数学核心经验的理解与运用能力。
2. 在实践中调整教师教学理念，关注学科内容与儿童需要，选择合适的教学方法，提升教师数学领域教学知识。

三、研究内容

1. 研究与学习幼儿数学四大核心经验，围绕数学核心经验设计正式与非正式数学活动，并在幼儿园内进行实践。

2. 通过观摩与研讨梳理大班幼儿在核心经验中学习与发展的特点，并将其运用到教育教学中，提升教师数学领域教学知识。

3. 教师撰写活动反思与案例分析，将自己对幼儿数学核心经验理解与运用的实践经验内化为具体的教学行为，从而提升自身的数学领域教学本领。

四、研究方法

调查研究法：调查幼儿园教师数学学科领域教学知识的现状，分析并寻找适宜的切入点，帮助教师提升对幼儿数学核心经验的理解与运用。

行动研究法：边研究边实践，通过实践验证研究效果。

案例研究法：将实践过程中发生的有意义的案例进行整理分析，从中发现过程中需要注意的问题与值得推广的经验。

个案法：根据教师撰写的教学反思、教师学习感悟与教师教学能力成长情况撰写教师个案分析，从中发现值得推广与需要调整的课题研究方法，寻找教师成长的途径。

五、实施步骤

（一）研究准备阶段

2013年9月—2013年10月，课题申报，针对教师对幼儿数学核心经验的了解情况进行前期调研。

（二）研究实施阶段

2013年9月—2013年12月，加强教师数学核心经验的理论学习，积极运用于日常教学中的个别化学习与集体学习中，并及时进行反思调整。

（三）成果形成阶段

2014年1月，对教师进行终期调研，将自身的学习心得与体会以及教学活动设计方案进行整理，课题结题。

六、研究成果

(一)幼儿数学的学习具有严格的"序列"

数学具有高度的抽象性与严密的推理性,概念之间的逻辑联系构成了数学的理论体系。通过学习四大数学核心经验,我们发现在小、中、大班时期的幼儿对于核心经验的理解与运用是有明显的年龄差异的,这是毋庸置疑的。在进行集体教学活动时,我们也发现同一核心经验在同一年龄段其实也有着严格的发展"序列"。

比如我们进行大班数活动《森林里的家居店》的集体活动教学时发现,该活动所涉及的核心经验是"比较与测量"中的"测量",同时要传达给幼儿的核心概念是测量的均等性原则。在"测量"这一核心概念中还包含着许多细小的概念,同时也能从中看出内在的发展"序列":首先幼儿能进行直接与间接比较,同时幼儿也能进行"顶端对齐、首尾相连"测量的基本方法,这样才能够通过亲手操作、发现问题、质疑,最后探索出测量工具和单位要有统一标准的经验。

又如在数学绘本《皮皮与莎莎》中,活动目标有一条是"用直接比较的方法判断物体的粗细、轻重、厚薄、宽窄等",由于是看着绘本书进行比较的,因此幼儿首先应该理解这些比较的属性特征的含义与所对应的物体,并应具备用实物直接比较的基础,这样才能顺利地进行活动。

对于幼儿的数概念与运算的核心经验来说,大班幼儿要习得10以内加减法,首先要会数数、理解数量的变化(如添上一个就变大,拿走一个就变小)、学会5以内数的分解与组合,最后才是10以内的加减法运算。

通过活动的开展,教师们对活动的关注点,从单纯地上好一节数活动课,转移到分析与挖掘一节数活动的核心经验发展的"序列",以及本班幼儿当前所达到的水平是否与活动目标匹配。

(二)四大数学核心经验是互相渗透的

哲学中提到"任何事物都不是孤立存在,总是互相联系的",数学四大核心经验也是如此。拿核心经验中的"比较与测量"来说,在其他三个核心经验中都需要用到。幼儿数数中需要用到比较数量的多少、测量中需要用到比较长短、图形与空间中需要比较长方形与正方形的不同之处、集合与模式中需要比较两个集合中数量的多少并进行排序。

我们在数学区域活动中设计的游戏也尽力做到能够渗透多个核心经验。如游戏"钓鱼",在"池塘"中投放了由不同颜色、不同形状(圆、方、三角)组成的鱼,鱼的背面有着算式题,同时在一旁摆放着一次性纸盘,上面贴了数字1—10,地面还有一个有圆形、方形、三角形交叠而成的图形集合,孩子们游戏时有几种玩法,最简单的就是按数取物,圆盘里是数字几就钓几条鱼，还可以看着钓上来的鱼背后的算式题寻找相应数字的纸盘，或者观察一条鱼由几种图案组成，并放在相应的集合或交集中。"钓鱼"的游戏包含了"数概念与运算""图形与运算""集合与模式"三大核心经验。

在一次次的活动设计中，教师们考虑得更多的是如何将多个核心经验有效地融合，或者是如何在一个核心经验中体现不同的层次性，满足不同水平幼儿的需求。

（三）从幼儿生活中产生的数学问题更容易激起幼儿学习兴趣

数学离不开生活，生活中处处有数学，它来源于生活又应用于生活，来于生活、归于生活的知识才是有价值的知识，同时也是幼儿感兴趣的学习素材。幼儿期正是数学学习的启蒙时期，幼儿学习的特点是离不开具体丰富的生活经验，幼儿园数学教育活动的内容与组织更离不开生活实际。《幼儿园教育指导纲要（试行）》中要求："要选择贴近幼儿的生活，选择幼儿感兴趣的事物和问题。"这强调了幼儿园教育尤其是数学教育活动必须回归生活，与幼儿生活实际密切沟通，以充分调动幼儿学习的主动性。

在活动认识日历中，为了能引发幼儿学习的兴趣，教师以今年是什么年的问题引出主题，还在黑板上挂了一个大年历，请幼儿观察一个月有多少天，是不是每个月的天数都是一样的。以"年妈妈"赠礼物的方式，出示数学卡：12，28，30，31，365，猜猜与"房子"有什么联系。调动了孩子们的积极性，认识了年、月、日的关系。在寻找日历秘密的过程中，孩子们发现红色的日期不仅表示双休日，还表示节日。最后一个环节，教师设计让幼儿在年历中找到自己的生日和节日（五一、十一、六一）等，孩子们通过联系生活，了解了日历中所涵盖的诸多信息，并能在生活中运用。

"小鬼当家"活动利用了幼儿生活经验来创设教学情境，教师组织幼儿学习为父母服务，引导幼儿通过买东西花掉的钱、一共花掉的钱为条件，将运算融入游戏中，将枯燥的加减法运算在游戏中进行解决。

教师在设计活动中更多的是从幼儿熟悉的生活经验中挖掘活动素材，更关注幼儿的需求，幼儿通过活动也更愿意去注意生活中存在的数学现象，并运用已经学到的数学经验去解决生活中的问题。

（四）非正式数学活动更有利于幼儿的数学学习

大班幼儿一日活动中只有半小时的时间是属于集体教学活动，而且为了考虑幼儿各领域的均衡发展，每周最多有半小时的学习活动时间能够提供给数学教育，仅仅依靠每周半小时的集体教学活动是不能解决幼儿四大核心经验中的问题的，因此我们将提升幼儿数学学习的路径放在非正式的数学活动中。

非正式的数学活动可以是角色游戏中，可以是生活活动中，可以是个别化学习中，总之它无处不在，就要看教师是否会抓住教育契机。为了方便教师观察幼儿的学习情况，提升自身教学领域知识，我们将区域活动作为研究的平台，围绕四大核心领域设计成了许多区域游戏。

在区域数学游戏的设计中，我们发现，选择的内容要处于幼儿的最近发展区，提供的材料要多样，一个游戏中要有多种玩法能够适应不同幼儿的发展水平，还可以渗透多个核心经验的内容，游戏的形式要有趣，最重要的是要注重幼儿的表达表现，这可以通过游戏交流分享、同伴互动、记录等形式实现。

七、研究的反思

在理解、研究、运用大班幼儿数学核心经验的过程中，教师在自身教学领域知识中得到了很大的提高，我们也遇到了一些问题，比如如何同时关注到班级中不同发展水平的幼儿？教师在教学过程与观察指导过程中的数学语言如何合理运用？如何为幼儿创设好玩、有趣的数学学习环境？这将是我们继续研究的方向。

3—6岁幼儿民间撕纸艺术传承与发展的实践研究（结题报告）

●上海市长宁区新剑幼儿园　时佩蓉

一、研究背景

（一）课题研究的政策依据

伴随着改革开放经济建设突飞猛进，传统文化的有效传承成为民族振兴和崛起的必然。党的十八大以来，以习近平总书记为核心的中央领导集体把对中华优秀传统文化的重视推向了历史新阶段，多次强调要传承和弘扬中华优秀传统文化。党的十八届三中全会提出了"完善中华优秀传统文化教育"和"立德树人"的要求；教育部颁布了《完善中华优秀传统文化教育指导纲要》，以期充分发挥国民教育固有的文化功能，培育、完善并有效传承中华优秀传统文化，明确要求"鼓励各地各学校充分挖掘和利用本地中华优秀传统文化教育资源，开设专题的地方课程和校本课程"。

《幼儿园教育指导纲要(试行)》指出，充分利用社会资源,引导幼儿实际感受祖国文化的丰富与优秀,感受家乡的变化和发展,激发幼儿爱家乡、爱祖国的情感。

上海也制定了《上海市学生民族精神教育指导纲要》，对学校开展传统文化教育提出了明确要求和任务目标。

撕纸是中华民族文化的一个组成部分，源于剪纸，在民间流传久远，并延续至今。撕纸有着鲜明的艺术个性，不用工具，以手代刀，是中国民间艺术中最原始、最古老的民俗艺术之一。民间撕纸艺术是值得我们传承的精神文化，这与我们当代的社会主义核心价值观是不谋而合的。

（二）课题研究的实践依据

撕纸艺术活动是一种造型艺术活动，是幼儿园美术活动的常见形式之一，适合幼儿的年龄特点。它以手指作为工具，利用双手手指的运动来撕出所需形象，其轮廓具有自然浑厚稚拙的美感。孩子们能通过折、叠、撕等动作来锻炼手部小肌肉。同时，撕纸作为民间美术犹如一块朴实而又熠熠发光的美玉，散发着其自身独有的魅力，其浓郁的民间气息和蕴涵着的深远的文化内涵，能培养幼儿审美情趣，促进个体的全面发展，为幼儿的人格塑造打下良好的基础。

我园地处"民间艺术之乡"的新泾镇，有着得天独厚的社区和人才资源优势，有许多的民间艺人和技艺大师开展丰富多彩的民间文化活动。撕纸非物质文化传承人华兴富是我园的老家长，在其亲自参与和指导下，经过多年的实践尝试，受到老师和孩子们的欢迎以及广大家长的认可。所以我们认为，撕纸艺术应该在孩子中传承和发扬，展示民间艺术的魅力并融入幼儿园的课程之中。

（三）课题研究的理论依据

1. 陈鹤琴的"活教育"思想及其实践

陈鹤琴倾注毕生精力对儿童心理进行研究，有感于中国传统教育的弊病，他于1939年正式提出"活教育"理论："活教育"的目的在于培养学生"做人，做中国人，做现代中国人"；"活教育的课程是以大自然、大社会为根本出发点，让幼儿直接去学习；活教育的方法是做中教、做中学、做中求进步；重视室外活动，注重生活的体验，以实物为研究对象，以书籍为辅助的参考"。他的幼儿教育思想为中国的幼儿教育理论的发展奠定了基础。

具体而言，陈鹤琴提出"大社会是幼儿教育的活教材"，应"以自然、社会为中心，幼儿园课程编制要合乎生活，教育要和生活实际密切结合，可以依据幼儿所接触到的自然现象和社会生活规律制定出'幼稚生生活历'"。

换言之，陈鹤琴认为，学前教育实践应当充分利用社会资源，挖掘民间资源，引导幼儿实际感受本土文化的丰富与优秀。另外，民间撕纸艺术注重幼儿的动手操作，注重幼儿在做中学习，与"活教育"主张不谋而合。

2. 人类发展生态学理论

教育理论的建构总是基于对一个基本的核心问题的回答：人是怎么发展的？著名心理学家布朗芬布伦纳从生态学的视角研究人的发展问题，提出了著名的人类发展生态学理论。

布朗芬布伦纳认为，影响个体发展的生态环境包括小系统、中间系统、外系统和大系统，这些不同层次、不同性质的系统相互交织在一起，构成一个具有中心又向四处扩散的网络。其中，大系统指的是"各种较低层次的生态系统在整个文化或者亚文化水平上存在的或者可能存在的内容上和形式上的一致性，以及与此相联系并成为其基础的信念系统或意识形态"。简而言之，大系统指的就是个体所处的文化环境。在整个文化或者亚文化及其所包含的较低层次的生态系统中，方方面面的表现可能差距很大，但是却有内部的同源性。发展个体在生态环境中所表现出来的行为特征，实际上就是大系统对人的发展影响的具体表现。

比如，有关教育领域的文化研究表明，自从二十世纪八九十年代以来，中国学前教育受到了来自欧美国家所谓"先进"教育理念和教育组织形式的强力冲击，然而二三十年过去了，中国学前教育实践并没有像预期的那样变得与世界更为一致，来自外界的冲击力反而被一种强大的来自传统的力量所平衡。具体而言，这种传统教育价值是指对集体精神的崇尚，对直接传授知识和掌握技能的认同，以及对"每天一起进行常规的身体运动"的重视，等等。这些教育观念和方法虽未被纳入书面的教育文件中，但是"历经多次社会改革和课程改革运动延续至今，深存在中国教师心中"（Tobin，2010），而发挥着重要的作用。这一切在内隐逻辑上，有力地解释了外系统的存在价值和作用。

因此，就如同鱼生活在水中一样，我们的教育，包括幼儿教育也沉浸在中国传统文化之中而深受其影响。幼儿教育的有效开展应当充分基于传统文化，充分利用民族文化资源，而不可脱离。

二、研究意义

（一）弘扬中华文化、传承民间艺术

撕纸艺术蕴含着中华民族文化的博大精深，通过对幼儿园撕纸艺术教育的研究，可以传承和推广此项宝贵的民间艺术，激发幼儿对中华文化的热爱，弘扬民族文化。

（二）具有适应时代发展的课程理念

幼儿通过撕纸这种随意、自由的创作活动体验到成功的乐趣，带来自信，是一种快乐的教育；撕纸取材方便，在撕纸活动中，孩子们能懂得爱护身边的每一件东西，培养变废为宝的环保意识。因此，对幼儿民间撕纸艺术的研究，是适应时代发展，对幼儿进行艺术启蒙教育的良好途径。

（三）适合幼儿年龄特征和发展需要

幼儿对美术有一种自然的需要，撕纸具有安全、有趣、简单的特征，是深受幼儿喜爱的一种活动。中国有句俗话"心灵手巧"，通过撕纸这个载体，可以培养幼儿的美感，陶冶幼儿的情操；可以训练幼儿手眼脑协调并用的能力，发展幼儿手指肌肉的灵活性，使幼儿的小肌肉群得以发展；可以培养幼儿细心、专心、耐心的良好品质和行为习惯。因此，通过本课题的研究，将撕纸活动融入幼儿园的主题活动中并和幼儿的日常生活经验相结合，可以更好地促进幼儿的发展。

（四）全面提升教师的人文素养

撕纸艺术在历史进程中融合和体现了中华民族的传统文化和美德，撕纸活动的过程是认识美、感受美、表现美的过程。教师在开展撕纸艺术教育的过程中，能提高对民间艺术的欣赏能力、表现能力，从而全面提升教师的文化素养，有效地更新教师的教育观。因此通过接触撕纸

艺术和对本课题的研究是促进教师专业成长的良好的途径。

三、研究目标

本课题的研究将通过专家及社区资源的引入，将民间撕纸艺术融入幼儿园艺术教育实践中，了解幼儿撕纸的特点，根据不同年龄阶段幼儿撕纸的特点，设计符合3—6岁幼儿年龄特点的撕纸艺术活动，形成具有撕纸特色的园本化课程。在实践研究中提升教师与幼儿的艺术修养和文化素养。

（一）幼儿层面

1. 启蒙和引导幼儿实际感受中华撕纸文化的丰富与优秀，激发幼儿爱家乡、爱祖国的情感。
2. 将中国传统撕纸文化融入现代教育，丰富幼儿艺术活动内容，激发幼儿好奇心和创造力，使其乐于活动，乐于交往，快乐生活，健康成长。

（二）教师层面

提升教师的撕纸艺术理论以及组织幼儿撕纸活动的设计能力和执教能力，促进专业发展及艺术修养和文化素养的提升。

（三）园所层面

汇集一线教师的聪明才智，设计符合3—6岁幼儿年龄特点的撕纸艺术活动，通过作品展示、交流，丰富幼儿撕纸艺术活动资源，形成具有撕纸特色的园本化课程。

四、研究内容

1. 3—6岁幼儿撕纸能力发展的研究。
2. 3—6岁幼儿撕纸实施方案的研究。
3. 3—6岁幼儿撕纸艺术教育的实践研究。

五、研究方法与过程

本研究主要采用的是行动研究法。行动研究具有自然性、持续性和循环性的特点，在不断解决问题的过程中，促进幼儿教师的专业发展。我们在课题实践中分析了解各年龄段幼儿撕纸活动的特点，设计实施幼儿撕纸教育可行性的活动方案，及时反思调整，增强撕纸艺术活动的科学性和操作性，提高教师的研究能力和实践能力。

为了有效推动课题的实施，我们还开展了幼儿撕纸发展特点的现状调查，并设计了观察表：区角观察反思记录表、教学现场动作观察表。教学现场动作观察表主要在活动后针对幼儿的动作进行分析讨论。区角观察反思记录表对日常活动中每个幼儿的情况进行基本分析并提出了提升建议。通过对幼儿动作的观察分析，了解幼儿年龄特点及相应的动作表现，从而选择孩子喜欢并适合的内容，促进幼儿在最近发展区的发展。

六、研究成果

（一）梳理幼儿年龄特点，为推进撕纸教育奠定基础

学前教育与其他各级各类教育的不同是，学前教育"要求教育者更多地关注个体儿童的发展水平"，更大程度地"适宜儿童发展"。

为了解幼儿的年龄特点，有效推进撕纸教育，笔者翻阅了《3—6岁儿童学习与发展指南》（以下简称"《指南》"），发现《指南》中对小手动作发展的目标为：手的动作灵活协调；在精细动作上有画、折、剪的动作描述。

在集体学习活动和个别化学习活动的开展中，我们需要有一个关于幼儿撕纸能力水平的指导依据，从而能在不同年龄段，有目的、有针对性地实施对孩子的撕纸技能的集体教学活动。为此我们对小、中、大班幼儿分别在学期初和学期末进行了撕纸能力的现状调查，通过前后对比，了解孩子经过一学年的撕纸教学，在撕纸能力上有哪些提高和发展，并进行数据的完善和更新，让我们的分析更具可靠性和科学性。

1. 调查目的

通过对小、中、大三个年龄段孩子的撕纸能力现状进行调查，在没有外在环境和过多材料的影响下，真实、客观记录孩子们撕纸的动作，了解不同年龄孩子撕纸动作的特点以及不同性别孩子在撕纸动作上的差异，为课题研究提供真实的可靠的第一手资料，以便为课题的后续发展提供支持。

2. 调查方法

根据《指南》中3—6岁幼儿的小手动作发展特点以及各年龄段中孩子们动作的基本情况，初步确立小班、中班、大班的撕纸内容及目的。并根据每个年龄段的内容设计了调查表，预设了不同程度的撕纸现状描述。幼儿撕纸能力现状调查表如表2所示（以小班为例）。

内容：徒手撕面条

材料：方形手工纸

目的：将方形纸撕成条状

指导语：请你把手工纸用手指撕成一根一根的面条。

表2 小班幼儿撕纸能力现状调查表

编号	姓名	性别	撕纸现状				备注（文字描述）
			不撕	用手拉不成条	一手按纸一手往下拉	用食指拇指往下撕	

3. 调查结果与分析

不同年龄段幼儿撕纸能力现状调查结果如下：

（1）小班

本研究选取83名小班幼儿开展调查，其中男生42人，女生41人，活动内容是随意撕纸条，调查结果如图4所示。

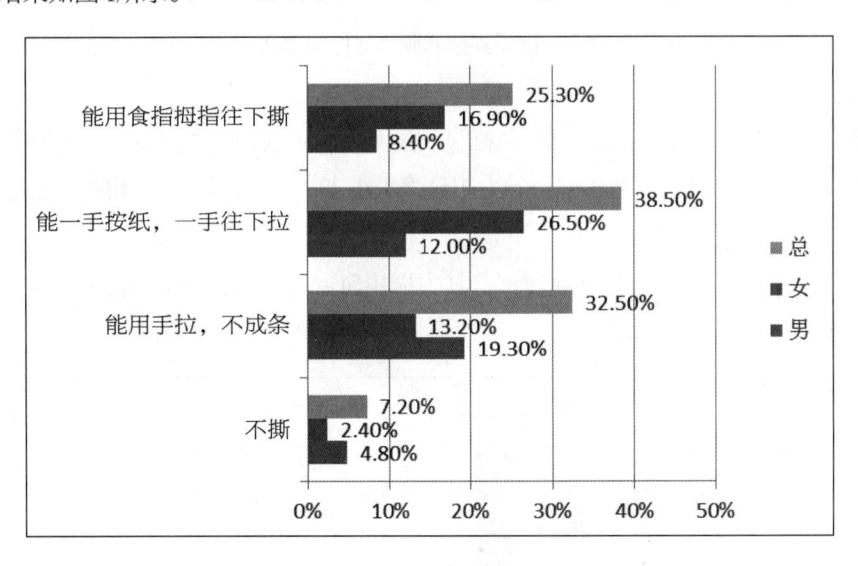

能用食指拇指往下撕：总25.30%，女16.90%，男8.40%
能一手按纸，一手往下拉：总38.50%，女26.50%，男12.00%
能用手拉，不成条：总32.50%，女13.20%，男19.30%
不撕：总7.20%，女2.40%，男4.80%

图4 3—4岁幼儿撕纸动作的现状

从图4中可以看到，孩子有不撕的现象，大多数孩子都是用手拉扯着撕，对拇指食指的两手指的运用并不熟练。小班幼儿总体状态是比较随意的，小手肌肉处于比较自由的状态。

（2）中班

本研究选取103名中班幼儿开展调查，其中男生51人，女生52人，活动内容是弧线撕圆形，调查结果如图5所示。

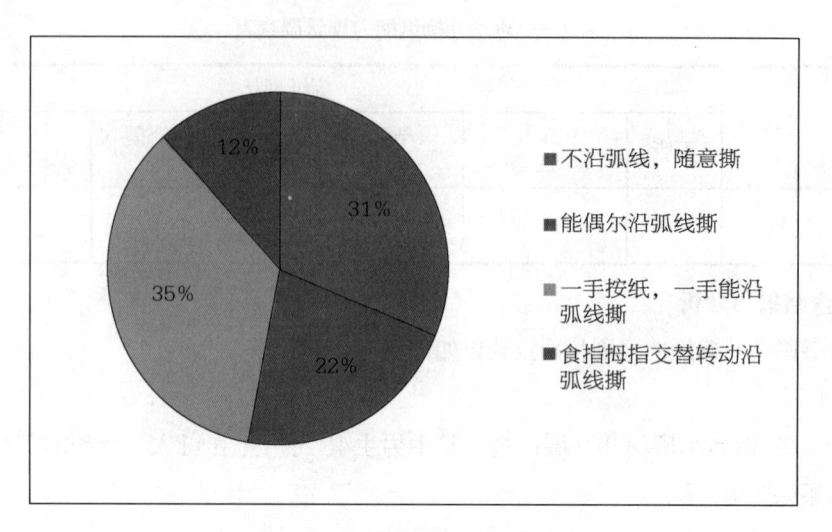

图5 4—5岁幼儿撕纸动作的现状

从图5中可以看到，中班幼儿已能从撕直线过渡到沿弧线撕，并且食指拇指交替转动撕的比例也比较高，表明中班幼儿的手部控制力明显强于小班，采用沿轮廓线撕的尝试成为可能。

（3）大班

本研究选取108名大班幼儿开展调查，其中男生56人，女生52人，活动内容是曲线镂空撕，调查结果如图6所示。

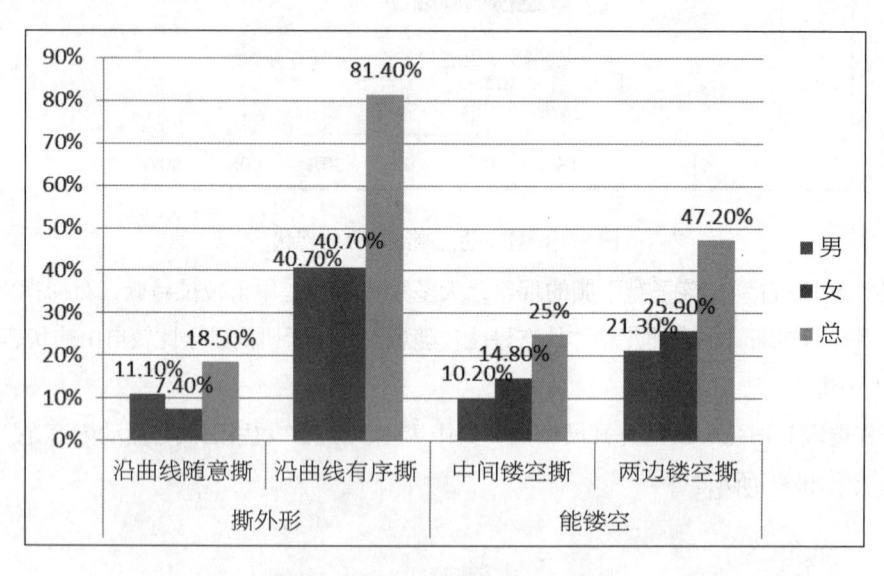

图6 5—6岁幼儿撕纸动作的现状

从图6中看出，大班幼儿有撕外形和镂空撕两个维度的测试，在撕外形的表现中，大部分幼儿能完成不规则的外形，镂空的动作要求中有两边对称镂空和中间简单的镂空。从数据中表明，大班幼儿手部的控制力更加熟练灵活，因此可以沿着弯曲的轮廓撕外形。此外，大班孩子在空间思维上的发展使镂空的创作成为可能。

（4）调查结论

调查中发现，幼儿撕纸具有从粗到细的动作发展规律。幼儿的小手肌肉控制与他们的年龄有很大的关系，小、中、大班各年龄段有着明显的年龄特征。手部动作发展从粗大动作到精细动作，从不灵活到手眼协调，由此梳理以下几点发展规律。（见表3）

表3 幼儿撕纸活动的动作发展规律及教学建议

	小班	中班	大班
动作表现	随意撕，随心所欲，只求撕碎。在手指运用上只用指肚不会用指尖，有时用手拉，或扯，或拧，或一手按纸一手拉扯还附有其他小动作	有意识撕，有目的地进行撕。能运用两指沿线撕，可以用双手配合进行交替转动地撕	心随手动。十指配合比较熟练，转动灵活，依形而下，能运用对称镂空，表现细节，动作精细明显发展
基本内容	直线撕：撕短直线—撕长直线—不沿线撕—沿折痕撕	弧线撕：撕半圆—撕圆形—沿直线撕—沿弧线撕—沿轮廓线撕	不规则撕：沿曲线—不规则轮廓—自由发挥撕外形—进行镂空创作
基本撕法	直接撕：用老师给予的形状直接撕下，在形状的变化上比较少，基本是长短和大小的变化	对折撕：对一些基本形状可以使用对折的方法直接撕出或使用模板沿线撕（如半圆变圆形、一个变两个），撕画结合，丰富画面	对称撕：在几次对折之后进行对称的镂空撕，能进行直接目测撕外形的尝试，能"左右开弓"两边对称地进行创作构图，完善细节
教学建议	处于直觉感知事物阶段。教学中提高幼儿对撕纸活动的兴趣，以简单的线条为主	无意注意向有意注意发展阶段。教学中可以从线条过渡到简单的图形及组合变化	注意开始稳定和持久，逻辑思维发展。教学中可以进行构图（镂空）和创造变化

总结幼儿撕纸活动的动作发展规律可以为确立撕纸教育的目标提供依据。

（二）确立幼儿撕纸教育目标与内容，为发展撕纸教育指引方向

1. 撕纸教育目标

根据《指南》及《上海市学前教育课程指南》中对幼儿年龄特点及五大领域对幼儿学习与发展的目标，结合撕纸活动的特点，提出幼儿园的撕纸教育总目标。在撕纸目标的细化和具体化过程中，我们充分考虑不同年龄阶段幼儿的心理特征，关注儿童的个体差异，确立了各年龄段撕纸活动目标。（见表4）

表4　幼儿撕纸教育总目标及各年龄段活动目标

	幼儿园撕纸活动目标			
总目标	在富有情趣的情景中学习撕纸，对撕纸活动感兴趣，获得简单的撕纸技能	在接触周围环境（自然、社会）与欣赏撕纸作品的过程中，获得对撕纸的审美体验	积极尝试并运用撕纸艺术体验表达表现的乐趣，逐步提高手眼动作的协调和手的动作灵活性	根据事物的不同特征尝试撕纸创作，具有初步的想象力和创造力
小班	幼儿对撕纸活动有兴趣，有参加撕纸活动的愿望	在撕纸活动中，幼儿能撕出（长、短、粗、细）的直线，能沿线（折痕）撕	能爱护自己的撕纸作品	
中班	有尝试探索的欲望，逐步养成耐心、细心、专心的良好品质	在撕纸活动中，幼儿能对称撕出圆形，能沿弧线（轮廓线）撕	能爱惜他人的作品，愿意与父母、教师、同伴分享撕纸作品	
大班	在撕纸活动中，爱学、乐学，大胆创作，逐步养成独立解决问题的能力	在撕纸活动中能进行对称镂空撕，能沿曲线（不规则轮廓）撕	能用自己制作的撕纸作品美化布置环境	

2. 撕纸教育内容

围绕各年龄段幼儿撕纸教育的目标，结合主题背景、集体活动和区角活动三类活动形式，确定了具体教育内容如表5所示。

表5　幼儿园撕纸活动的教育内容

	主题	集体	区角
小班上	《小宝宝》《娃娃家》《苹果和橘子》《小司机》《不怕冷》	《撕撕玩玩》《暖暖的窝》《做镜框》《撕面条》《有趣的面具》《比萨》《苹果树》《美丽的秋天》《卡车司机运货忙》《帮鸟妈妈造窝》《鸡妈妈的草堆》《暖暖的窝》	《撕撕玩玩报纸乐》《做相框》《给妈妈做项链》《给爸爸做领带》《妈妈的头发》《苹果树》《美丽的秋天》《卡车运货忙》《旅游节花车》《宝宝的花花手套》《打扮太阳宝宝》《织围巾》《暖羊羊》《太阳》《小雪人撕撕乐》《打扮小雪人》
小班下	《过年啦》《小医生》《小花园》《动物的花花衣》《学本领》《夏天真热啊》	《新年树》《挂鞭炮》《药丸不是糖豆》《羊毛卷卷》《好饿的毛毛虫》	《新年树》《撕鞭炮》《美丽的烟花》《配药片》《春天的小草》《蝴蝶》《长颈鹿》《花裙子》《羊毛卷卷》《小乌龟》《扇子》
中班上	《身体的秘密》《在秋天里》《我在马路边》《好吃的食物》《好朋友》《寒冷的冬天》	《圆圆的脸蛋》《插花》《七星瓢虫》《好吃的水果》《秋天的螃蟹》《小刺猬背果果》《萝卜青菜有营养》《冰糖葫芦》《香香的饼干》《飞屋旅行记》《雪人波利》《圣诞老人来了》《圣诞帽》《圣诞彩灯》	《装饰头发》《菊花》《美丽的菊花》《水果篮》《圆圆的月亮》《果子》《螃蟹》《各种车辆》《萝卜》《蘑菇》《甜甜圈》《小鱼》《雪人》《漂亮的雪娃娃》《手套》《棉袄》

续表

主题	集体	区角
中班下	《我爱我家》《幼儿园里朋友多》《春天来了》《周围的人》《玩具总动员》《交通工具》《在动物园里》《火辣辣的夏天》	《献给妈妈一束花》《花裙子》《蜜蜂嗡嗡》《蝴蝶》《迎春花》《我是小小设计师》《小汽车》《不倒翁》《马路上的车》《熊猫吹泡泡》《夏天的服装》《花裙子》	《长寿面》《我给朋友做生日帽》《插花》《服装设计师》《机器人》《车来了》《羊毛卷卷》《冰淇淋》
大班上	《我自己》《我是中国人》《我们的城市》《有用的植物》《春夏和秋冬》	《红绿小人》《蓝印花布》《大红灯笼高高挂》《年味窗花》《平平安安的花瓶》《风筝》《老房子》《石拱桥》《城市老建筑》《叶子》《种树》《美丽的梧桐树叶》《漂亮的花》《圣诞贺卡》	《可爱的脸蛋》《好朋友手拉手》《蓝印花布》《立体灯笼》《年味窗花》《"春"字》《花灯》《我来造房子》《汽车总动员》《美丽的花》《我们的小花园》《梧桐树叶》
大班下	《动物大世界》《学习解放军》《妈妈的节日》《有趣的水》《我要上小学》	《动物狂欢派对》《鸟儿飞来了》《猫头鹰》《蝴蝶飞飞》《猴子捞月》《海洋世界》《斜跨小书包》《毕业留影》	《对称动物脸》《鸟儿飞来了》《七星瓢虫》《红星闪闪》《双爱心》《帆船》

（三）总结幼儿撕纸教育活动的设计要点，推动撕纸教育有效实施

如何在撕纸教学中培养幼儿的学习主动性，提高幼儿表达美的情趣和能力，要求老师在教学中，根据幼儿的年龄特点，尝试多种形式，我们总结了幼儿撕纸教育活动的三个设计要点，具体如下。

1．重技能更重创作

（1）"运用儿歌，边听边撕"帮助幼儿掌握动作要领

"兴趣是最好的老师"。趣味性的语言运用可以激发幼儿撕纸的兴趣，为了便于孩子们理解和掌握撕纸的基本技能和手法，在教学中我们采用"儿歌"的形式帮助幼儿理解动作要领，降低动作难度，掌握撕纸技巧。特别是对于小年龄的孩子来说，更是以直觉行动思维为主，需要形象化的语言帮助幼儿理解。如小班在练习沿直线撕的技能上，可以用儿歌"两个手指一起走，你一步，我一步"引导幼儿能双手交替进行撕纸。富有情趣的语言远比抽象的撕纸术语更能让幼儿接受和喜爱，而且牢牢抓住幼儿的注意力。

（2）"玩中学，做中学"激发幼儿创作热情

"玩"，是幼儿的天性。"玩中学"的教育方法，引导幼儿将"玩"和"学"结合起来，通过"玩"来激发他们求知的动力，培养习得的知识，提高动手协作的能力，使他们在"玩"的过程中自由、快乐地学习和探索。教具即是玩具。如小班《有趣的面具》，教师将撕纸条与制作面具结合起来，孩子们做好面具之后一起玩玩，猜猜，十分有趣。以游戏的形式开展撕纸活动，让幼儿在做做、玩玩的快乐氛围中主动学习，可以促进幼儿想象力、创造力的发展。

2. 重体验更重表达

（1）贯穿全程，全面感受

《指南》中所述，艺术是人类感受美、表现美和创造美的重要形式。艺术教育更多地带给孩子直接的审美体验和情趣，从而影响孩子的心灵，对孩子们来说，感受是全方位并贯穿始终的。

如大班教学《风筝》，在教学开始，提供实物大风筝进行欣赏，熟悉风筝的外形，由此延伸到潍坊风筝艺术品，让孩子们从中了解中国的非物质文化遗产；之后通过PPT展现，拓展了风筝的种类和形状；除了用大师的撕纸作品呈现，还进一步邀请大师现场演绎，给予孩子们直观的体验和指导；不仅如此，在最后作品呈现时，教师创设了放飞风筝的场景，给予孩子自主选择的权利，无限想象的空间，巧妙地将分享快乐和作品欣赏结合起来。整个活动渗透了情感、认知和艺术三大领域，让幼儿全面感受，充分满足。

（2）成功体验，自信表达

健全的人格需要自信的体现。在撕纸活动中可以让孩子们获得充分的自信。撕纸活动的一大特点即是没有失败的作品，撕纸是可变的，幼儿通过这种随意、自由的创作，实现真正的"变废为宝"，体验到成功的快乐。这离不开教师的鼓励和材料的多样。

3. 重引导更重自主

师幼互动是幼儿园教育活动的基本形式。《幼儿园教育指导纲要（试行）》中对师幼互动提出明确要求："关注幼儿在活动中的表现和反映，敏感地察觉他们的需要，及时以恰当的方式应答，形成合作探究式的师幼互动。"教师的引导可以是多方面的，既有语言，也有肢体动作，还可以有观察，只为能引发幼儿共鸣，通过启发促进其探索欲望。

七、成效与思考

（一）课题的成果与影响

1. 幼儿的成长

（1）幼儿的快乐满足

撕纸对孩子来说是快乐的，在每次活动中都能看到孩子们的全情投入。比如：每次活动，孩子们见到华老师进入教室都会大呼小叫：华爷爷好！好！看到华爷爷演示高超的技艺时会目不转睛地关注着；等自己的作品完成了就会拉着华爷爷等人一起拍照！甚至有的孩子完成了作品后舍不得给老师，十分宝贝地要自己带回家。

（2）幼儿的自信表现

从最初使用模板，画着撕，到幼儿可以脱离模板和轮廓线进行自由创造发挥撕纸，展现了比较高超的技能以及幼儿独特的想象力、创造力，呈现出意想不到的作品。

2．教师教学能力的提升

（1）教师撕纸素养的提高

民间撕纸艺术家华老师每两周一次的撕纸培训，不仅使老师们的撕纸手法日渐熟练，而且更多地给予教师中华悠久文化的熏陶和感受，提升了教师的人文素养。

（2）教师观察能力的提高

在实践中现场的观察是培养人的最好方式。陈鹤琴所说：做中教，做中学，做中求进步。为了让教师的观察有针对性，我们设计了不同的观察表，教师在教学活动中对幼儿的表达表现进行真实的记录，活动后根据幼儿的表现展开讨论。教师逐渐懂得了从孩子的行为中去了解想法，能为孩子们考虑，提供适合孩子们的材料和教学内容。对自己的教学行为有了思考，教师们在思考中进步、成长，特别是新教师，在科研的开展中有了许多的收获。

3．家长的认可

"感动、感受、感谢"这是亲子撕纸活动中家长带给我们的由衷之言。经过多年的撕纸实践活动开展，我园的撕纸特色逐渐得到了家长和社区的认可。在家长的支持下，至今我园已经成功举办了四届"欢欢喜喜迎新年亲子撕纸乐"活动，作品的质量逐年提升。在社区的支持下，我们的大量作品入选《2015新泾镇校园"撕纸"作品集》，并且在展馆中展出。

4．课程的发展

以"撕纸"为主，整合社会、艺术、语言等各个领域，让幼儿获得全面发展，逐渐形成园所的特色。

（1）教材开发有特点

——传承创新两手抓。取材于幼儿生活，从传统素材中挖掘，不仅有传统的文化内涵，也赋予了时代发展的需要。比如《糖葫芦》《平平安安的花瓶》等，既传达了古代对"花瓶""糖葫芦"的平安吉利的祝福，也赋予现代对花瓶、冰糖葫芦的别样喜爱。

——教玩具结合，也是园本素材开发的一大特点。在教学实践中老师设计的教具都不是单一的平面作品，最后都能以立体呈现，成为幼儿手中的玩具。如手偶、头饰、玩具、服饰、面具等。让孩子们可以将自己创作的作品直接把玩，增加了兴趣，使活动更加生动有趣。

（2）墙内开花里外香

亲子同玩，快乐分享——撕纸文化的传递不仅限于幼儿园的教育教学中，在课题的实践中，我们看到家长的支持，家园的力量。因此，我们将撕纸培训的工作从教师延伸到家长，组织家长进行专场撕纸培训，邀请撕纸传承人华兴富艺术家来园为家长进行亲身指导。通过华老师的精彩介绍和现场演绎，家长们与"撕纸艺术"有了近距离的接触，感受到撕纸带来的快乐，真心感受"活动真有意思"，让我们的撕纸艺术走进家庭，走向社会。

社区影响、辐射推广——撕纸活动丰富了校园的生活。除了校园环境，在元宵节、三八节、六一活动等这些传统节日中，我们结合撕纸开展了丰富多彩的活动：有幼儿撕纸表演，有教师撕纸比赛。每学年开展"亲子撕纸乐"迎新活动，在新泾镇举办撕纸成果展，团员青年走进社区将撕纸带进敬老院，03早教活动等，我们的撕纸培训还吸引了姐妹园的老师们来共同参与，我园的撕纸香飘得更远了。

（二）课题的改进与完善

1. 经验总结

在三年的课题实践研究中，在撕纸艺术家和科研专家的共同参与指导下，我们的教学实践积累了丰富的经验。

（1）教育活动的开展必须遵循孩子的发展特点

这是由学前教育的独特性决定的。学前教育与其他各级各类教育的不同是，学前教育"要求教育者更多地关注个体儿童的发展水平"，更大程度地"适宜儿童发展"。说到底，这是由学前期幼儿的身心发展特点决定的，幼儿的各种能力均在萌发和发育的阶段，不能很大程度地去适应成人的要求，只能由成人对幼儿给予顺应和关注。

古今中外有众多的思想家对此提出了逻辑的或事实的论证。维果茨基认为早期幼儿的教育教学应该顺应儿童本身的"大纲"，而不是成人制定的教学"大纲"。皮亚杰也强调儿童的自主活动，强调为儿童提供实物让他们自己动手去操作，强调在活动过程中鼓励儿童的自我调节和反省抽象，教育应该适合不同发展水平的儿童的发展，应当促进儿童自主建构知识。

这是由学前儿童艺术教育的规律决定的。关于这一点，我国刚刚颁布的《指南》做了详细的说明："幼儿对事物的感受和理解不同于成人，他们表达自己认识和情感的方式也有别于成人。幼儿独特的笔触、动作和语言往往蕴含着丰富的想象和情感，成人应对幼儿的艺术表现给予充分的理解和尊重，不能用自己的审美标准去评判幼儿，更不能为追求结果的'完美'而对幼儿进行千篇一律的训练，以免扼杀其想象与创造的萌芽。"

撕纸是一个独特的手工艺画种，有基本的手势与动作、基本符号和元素。但在幼儿园教学实施中也需遵循幼儿教育的基本原则和幼儿年龄特点。幼儿从撕碎片到撕形状，从拘谨到协调配合，从依靠模板到独立创作，与成人的思维不同，他们在撕纸能力发展上有其自身的规律，也存在着生理和心理差异，我们应关注幼儿的年龄特点，尊重幼儿的个体差异，实施不同的指导策略。

（2）民间艺术教育的开展，关键在教师

学术研究的成果表明，教师是教育的关键所在，而幼儿园教师的专业化成长应当与教师实施的课程"绑"在一起。这一论点在我园的研究和实践中得到证实：教师实施幼儿园课程，尤其是园本课程，需要以教师专业化成长为支撑；而教师的专业化发展需要实施的课程作为载体或平台。

首先，园本课程的有效实施对教师的专业发展水平提出了较高的要求。瑞吉欧早期教育创始人马拉古兹在谈到瑞吉欧的课程时，曾表示："幼儿所有的帮助，加上我们对情景的付出，形成了一种十分完美的宝贵资源。"这里所谓的"幼儿的帮助"指的是教师通过观察和纪录，对幼儿身心发展特点达到一定程度的了解。而"对环境的付出"是教师对环境与材料的分析、把握和布置，以及对幼儿活动的隐性支持，而这些才是教育质量提升的有效保障。

其次，教师的专业发展也需要一定的课程作为载体或平台。也恰恰是这样一个课题研究和相关实践的开展，为我园教师的专业发展提供了良好的契机。撕纸的传承主要依靠口传身教，作为文化的传播者，我们的老师需要有更多的文化内涵。撕纸艺术传承人华兴富老师每两周的撕纸培训，提升了教师的撕纸素养，由此根据本班孩子具体情况，挖掘生活中的素材，将传统文化巧妙地融入教育教学中，让撕纸文化通过精心设计的集体教学活动传递给孩子。

（3）特色项目的发展，需要特色资源的支持

专家资源，共研教材。教师们在教材的开发、选择、设计上都融入文化内涵，加上每次活动后，幼教专家倪老师带来的教学观念上的新理念，撕纸专家华老师提出的教学内容改进的建议，都会对大家带来冲击。特别是华老师在撕纸技艺上的解说，那些原本步骤比较复杂，幼儿表现不理想的作品经过他的合理化建议一下就"化腐朽为神奇"变得简单易懂、便于操作、表现力强，有效解决了教学难点。

现场演绎，画龙点睛。撕纸艺术家华老师同时也是撕纸教学活动开展的一个"宝"，有了这样的专家资源，每次的撕纸教学犹如引入了一潭活水，让活动生动有趣，进入高潮。如中班"小小建筑设计师"教学活动。教师邀请华爷爷出场，当场撕出灵动的大师之作，让孩子们目不转睛，满是崇拜之情。因此，当最后在教学的展示环节时，当老师将小小金牌设计师的"奖牌"送给小朋友时，有一个男孩由衷地将自己的金牌挂在了华爷爷的身上。这就是对艺术欣赏的水到渠成，开拓了幼儿欣赏的眼界，激发了幼儿的兴趣。

2．未来展望

对幼儿撕纸的研究只是初步的探索，还不够完善。我们的撕纸教学越深入，越感到撕纸不仅是技能的养成，更是中华文化的熏陶，对撕纸文化的传承不是一朝一夕所能完成的。民间文化那么博大精深，通过撕纸这个载体，教育幼儿从学会撕纸技能到撕纸文化的传承，丰富了我园的文化特色。

案例研究

"他们"也当绽放光彩
——直面中等生的教育

● 上海市虹桥中学 孙海瑾

一、案例描述

（一）基本情况

小言，14岁，初二女生，年级重新分班时进入我班。平时能遵守规章制度，尊敬老师，文静听话，从不惹是生非，能按时完成学习任务，但成绩一般，属于最容易被老师忽视的中等生。

（二）突发事件

一次接到小言母亲的电话，说班里有个男生经常会嘲笑她，因为小言在矫正牙齿，戴着牙套。了解情况后，我对这名男生进行了一番教育，后来与小言母亲通电话时她也表示那件事已经解决了。

一天放学，我正准备回家，突然有学生来报告说小言和小程打架了。等我跑到教室，他们还在继续"战争"，尽管同学极力劝阻，也未能平息干戈。于是，我大喝一声"够了"，他俩顿时停止了动作，小程当即说道："是她先动手的。"我看了小言一眼，问道："怎么回事？"没想到小言冲我大吼一声："不要你管，你从来就没有关心过我。"刹那间，我愣住了，我没有想到平时一向温和的她反应竟会如此激烈。

当时，师道尊严让我想要批评她，但是我忍住了。我想，"没有无缘无故的恨"，尽管她的表现有些极端，但是，没有探究过原因的指责只会让事情变得更加糟糕。于是我选择了心平气和，只留下一句"时间不早了，大家都先回去吧"，我想，我需要时间去了解情况，去探寻背后的原因。

（三）原因探究

小言：男生老是嘲笑她，有时是暗地里，有时候就当着她的面，她心里觉得很难受，那天是因为觉得小程欺人太甚，自己心里再也受不了了，才动手的。老师虽然上次批评了那个男生，但是后来就再也没有过问，以至于她感受不到关心。她不喜欢这个班级。

同学：小言平时总是默默无闻，上课时不吭声，下课时也不说话，没什么朋友。班级里仍有部分男生常常嘲笑小言，而这次的"战争"也是因为小程讲出难听的话，她才动手的。

家长：父母离异很长时间了，由于长期以来缺少父爱，这个孩子的心里有些自卑，她从来不愿跟别人说起自己的家庭。学习上，成绩一直普普通通，老师的赞赏与她无缘；生活中，因为性格内向、心理自卑的原因，她也没什么朋友。另外，随着年龄的增长，女孩子爱美的心理渐渐显现。小言脸上有很多雀斑，又因牙齿长得不整齐戴上了牙套，她总嫌自己不好看，也因而更加羞怯，更加自卑。

上次那个嘲笑她的男生现在不说了，但是后来其他更多的男生开始嘲笑她，而且有时候说的话还特别难听，小言在家里还跟母亲说冲动的时候真想拿把刀捅那些男生，母亲极力开导，安抚了孩子的情绪，但是没法从根本上解决问题，家长感觉很无力。

二、问题分析

听到这里，越来越觉得我对小言的关心太少，对班级情况了解太少，这是我的失职。因为像小言这样默默无闻的中等生从不惹是生非，所以很多时候老师也选择了忽略，可是小言今天的表现告诉我：这样的忽略其实是存在着很多隐患的，可能是心理上的，也可能是行为上的，我们必须引起足够的重视。

小言对自己的外表非常关注，对于这个年龄段的女生来讲，是正常现象，只要不过度。同时她对自己的形象是比较自卑的，所以更重要的是利用她的爱美之心引导她内外兼修，树立自信心，懂得什么是真正的美，并鼓励她多读书。

一直以来，小言都是属于最容易被老师忽视的那类学生，在班级里默默无闻，常常看不到自己的光芒，自信心自然不如学优生强。虽然不惹是生非，但对学习、活动等热情也不高。所以可以通过挖掘她的闪光点来进一步增强其自信。

由于小言生活在单亲家庭，心理上更加脆弱，也极其敏感，再加上她本人性格较为内向，不会主动与老师交流，属于比较典型的抑郁质气质类型，敏感，易受挫，所以老师更要主动地去关心她，同时根据其特点采取恰当的方式方法加以引导。

缺少父爱是其内心自卑的一个因素，缺少朋友也是其不喜欢集体的一个重要因素，因此，让她感受到她所处环境中爱的存在，是帮助其心灵健康成长的一个重要方向。

三、解决策略

（一）调解矛盾，因材施教

"教师对于不同气质类型占主导的学生应当采取不同的教育方式和方法"。也就是说，教师应当根据气质类型和特征因材施教。

首先，我严肃批评了那些口出恶语的男生，希望他们能就自己的行为深入反思，真诚地向小言道歉；然后在班级召开了一次以尊重为主题的班会课，教学生学会如何尊重他人。对于小言，尽管她也犯了不小的错误，但是出于其气质类型的考虑，我并未进行疾风骤雨似的批评，而是把思考的权力交给了她自己：虽然事出有因，可自己的言行中有无不当之处呢？小言并未给出正面回答，但是我想她低垂的头也许就是最好的回答了。

（二）付出真心，让学生悦纳老师

魏书生说："人心与人心之间，像高山与高山一样，你对着对方心灵的大山呼唤'我尊重你——'，那么对方心灵高山的回音便是'我尊重你——'。""自己人效应"告诉我们：要使对方接受你的态度、观点，那就首先需要对方接受你、喜欢你，否则你的尝试就会失败。我想，只有付出真心，给予尊重，让学生感受到老师发自内心的关怀，才会悦纳老师。

于是，我站在一个朋友的立场去了解她，站在一个大姐姐的角度去关心她。一有时间我就会主动找她聊天，拉拉家常，谈话的内容天南地北，谈话的地点遍布各处。我还建立了一本特别的谈心本，每天写一些话送给小言，也让她给我反馈一些话，目的是想让她知道老师很关心她，希望她变得更快乐。

渐渐地，我感觉到她对我的态度有所转变了。

（三）观念引导，让学生悦纳自己

在马斯洛的需要层次理论中，第六层是美的需要，是指对美好的事物欣赏的需要。表现为对符合个体美的标准的事物的偏爱和追求。从小言的表现当中，可见她也有这样的追求，但是显然，她对于美的理解过于表面化，甚至纠结于自己的容貌和不整齐的牙齿上。我想，老师需要做的就是让她明白什么是真正的美，让她明白每一个人都有美的地方，都有走向美的可能，关键在于自己。

一次看到她头上戴着一个新发夹，我知道机会来了。我对她说："这个发夹真漂亮！如果内外兼修就更漂亮了！"于是，我与小言又谈到了很多优秀的女性怎么通过读书变得有气质有修养。（后来我通过与小言的母亲交流知道这两句话对小言的影响很大，因为那个发夹是她挑选的，老师夸她的眼光好，她很开心。而与她交流过读书心得后，她在家也能看点课外书了，以前她是非常拒绝的。）

我还跟她讲了一个关于自信的女孩最美丽的故事，进一步引导她树立自信。

慢慢地，小言的脸上有了些许笑容，我也常常夸她笑起来特别好看。

（四）家校携手，同伴互助

生活在一个缺失父爱的家庭，她是不幸的；但是，她却拥有一个伟大的母亲，这是她的幸运。在和小言母亲的沟通中，我知道了这位母亲为孩子付出了许多，深受感动，但是，我对她的母亲说，孩子需要爱，更加需要激励，尤其是小言这样缺乏自信的孩子，希望我们一起努力给予她生活的信心。

对于处于青春期的孩子们，永远不要忽视其同伴效应，小言的打架行为正是起因于同伴对其的负面评价。因此，我和一些与小言相处还算比较融洽的同学商量，希望他们能对小言多些关心，多些交流，多些肯定，帮助伙伴一起进步。

（五）抓住契机，让学生绽放光彩

坚决不做教书匠的管建刚老师说："每个学生内心深处都有一种渴望，渴望得到老师的重视和赏识。"

随着和小言交往的深入，我逐渐了解到其实她并不是一无所求的，她也有潜藏于心中的梦想，每次说到她喜欢的画画，她的眉宇之间就会闪现出一种自信，虽然短暂，却闪进了我的心间。

那段时间，正值班级学习园地的布置，未得她的同意，我自作主张，将她的一幅美术作品张贴在了最显眼的位置，那是一幅美丽的风景画——碧水蓝天，鸟儿自由翱翔。第二天一大早，孩子们在教室里看到这幅画的时候就议论开了："这是谁画的，这么漂亮！""是啊，感觉身临其境呢！"……当她走进教室，看到这一幕的时候，首先是惊讶，接着脸"唰"的一下就红了。此时的我观察时机已到，于是"见机行事"，站在讲台前和同学们说道："今天，老师首先要当着全班同学的面和我们的小言同学道歉，因为老师看到她的画，实在觉得漂亮，还来不及征得她的同意，就自作主张把画贴了出来，想和同学们一起分享，也想让我们班的园地更加漂亮些，不知道小言同学能不能原谅老师呢？"我微笑地看了她一眼，从她眼中我发现的是一抹羞涩的笑意，这笑中不仅是对老师的谅解，更是内心深处萌发出的备受肯定后的自信之光。接着，我又说道："老师还有个不情之请，能否请小言同学以后帮着宣传委员一起来布置学习园地呢？那样，我们的园地会越来越漂亮。"她还未回答，同学们的掌声已经响了起来，在掌声中，在真诚的笑容下，她轻轻地点了点头……

四、教育效果

站在讲台上，我重新审视着这个女孩，和刚入班的时候一样，一样平常，一样朴实，但是不同的是，她的眉宇间如阳光一般的灿烂。

课堂上，逐渐有了她主动回答的声音；活动中，逐渐有了她积极参与的身影；校园里，她不再沉默寡言，形只影单。仔细聆听，会发现同学的世界中逐渐有了她，任课老师的话题中也逐渐有了她。

如今的她，成绩并非出类拔萃，但是她已经步入了追求进步、追求美的行列中。

五、教育反思

（一）关注易被忽视的中等生

每个孩子，都是一本值得好好研读的书，只是每一本书的开启方式不同。中等生是最容易被老师忽视的，尤其是一些心理上的问题。这就需要教师具有爱心、责任心和敏锐的观察力，并且通过多种渠道去了解各类学生。

一旦教师和学生都是用积极的情感去维系，这个集体将会产生不可估量的凝聚力，每个生活在这个集体里的人，都会感到幸福，从而发挥出巨大的潜力。

初中生的心理问题较多地存在于有特殊家庭背景的学生群体中，如父母离异、单亲、收养家庭、三代同堂家庭（容易出现隔代溺爱），有巨大变故的家庭以及家长有不良行为习惯的家庭。作为班主任，这一群体应是我们特别关注的对象，应给予特别的关爱。有时特殊家庭的学生问题隐藏得比较深，比如文中的小言。

（二）寻找闪光点，挖掘潜力、树立自信

帮助学生建立自信的方法有很多：增加学生的成功体验；坚持正面教育，多鼓励；帮助学生充分认识自身潜力和价值等。有机会"表现"，才有机会获得成功。班主任要善于创造条件，给他们提供"表现"的舞台，使之在"表现"中增强兴趣，优化个性。

当然，本案例之所以最终效果不错，很大一部分原因是与家长及时取得了沟通，形成了合力，共同促进了孩子的成长。

于家庭而言，孩子是唯一的，于集体而言，孩子也是唯一的，因此，作为教师，我们要时刻关注每一个孩子，让每一个个体都能够在集体中得以成长，绽放出属于自己的光彩！

基于信息技术背景下的课堂教学的思考

● 上海市新泾中学　余　琼

课堂教学评优活动，也叫评优课，是一种在学校开展得很普遍的教学研究活动。在整个活动中，参评课的准备过程本身首先就是一个教研的过程，往往是同教研组或同一备课组的多名教师围绕教学课题进行深入的钻研，共同进行教学设计，从教学资源的开发、实验的准备到学生活动的设计、教学评价的设计，乃至对问题的提出方式都要集体进行优化，对学生可能提出的解决问题的方案、可能做出的回答做出预估，对上课教师在各种可能的情况下如何更好地引导和指导学生进行探究、得出结论等都做出精心的安排，有时还会进行多次的试讲、修改、再试讲，也就是俗称的磨课。它作为学校教研组教学研究的一种重要形式，深受教师的欢迎，这是由其独特的教学研究功能所决定的。

一、案例描述

为促进教师进一步更新教育观念，增强教改意识，进一步调动学校教师创新课堂教学的积极性和主动性，提升教师课堂教学能力，培植教学改革创新典型，我们学校每学期都会组织开展课堂教学评优活动。每次活动，教导处都会预定好主题，如近几年的主题分别为"打造理想课堂，翻转教学理念"，"打造理想课堂，关注学生参与"，"打造理想课堂，提升教学质量"等，然后通过教研组选拔推荐，经准备后分文科、理科综合组进行现场课堂教学展示，由评委根据评课标准当场打分，最后进行评比。

今年的评优活动正常开展，共有17位老师进行比赛，涉及几乎所有学科。其中，有7位理化生教研组老师参加比赛。在他们的评优课中我们发现了不少亮点：

1. 课堂实现信息技术与学科整合，很好地利用多媒体辅助教学，如用希沃助手同屏转播学生实验过程，利用各种APP为学生自主学习提供平台和支撑。

2. 教师利用信息技术成功地创设情景和学生活动，比如几位老师能利用希沃白板课堂活动提升学生参与活动的积极性，还对很多活动进行了设计和整合，互动效果非常好。

3. 教师们非常用心地设计了很多创新点，如自制了花粉受精的教具；如用生态园的植物为研究对象开展学习；如用小红的一天为线索进行消化系统知识的复习等。

4. 因为是实验学科，教师还非常注重学习过程和实验的紧密结合，无论在智慧实验室还是生态园，都通过学生动手操作、小组交流展示等形式开展课堂教学，整个教室的学生都动起来……

这些亮点让听课老师眼前一亮，可圈可点。但同时又有很多问题暴露在我们面前：仔细看学生，很多学生就是在按老师的要求进行实验、小组交流，但是不知道为什么要这么做？仔细看老师，他们很认真地在指导学生实验，倾听学生的发言，但是他们很多仅仅是按照教学设计在进行表演，并不明白这节课一定要落实哪些基本知识或基本技能、基本思想？

面对这样的有创意没落实，有设计没根基的课，究竟是成功的课，还是失败的课呢？我陷入了沉思……

二、案例分析

我校的信息技术发展势头迅猛，经过几年的努力，我校建成了会生长的智慧教室、智慧实验室和智慧生态园等。目前还在积极筹划基于互联网+背景下的智慧校园建设，想集智慧课堂、智慧教研以及学校的智慧管理于一体，不仅能有效提升学校的管理效率，也能提升教师的课堂教学的有效性。

通过评优课活动，我们老师中确实涌现了一批教学改革的弄潮儿，踏实教学的践行者，在很大程度上促进了我校教师的专业成长，推进我校在信息技术下课堂教学改革实践的深入实施。

如果说学校课堂评优活动是教师的专业发展和教学改革的种子，那么学校的信息技术支持就是发展的土壤，教师的专业能力和教学理念就是空气和阳光，只有三者同时形成合力，才能发出创新之芽，开出成功之花。

目前的评优课活动本身并不是完美无缺的，还存在一些需要解决的问题。

1. 在活动中还存在"表演课"的现象，学生活动为设而设。

2. 评价方式比较单一，难免会使评价的客观性受到影响。

3. 为了凸显信息技术的应用，往往会忽视了课堂教学的本质。

评优课活动不仅是教学展示的平台，又是发现人才、培养人才的重要途径。多年评优课的实践表明，许多青年教师通过参加评优课一次次的选拔，通过一回回的从准备到实施、再到评价的过程，他们得到了锻炼，对教学的认识得以提升，潜能得到了发挥。目前活跃在课改前沿的许多骨干教师都是通过评优课脱颖而出的，比如我们年轻的科学备课组组长，她在自己的学科中肯动脑筋，想办法，使得她的教学风格逐渐形成，从学校的小舞台一步步走向区、市级大舞台，并多次获得区、市、国家级的奖项，成为区学科中心组成员。

案例研究

评优课活动不仅是教学研究的载体，又是教学难点攻关、教学技术传播的途径。在比赛的氛围下，参评教师常常能创造性地开发和利用新的课程资源，常能提出新的教学策略和方法，常能解决教学操作上的疑点和难题。这些新的观点和方法，通过观摩教师的模仿和再加工，就能得到很好的传播，能明显提高一个备课组甚至是教研组的课堂教学水平。科学备课组有两位老师是近两年新入职的教师，在评优课中看到他们的课堂结构完整，能积极创设学生参与的氛围，整体水平较高，他们的成长要归功于备课组的传帮带，归功于评优课的历练。但是也正因为集体备课讨论，使得组内老师的教学思路、教学设计非常相近，听不出教师个人的风格和特点，这不利于整个学科的再发展。我们在教学上还是要倡导"百花齐放，百家争鸣"。

评优课活动不仅是开课教师的磨炼，又是听课教师自我反思、共同提高的过程。由于评优课经过组内的磨课、研讨，其水平一定会比日常的教师个体所设计的要高，所有参与的教师无不需要经历一次从理念到实践的交流和学习，该过程中的评价、建议、争论、优选活动必定会促进大家的共同提高。评优课的公开观摩过程对于现场的教师来说又是一个学习、对比、反思的过程，通过观摩到的现场教学，不同的设计、教学策略、教学风格的展现，会促使他们去比较，去思考最优化的教学方法，同时也会促使其与自己的教学进行对照，促进了教师的自我反思。

正因为评优课活动承载着很多教师的学习和成长，所以无论从教导处还是教研组层面的组织、管理、指导，要方向正确、设计合理、监管到位、评价及时，这样才能让老师、备课组、教研组有更好的发展，推动学校教学工作的开展。

围绕现在教学改革的热点问题，我们评优课活动是信息技术背景下的理想课堂的实践和探究，信息技术和学科整合的课堂教学该如何实施，我们作为活动的组织者应该有更为深入的思考。

三、对策反思

从评优课活动中我们看到了活动本身的意义和存在问题，我们可以做哪些改进呢？一方面我们仍需要不断完善评优课活动的评价，另一方面我们要更加关注在"互联网+"背景下课堂教学的特色和本质，提升学生的学习力。

（一）完善评价体系

现代学校教育中面临着丰富多样的数据信息，我们是否可以利用智慧教室中的大数据，对学生学习、教师教学的全过程进行动态数据的搜集和挖掘分析，尽快建立与新课程配套的，包含有教师自评、评委他评、观摩教师他评、学生评教在内的，适合于评优课使用的课堂教学评价方案，可以使教学、评价的决策变得更为客观。

（二）加深学生体验

学习就像人的呼吸、消化、吸收、排泄一样，没有其他人可以替代，也就是说学习是学习者自己的事情，学习问题只能靠学习者自己来完成。传统的以知识传授为主的学科中心课程，以记忆和重复练习为主要方法的课堂结构已经不能适应时代的发展和个性化需求，我们可以让初级认知目标在家学，需要合作和指导的高级认知目标在课堂上实现，真正实现知识的深度体验和学习。我们能做的是，调整课堂结构，利用信息技术整合碎片资源，设计有效活动，让学生能够参与、体验，通过自学、自我教育成为真正的自己。

（三）充分互动交流

人工智能和互联网正在改变教学的方式，也在改变学习的环境，信息化平台的应用使得课堂教学及时化的学习诊断和评价反馈成为可能；实现了教师和学生的交流无边界和无时限；利用智能推送，有针对性地为学生个性化学习提供帮助；把一些本来看不见的"思维"呈现在学生面前，帮助学生理解和学习等等。通过技术的运用和改进，让教学更加精细化，学习更加个性化。

我认为我们看到的改变只是教的技术的局部改变，而不是教育的整体变革，技术可以提升教的质量，但是一定是难以改变学，难以提升学习的速度和效率。因为教育具有不可重复性和高度的情境性，在教育过程中每一个环节的发生和每一次思想的碰撞都是独特的，不可预设的，处理和解决课堂生成是需要教师的经验和智慧，也就是即时生成，及时处理的，相对来说，技术只能处理程序化的、预设性强的事物。学生是一个个鲜活的生命体，每一个学生对知识的接受、理解、领悟程度都是不一样的。

教育是人的灵魂的教育，而非理智知识和认识的堆积。在"互联网+"背景下的课堂教学要重视师生、生生间充分的互动交流，在人与人的互动交流中，人才会被感化，获得人格的提升。

重视青年教师培养
夯实学校发展潜力

● 上海市长宁区威宁小学　郑黎莉

众所周知，教师是学校发展和学生成长的核心竞争力，青年教师是学校发展的未来，引导青年教师积极学习贯彻教育改革新理念、新观点及成功做法，形成新的教育观、人才观和质量观，塑造一支结构合理、素质过硬、经验丰富、敬业奉献的优秀教师队伍，是夯实学校发展基础、为学生健康快乐成长提供可靠保障的关键所在。对青年教师队伍建设的认识和分析已成为学校面临的实际问题，学校应采取积极措施，大力推进青年教师队伍建设的进程，从而为稳定教师队伍建设，构建和谐社会，全面抓好素质教育做出贡献。

一、案例描述

A小学35岁以下青年教师数量占全校教师总人数的四分之一，青年教师是学校师资队伍中的一个重要组成部分。学校为培养好这支青年教师队伍，实施了"优青"项目研究，旨在通过校本培训，促进青年教师的学力模式向综合性的结构模式发展，使每个青年教师具有多种业务知识，包括专业学科知识、相关学科知识和先进教育理念；多种职业情感，包括良好的师德修养、高尚的人格风范，强烈的学生本位意识；多种教学技能，包括课堂教学能力、多媒体现代教育技术以及外语表达能力等。然而，青年教师除了学校日常的教学任务，各项、各类的学习培训，繁多的学校活动的参与外，再加上"优青"项目的学习，部分青年教师表示精力和时间有限，无法专注于业务教学，也无法兼顾更多的学校任务，对工作失去了一些热情，更有一些青年教师处于焦虑状态。在这种情况下，如何调动起青年教师的工作积极性，帮助青年教师兼顾好工作、学习和自我提升，是项目管理者需要思考的。

二、案例分析

（一）岗位认识不足，育人意识比较薄弱

青年教师在进入工作岗位之前对教师这一职业是存在着美好的梦想的。但是在踏入工作岗位后，并没有做好充分的考虑和准备，对教师"教书育人、为人师表"这种职责并未认识到位，

尚未形成明确的角色意识和规范行为,育人意识比较薄弱。面对市场经济的冲击,拜金主义、功利主义思想越来越浓,敬业精神下滑。

(二)社会转型对青年教师的影响

我国正处于社会转型时期,市场经济负面因素的影响,使青年教师的思想观念、价值取向、职业意识受到前所未有的冲击。尽管学校想方设法加强师资队伍建设,增加投入,改善待遇,但青年教师资历较浅,职称较低,收入相对不高。面对分配不公、贫富差距拉大等社会现象,一些人心理失去平衡,价值观发生偏移,精神萎靡不振,对教育教学工作失去激情和活力。

(三)现行体制导致青年教师工作落实不到位

青年教师进入学校,由人事部门负责选拔、引进并进行上岗培训,教导处安排教学工作,科研部门组织申报课题,党群部门负责思想政治工作。美其名曰齐抓共管,但多部门管理,往往不能形成合力。尤其是在结合教育教学实际,正确运用教育理论知识、坚持教书育人等方面对青年教师缺乏引导,一定程度上影响了青年教师业务能力和师德水平的提高。

三、对策反思

(一)加强师德培养,树立良好教风

提高青年教师思想政治素质,是培养青年教师成长成才的首要环节。除进行必要的集中理论学习外,更重要的是要把思想政治素质的教育贯穿于日常各项工作过程中,及时给予正确的引导,帮助他们树立正确的人生观、世界观和价值观,从而使他们不断加强对自身的严格要求,正确理解教师的本质内涵,发挥教书育人的积极性,树立崇高的使命感和责任感,为人师表,以身立教。培养他们热爱教育事业、热爱教育工作的思想,帮助他们牢固树立爱岗敬业精神,巩固专业思想,遵守职业道德,为人师表,率先垂范。

(二)明确培养目标,制定工作细则

学校通过明确培养目标,制定工作细则,细分责任落实,使青年教师学有所获,学以致用。培养目标包括以下几个方面。

1. 师德高品位

提升青年教师的师德素养,坚守职业理想和职业道德,能增强青年教师教书育人的责任感和使命感,关爱学生,严谨笃学。

2. 专业高学识

促进青年教师自我提升的意识,包括学历、学识、专业素养、职称提升。

3. 能力多方位

鞭策青年教师促进自身专业发展，鼓励新教师要善于接受新知识，比如信息技术等，以适应教育需要。

4. 研究高水平

引导青年教师如何开展教育、教学研究，实施课题研究，撰写研究论文，成为一名研究型的教师。培养措施包括以下几个方面。

（1）精读一本专著。为了切实提高青年教师职业素养，要求每个青年教师精读一本专著，并且要留下读书痕迹，做好读书摘录和笔记。通过品味书香来增加自身的人文底蕴。

（2）推出一堂精品课。课堂是教师工作的主阵地，要求青年教师通过不断的学习、实践与反思，反复磨课，推出一堂精品课。

（3）拓展一门新技能。一定的外语功底与现代信息技术及数字技术的运用能力是现代教育和新课改的最基本要求。因此青年教师在提升自己专业水平的同时，也要拓展一些专业以外的能力。

（4）研究一项小课题。小课题研究是青年教师专业发展的重要途径。小课题的研究都源于真实的教育教学情境，青年教师通过小课题研究，对教育教学相关因素的考察与分析，从中寻找改善的良策，从而可以促进自己的教学技能更上一个台阶。

（三）坚持以人为本，构筑人才高地

学校要搭建一些平台，让青年教师有展示自己的机会和环境。学校要创造好的成长环境，搭建起真正有效、能吸引青年教师的平台，鼓励青年教师相互交流，根据自己特点创新发展。另外，学校要在顶层设计上，充分考虑青年教师的作用，让青年教师也参与学校管理的各个层面，尽力让青年教师们在学校感觉到有尊严、有地位、有作为，在干部培养与选拔上，要体现公平性，让更多青年教师有机会得到锻炼。青年教师自身也要"大处着眼，小处着手"，"小处着手"即根据自己的工作岗位性质努力地推进工作的进展，从身边的一点一滴的事情做起；从"大处着眼"即发挥主观能动性，既考虑自己的发展，也要从学科、学校的整体发展出发规划自己的发展。

加强青年教师的培养，建设一支思想先进、业务精湛、能力过硬的队伍，对满足教育现实的需要，实现学校可持续发展，有着重要的现实意义和较深远的历史意义。因此，我们要尊重青年教师个体的志向和追求，使个人事业的发展与学校的发展需求相结合，进而促进学校的发展。

关爱外来务工子女 依法构建和谐校园

●上海市长宁区北新泾第三小学　张静妍

一、案例描述

我校地处长宁区西部，除小部分学生为本地生源外，半数以上学生来自外省市的外来务工子女家庭。目前，我校外来务工子女已占学校学生总数的65%以上，这使得我校的学生面临更为独特的发展情况，需要更有针对性的优质教育资源。一方面，部分学生家长由于忙于生计，对孩子疏于管教；另一方面，在某些家长身上，存在着对学生的家庭教育、法制教育的缺失。因此，针对学校的这种实际现状，为全面提高广大教师、学生及家长的法律意识和法律素质，我校进行了广泛的法制宣传教育。学校德育处与少先队大队部合作，在全校开展丰富多彩、形式多样的法律宣传实践活动，通过引导性、互动性和趣味性的活动，推动学校普法工作有声有色地开展，让师生在潜移默化中感悟法制精神，接受法制教育。

二、案例分析

根据区"十三五"规划的总体要求与依法治国的指导思想，围绕教育改革和发展的大局，充分发挥教育系统的人才优势和学校第一课堂的主渠道作用，深入系统地开展法制宣传教育，全面提高广大教师、学生及家长的法律意识和法律素质，提高他们学法、知法、守法的自觉性，在自觉依法行政和依法治教、依法治校的基础上，积极探索，努力构建普法教育特色学校，丰富学校发展内涵。

（一）开展内容丰富、形式多样的法制宣传

1. 依托班级，充分利用班队会课开展法制主题教育活动

班主任是班级的"领头羊"，他们各有特点，各具所长。在以法制为主题的班队活动中，他们发挥着自己的特长和优势，充分调动学生的自主性和积极性，把"学法""议法"的过程开展得生动活泼。在2017学年的宪法宣传日活动中，我校五年级的老师们开展了"法在心

中"的主题教育课，一至四年级的班主任们根据各班的特点，采用形式不一的方式来向学生们宣传法律知识，有些班级采用知识竞赛，竞赛内容包含《中华人民共和国未成年人保护法》《中华人民共和国环境保护法》《中华人民共和国交通安全法》等法规；有些班级排练小品进行表演，如《马路不是游戏场》；有些外来务工子女学生较多的班级，平时家长从不带他们看电影，班主任们为了弥补不足，在学校中，利用投影设备，让学生们观看一些法制电影，观看时让他们带着问题，观看后进行讨论交流……

2. 依托少先队活动，进行法制专题教育

我校少先队近几年来针对外来务工子女多、学生法制意识淡薄的特点，通过开展形式多样的法制活动来教育队员们，以提高他们的法律意识。

一是向外来务工子女发放一些法制读物和法制宣传材料。外来务工子女的家庭普遍收入不太高，家长的文化水平也不高，很多家长都忙于打工赚钱，对孩子的关注程度很低，也不太给孩子买书，更别提买有关法律知识方面的书籍，为此学校印发法制宣传材料，统一购买了一些法制读物，如《青少年法制教育读本》等，将这些书籍资料赠送给一些家庭经济比较困难的学生，让这些孩子们明白法制教育与其他文化课教育同样重要，让他们不仅自己利用每天课余的时间阅读法律书籍，还能够动员和发动他们的家长、亲人一同学习，这样能使外来务工子女家庭的法制教育得到充分落实。

二是为外来务工子女开展专题的法制教育讲座。学校联系校外的法制辅导员每学期为全校学生上一次法制教育课或进行一次法制讲座，比如2017学年，我校就开展了《争做知法、守法的四好少年》法制知识讲座，以加强外来务工子女的自我保护意识和预防犯罪意识，讲座还邀请了一些农民工家庭的学生作为现场代表，在听讲座的过程中，根据讲座的内容展开讨论，谈谈自己的心得体会。

三是为外来务工子女开展形式多样的安全教育。安全教育是学校的重点工作，时刻不能松懈。我校的外来务工家庭的学生较多，很多家长忙于打工，对孩子的安全问题时常会忽视，因此，面对这样的群体，我校大队部和德育处充分利用黑板报、电子屏、宣传橱窗、国旗下讲话、红领巾广播等形式对安全教育进行广泛的宣传。

在2017学年的"全国交通安全日"期间，我校就结合《中华人民共和国道路交通安全法》在全体师生和家长中广泛开展了以"小手拉大手，安全文明出行"为主题的系列教育活动。此次活动包括向家长和学生发放交通安全倡议书；电子屏滚动播放宣传图片；红领巾广播宣传交通法律法规；各班开设主题为"安全文明出行"的交通安全主题班会课等。通过此次活动，学生们了解了安全出行的重要性。

（二）营造法律宣传氛围，加大校园遵纪守法文化制度的创建

加强青少年法制教育，预防和减少青少年犯罪是依法治校的重要内容。为此，我们学校始终坚持预防为主的方针，将学生法制教育纳入学校工作的重要议事日程。我们感到，加强外来务工家庭学生的法制教育更需要校内校外相互结合，学校、家庭、社会互动协调，一起来营造学校良好的法制教育氛围。

1. 加强校园环境建设

古代哲学家老子"圣人居无为之事，行不言之教"的言论散发出思想的光华，孟母三迁的故事至今被传为佳话，这些都说明环境对人的陶冶的重要作用。良好的环境是一种教育资源，可以陶冶人的情操、净化人的心灵、调动人的情绪，达到"不言而教"的良好效果。

为了让北三校园的墙壁"说话"，学校在教学楼的各处墙面上张贴了名人画像、格言警句、学生的艺术作品等，使校园环境更具有激励作用。教室黑板报定期出法制专刊；学校宣传栏、宣传电子屏滚动播放有关法律法规的宣传海报；校园广播定期播出法制宣传教育内容；学校机房定期维护并向外来务工子女开放，让他们在网络上进行法律法规的学习……

2. 整治校园及周边环境

为了给北三的学生创造一个安全文明的学习、生活和成长环境。学校加强了对影响学校及周边治安因素和苗头的排查，本着"什么问题突出就整治什么问题，什么问题反复就整治什么问题"的原则，做到"三防""三不"，把校园及周边各类隐患作为工作重点，认真组织实施安全校园创建活动，加强依法治校，依法治教工作。

三、对策反思

随着城市化速度的加快，大量人口向大中城市内涌入，作为接受这些外来务工子女的学校来说，面临着严峻的考验，因此充分发挥好学校第一课堂的主渠道作用，深入系统地开展法制宣传教育尤为重要。

（一）加强领导，明确目标，全面推进依法治校宣传教育

学校成立了以校长为组长的普法工作领导小组，负责普法工作的具体组织实施，完善和严格执行学法、用法制度；通过副校长、辅导员法制教育讲座，学科渗透法制教育，印发法律法规知识小册子给家长，召开法制教育主题班会等多种形式深入开展法制宣传教育。

（二）扎实开展普法宣传教育，提高全校师生和学生家长运用法律的能力

1. 抓好教职工的普法宣传教育，全面提高教职工驾驭法律的能力

学校通过购买部分普法书籍，利用例会、寒暑假集中教师集中学习；充分利用学校网络资源，组织教师观看法律专题片，通过各项法律法规的深入宣传，提高了教师的法律理论水平；教师还将自己学到的法律知识利用家访、家长会、班级群等多种形式向广大家长进行宣传。

案例研究

2. 抓好学生的普法宣传教育，增强学生学法、知法、守法、用法的意识

学校通过道德法律课、班会、举办专题讲座、观看电视录像片等形式，组织学生学习《中华人民共和国道路交通安全法》《中华人民共和国未成年人保护法》《中华人民共和国预防未成年人犯罪法》等多部法律法规，以增强学生的法律意识，提高学生自我保护的能力。

同时，我们结合学生养成教育、安全教育、法制教育等，组织学生认真学习了《中小学生守则》《小学生日常行为规范》，开展形式多样的教育活动。比如组织学生进行爱国主义教育，观看安全教育影片、禁毒宣传教育等。通过多种形式载体要求学生遵守道德规范，如通过宣传栏、黑板报、校园广播、电子屏等多种途径，宣传相关法律知识、党的十九大精神等理论内容。

3. 重视法律知识的宣传教育，提高家长维护自身利益的能力

我们利用学校家长会，加大学校与家长之间的联系，通过召开家长会，指导学生家长学习相关的法律知识，提高家长维护自身利益的能力。比如：指导家长学习了《中华人民共和国未成年人保护法》《中华人民共和国义务教育法》等相关法律知识，并以典型事例为教材提高家长们的法律意识。此外，学校还在期末向家长们发放《告家长书》，争取家庭配合，监督教育学生知法、懂法、守法。

通过扎实开展上述普法宣传教育活动，学校的学生和家长普遍反映，收到了明显的效果。一是达到了"三个增强"：增强了学校和家庭、社会的紧密联系；增强了教师和家长的紧密沟通；增强了学生与实践的紧密结合。二是达到了"三个明显"：学生的法律意识明显增强；学生的违纪现象明显减少；学生的精神面貌明显改观。相信通过长期的努力，普法教育一定能够在孩子幼小的心灵中打下深深的烙印，普法教育将为青少年的成长成才奠定良好的基础。

引导青年教师积极参与幼儿园课题研究的启示

● 上海市长宁区虹桥幼儿园 崔 华

一、案例背景

　　虹桥幼儿园成立于2007年，于2013年完成了一级园的评定工作，开园至今10年，先后进行了三个课题的研究和探索，前两个结题的课题均获得区课题成果三等奖，正在进行的课题为区级重点课题，也正处于研究的重要时期。我于2012年接手了幼儿园科研工作负责人的岗位，当时全园教师平均年龄不足28岁，基本一线进班教师都是教龄五年内的教师，甚至其中教龄1至2年的新教师居多，面对这样的情况，虹桥幼儿园的课题研究一路走来，也历经了诸多坎坷，现与大家分享如下。

二、案例描述

　　《3—6岁儿童学习与发展指南》（以下简称"《指南》"）的颁布，带给我们广大幼教工作者的是另一个挑战。贯彻、实施《指南》是一项艰巨的任务，即要把《指南》精神完全融入幼儿园教育实践中。教师是幼儿园教育中重要的、最基本的力量，是高品质幼儿教育最主要、最直接的创造者。对高质量的幼儿教育的要求最终会转化为对教师的要求，即对教师专业成长的期待。"科研课题"作为一种教育研究方式，同时关注了课程、幼儿与教师的发展。

　　结合幼儿园的实际情况看，我遭遇了如下的现实困难：

困难一：

　　面上教师普遍为年轻教师，几乎没有参与幼儿园课题实践的经验，说起课题研究，可能还停留在本科论文综述的理论阶段。

困难二：

　　科研负责人中途接手科研工作，在工作经验上资历尚浅，还没有形成自己的管理风格。

困难三：

　　幼儿园教师普遍重实践、轻文案，遇到要写写弄弄的工作就会觉得难以上手，并且大部分的教师觉得科研是管理层的事情，一线教师只要跟着做就好了。

科研活动现场：

我事先通知大家本次课题研究的重点议题，希望大家能提前进行思考。会议当天，我们邀请到了区科研员到园指导。

科研员：大家谈谈自己的想法

……

下面的老师们寂静无声。

科研员：那我来提议……

教师A：会不会有点难？我觉得可以……

教师B：我曾经设计过一个活动，是这样的……

会后，大家还是提出了很多的建设性的建议，但是到下一次课题活动时，依然会出现冷场。

三、反思对策

1. 走出误区，"我们"也能是"小小研究家"

在开始课题活动前，我们的年轻老师普遍有这样的想法：教育研究是专家、学者的工作，教师只管教学；自己不具备从事研究和建构可供他人学习借鉴的教育理论与方法的能力；开展的教育研究多以出成果、出文章为主要目的，少以改善自身教育教学实践为主要目的。老教师则认为，虽然自己有一定的处理各种事件的经验，也具备一定的工作能力，但是由于对自己的教学缺乏总结与提炼，一直不能形成自己在科学领域的教学风格，现在要进行研究，行得通吗？

而在真的进入课题研究中，特别是在课题活动的工作实践中，老师们逐渐认识了自己，能不断地解剖自己、探究自己，去发现自己的潜在才能，揭示隐藏在头脑深处的知识。同时，在进行一次次的课题活动后，能尝试摸索活动中"学与教"发生、发展、变化的根本原因，研究"学与教"的基本规律。我们的课题研究活动也包罗万象：研究课题的确定、研究方案的设计、信息搜集与整合，研究成果的成型等，总有一个方面能让老师们找到研究的感觉，从此提高了大家从事研究的自我成就感，激发了老师们在专业发展上的内在需求。

课题研究活动的开展，改变了教师传统的思维方式，让教师学会了用新的理念来审视自己的教学行为，在反思中发现许多自己从未意识到的问题，通过不断的执教、反思，在磨炼中提高了教师的教育教学能力，会用理论指导实践。在制定教学目标时，学会了考虑目标设计的全面性和适宜性，做到明确具体。能反思活动中采用的方法和教育策略，投放的教学具是否做到生动直观，符合幼儿的年龄和身心特点，是否做到服务于教育目标。在"尝试—反思—讨论（融入集体）—感悟—提炼—再尝试—再反思"中，加快由经验型教师向研究型教师转变的步伐。

2. 在了解中组建，在互信中合作

每个人都是社会的一分子，虹桥幼儿园的课题活动也是在教师们积极参与的基础上不断建立和壮大起来的。所以，在观念转变后，接踵而来的就是我们课题组的建立和成长。

（1）在了解中不断组建、更新

就像所有的小组一开始成立的方式一样，我们课题小组的成立是在园领导的直接任命下完成的，园领导根据园内教师的特长进行了分析，最后由园长带领的四位教师成为课题组的第一批组员。

随着课题活动的步入正轨，随着新鲜的血液不断涌进虹桥幼儿园的时候，我们发现，仅有的五位小组成员已经远远不够了，因为我们首先要完成班主任的工作，保障幼儿的正常的在园生活、运动和游戏，然后才能安下心来搜集课题需要的相关资料，进行实践活动，讨论活动的后续开展等，所以人力实在是有限的。

于是在园领导和幼儿园其他老师的支持下，在第二个学期的课题活动开展中，每个班都有一位老师参与我们的课题组活动及讨论，在教师的队伍中选取一位成为课题组组长，负责日常活动准备、会议记录、课题文案撰写等。园长和保教主任则将重心放在对于课题活动的质量把关上，课题组的所有成员都能积极参与课题实践活动和分享讨论，让课题组活动更加具有实效性。

我们还将课题组与日常科学活动相结合，出现了"科学社团"，通过社团活动中一课三研等活动的陆续开展，加深了组员互相之间的了解，了解他人的专长，了解他人的工作模式，为今后的合作打下了更加扎实的基础。

（2）在互信中合作：头脑风暴—专长显现—主动请缨

我们在来到幼儿园时，大部分的教师都是刚刚走出大学生活，走上工作岗位。在这个岗位上，我们不但要学会自己成长，也要学会和他人合作。通过课题活动的一次次开展，教师之间的默契程度也在不断提高。

在课题活动开始的初期，我们常常采用的是头脑风暴的模式，大家聚在一起，一起交流和讨论课题活动开展的方向和内容，这样虽然能集中大家的智慧，但也意味着大家在同一时间只能做同一件事情。

时间久了以后，我们会发现，这样的思考方式并不是适合所有人的，有的教师思路新颖，可以想出很多的好点子；有的教师是实干派，更加适合手工制作；有的教师是电脑高手，更加适合多媒体制作。时间是宝贵的，如果大家都在这里憋着，也只能是浪费时间。于是就出现了根据教师的专长，进行任务分配的合作模式，由组长根据活动内容进行人员分配。如在大班进行《污水处理》的活动中，机组教师全体出动，离商品市场比较近的教师为幼儿选择适合的操作材料，思维比较缜密的年级组长则负责活动方案的制定及参与教师的协调工作。还有两位教师则做好协助的工作，比如对此活动做好前期的资料搜集整理工作，以及材料投放后幼儿可能会有的使用情况进行尝试等。通过教师们的分工合作，最终将本次活动需要的材料、活动设计等全部到位。

我们的很多教师都从大班的通力合作中看到了更加适合大家的合作模式，于是，在以后的活动中，每每有活动时，我们就会将任务进行梳理后和全员进行沟通，每个课题组成员都会根据自己的特长提供自己的帮助，也许这个活动并不是自己年级的活动，其他年级组的教师也会出谋划策，提供各类技术支持。大家互相之间的信任和被信任，不顾付出和回报，都让我们这个课题小组效率更加高，完成的质量也日益提升。

月饼节的故事
——关于大活动策划的思考

● 上海市长宁区新剑幼儿园　时佩蓉

在幼儿园的教育教学中，每个学期、每个月都会有大活动的开展，有些紧扣节日，有些顺应主题，有些与园本的特色有关。总之，幼儿园的大活动是保教工作中必不可少的一大内容。

大活动的开展需要有详细、周密的计划，同时也不能忽略了计划的有效落实，往往我们在计划时考虑周全，但在实际开展中总会遇到一些意想不到的事，有些是小插曲，有些就会造成影响，那么怎么可以避免这样的情况发生呢？本人担任幼儿园的保教主任时日尚短，所谓"吃一堑长一智"，在失败中总结教训，可以为下一次的活动顺利开展积累经验。

一、案例描述

（一）背景（八月十五过中秋）

秋风送爽，丹桂飘香，在这个硕果累累的秋天，我们迎来了一年一度的中秋佳节。中秋节作为中国传统的四大节日之一，体现着中华民族特有的文化价值观，传承着中华的传统文化。往年，我们通常在中秋节或节日的前一天，在园内进行一次大带小的活动，加上一些环境的布置，给孩子过一个传统意义上的中秋节。随着国家对传统文化的日益重视、大力支持，加之传承文化是我园的重点项目，今年的中秋活动我们也在不断地与时俱进，进行了更广、更全面的中秋节系列活动。

（二）实录（"嫦娥"姐姐姗姗来迟）

中秋节活动的早上，孩子们身着传统汉服陆续入园，在节日的背景和音乐声中感受节日的快乐。但……我们的"嫦娥"姐姐呢？"嫦娥"姐姐由我园的青年团员扮演，怎么还没有出现啊？作为负责大活动的我，连忙跑进教室连声催促，"嫦娥"姐姐姗姗来迟提着月饼篮，给孩子一声"中秋快乐"的节日祝福，送上代表团圆的小月饼，再来个合影，带给孩子们月饼节的记忆。

8:40分孩子们入园结束，还有很多月饼没有分完，这应该是"嫦娥"姐姐出现之前就已经入园的孩子的。于是我让"嫦娥"姐姐提好月饼篮到每个教室和孩子们一起互动,将月饼送给没有拿到的孩子们。不久"嫦娥"姐姐带着剩下二十几个小月饼来向我汇报,告知每个班级都进去分过了。于是我就将多出来的月饼还给保健老师处理。

(三)"摊上事儿啦"

下午,点心时间,保健老师告知我,"大二班小朋友没有拿到小月饼。""那上午多出来的月饼呢?""多出来的月饼已经由食堂切后平均分给五个大班"。

这是怎么回事?"嫦娥"姐姐给我月饼的时候告诉我每个班级都去过了,告知是多出来的月饼,当下每个班的点心时间已过,大家都已经将均分过的月饼吃完了,补救已来不及,幸好大二班孩子们还算尝到了一点月饼,但量肯定不足,也没有"嫦娥"姐姐送月饼的体验,给孩子们留下了一些缺憾。

二、案例分析

事情的发生有以下原因。

(一)小细节的忽略

本次的中秋节与往年不同之处是更加全面,我们将中秋活动安排了一个星期,成为"中秋节主题周"活动,教研组在一日活动中落实了语言、艺术、社会等多个领域,通过环境布置、区域活动等多方面,考虑的环节和细节相对比较多。"嫦娥"姐姐分月饼是中秋节活动中的一个小细节,在安排了诸多大环节、大事件之后,这个分月饼的小细节就被忽视了,我只关注了"嫦娥"姐姐,以为有了"嫦娥"姐姐,分月饼的事就搞定了。但实际上对嫦娥姐姐具体工作内容没有落实,需要做的工作没有明确,导致"嫦娥"姐姐姗姗来迟、月饼没有及时发到入园的孩子们手中。

(二)各部门的协调

大活动的组织需要各部门的协调,在此活动中,也发现教师(即前勤)和保健、食堂(即后勤)之间的配合出现问题,没有很好地协调到位。扮演"嫦娥"姐姐的团员老师没有意识到当天有些幼儿来园比较早,需要提早到位;后勤老师没有与食堂接洽好需要将月饼早上进行分发;各班的老师没有及时和"嫦娥"姐姐沟通,告知自己班中的小朋友是否得到了月饼礼物。

(三)得过且过,缺乏责任心

我将月饼送还时,大家都没有异议,我(保教主任)没有对"嫦娥"姐姐提出质疑,为什么会多出月饼来。保健老师从保教主任手中接过月饼,也同样没有过多的询问,对多出来的月饼发生质疑，没想过进一步核对幼儿人数。送回食堂，食堂的工作人员也没有发生疑惑，为什么孩子们的人数和进货数会有差别。再往前推，"嫦娥"姐姐知道要分月饼，但月饼的准备却是事不关己。大家都没有觉得这是自己的责任，于是，心中虽有疑惑也得过且过了。

三、案例反思

（一）有分工、有落实

科学合理的分工，能让每个岗位上的一分子明确自己的职责，科学、合理的授权可以解决这样的问题。以本次中秋节活动为例，第一步分派任务，落实负责人。我将"嫦娥"姐姐的任务分派给团员，团支部书记即是我要落实的负责人，我要告诉团支部书记中秋节这天需要派出老师扮演"嫦娥"姐姐，包括"嫦娥"姐姐需要的服饰、装扮等。第二步需要明确职责。中秋节这天"嫦娥"姐姐需要什么时候到位、具体做些什么，需要达到什么效果都要告知，让"嫦娥"姐姐明确自己的职责。第三步勿忘监督确认。作为大活动，涉及的范围比较广，人员也较多，难免会有疏忽之处，作为活动的总策划人，在重要环节上不要忘记监督和确认，比如，在前一晚和"嫦娥"姐姐进行确认，监督其明确自己的职责。

（二）有统筹，互协作

学校的各个岗位需要相互协作、配合得当、互为促进，这样才能完美地完成既定的目标。"协调"意味着"和谐""统筹"和"均衡"。首先，既然将扮演"嫦娥"姐姐的工作给了团员，团员老师就应该及时与后勤老师协调，包括与食堂的接洽。同样的，在保健工作这一方面，也应该配合老师做好月饼的分发，让老师可以心中有数，避免临时的状况发生。另外，各班的老师在活动中对整个大活动做到心中有数，知道早上"嫦娥"姐姐会在门口送礼物，发现自己班中的孩子们没有得到，及时进行反馈。

（三）有担当，勇承担

作为活动的策划者，也是学校的中层管理人员，在布置任务时可以分层分人，不必事事亲为，需要落实到人，明确责任。

事情发生后，每个环节每个部门都有责任，大家应该及时想办法解决问题，而不是互相推诿。

总之，大活动的开展不仅需要计划周密，更需要大家分工协作、责任到人，担负起自己的责任。

案例研究

发挥工会职能，让教职工自愿献血

● 上海市长宁区仙霞路第二幼儿园　李　赟

　　每年6月14日，世界各国都会庆祝世界献血者日，通过这个活动来感谢自愿无偿献血者献出可挽救生命的礼物——血液，同时提高人们对定期献血必要性的认识，以确保当病人有需求时血液和血液制品的质量、安全性和可得性。输注血液和血液制品每年能帮助挽救数百万生命，而且能帮助罹患危及生命病症的患者延长生命并提高其生活质量，同时还能支持复杂的医疗和手术程序。输注血液和血液制品在孕产妇和儿童卫生保健方面以及在天灾人祸中也具有挽救生命的重要作用。只有通过自愿无偿献血者定期献血，才能确保血液的足够供应。今年活动的主题将献血作为一种团结互助行为，着重突出利他主义、尊重、同情和善良等人类基本价值观，强调并维持自愿无偿献血制度。今年采用的口号是"为他人着想、捐献热血、分享生命"，旨在提请关注自愿献血制度在鼓励人们相互关爱以及建立社会联系和加强社区团结方面的作用。

　　义务献血不仅是每位公民崇高的义务，更是我们人类灵魂的工作者——教师义不容辞的责职。

一、案例描述

　　我园现在编教职员工34人，其中终身不宜献血者2人，因患重大病、眼疾、高血压、心脏病及免疫系统等慢性病而不宜献血者8人，即有近三分之一的教师因为身体原因不能参与义务献血。虽然能参与义务献血的教师人数并不多，但为了响应国家无偿献血的号召，每年我园都会有两名教师自愿前往上海市血液中心进行无偿献血。每年我园新招聘的青年教师也在逐渐壮大这支光荣的献血队伍。义务献血作为工会的一项重要工作之一，这些年我园工会针对义务献血这一块也形成了相对完善的工作制度，为了能保证每年献血的公平公正，工会统计了每位教师的献血次数，根据教师的年龄、献血次数以及女职工的特殊时期（备孕、孕期、哺乳期等）做了相应的排序。从未献过血的教师相对排在前面一些，献过一次、两次、三次的教师则相对排在后面一些。同时为了能保证献血后教师的身体能更好地休养和恢复，我园教师也会自愿轮

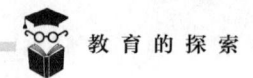

流为献血教师进行代班。

　　A老师2016年9月作为党员教师被我园招聘，在被我园招聘之前，A老师已于2006年11月义务献血过一次。2017年1月根据献血的顺序轮到了A老师，工会主席事先已告知献血的情况并询问A老师是否自愿义务献血，A老师表示愿意，于是在2017年1月由工会主席陪同前往血液中心进行献血。在血液中心体检时，A老师由于多次测量心跳保持150次以上/分钟，体检不合格而被退回。由于心跳的次数过快园领导十分关切A老师的健康，陪同A老师去医院心内科检查，但检查结果并未发现有任何器质性疾病，身体状况一切正常。虽然如此，园领导还是一再嘱咐保健老师，密切关心A老师的身体情况，若一旦发现不适要及时急救，并定期为A老师测量心跳以避免意外的发生。经过半年的休整，2017年7月再次询问A老师是否自愿义务献血时，A老师又一次表示愿意。这一次正副园长及工会主席共同陪同A老师一起前往血液中心，多次测量后心跳依旧120次以上/分钟，再一次被血液中心退回。A老师也表示自己平时身体还可以，心跳本身比旁人快一点，平时一般保持在90次/分钟，可能由于领导陪同显得紧张导致。经过一个月的调整，8月份，A老师主动提出由丈夫陪同第三次前往血液中心，以减少心理压力。结果心跳检测合格，但血色素低，又一次被血液中心退回。对于A老师身体屡次出现不适的情况，工会主席也一筹莫展，只能一再叮嘱A老师要多吃点红枣、赤豆补补血，不管是不是去献血，身体才是最重要的。2017年12月，工会主席事先询问了即将献血的几位老师（其中包括A老师）身体情况以及是否愿意义务献血，当时A老师表示学校11月体检时她被检查出患有幽门螺杆菌，现在正在服药，愿意服药结束后前往。2018年1月，工会主席询问A老师是否服药已结束并请她拿出相关病例时，A老师表示没有病例，现在服的药是去年留下来的，没有配药记录。几天后，A老师主动找了园长，说最近听到学校流传一些关于她作为党员教师弄虚作假逃避献血的事情，所以她愿意主动前往义务献血。园长也对A老师有如此觉悟表示赞扬。2018年1月16日，A老师在血液中心填写身体情况表时，表明自己12月刚纹过眉毛，因不合乎献血要求而第四次被血液中心退回。

二、案例分析

　　面对A老师身体接二连三地出现意料外的状况，面对幼儿园内其他老师们的怀疑与猜测，面对A老师的事情对幼儿园之后的义务献血可能造成的影响，园领导召开领导班子会议，进行分析讨论，大致有如下原因。

（一）对献血的认识误区

　　虽然今年6月14日是世界第十五个献血者日，但社会上仍有一些群众对献血后的身体情况存在一定的误区。有些人认为献血可能传染疾病，比如乙肝或艾滋病等；有些长者会认为献血会引起贫血，人献血后会失去很多白细胞，免疫力会下降；献血也可能会影响生育；献血和吸毒一样，会让人"上瘾"，多次献血后，如不献血血管就会涨得难受等等。由于受这些错误观念的影响，尤其是家中长辈的唠叨，从而让人潜意识里抵触献血。

（二）宣传献血的力度不够

由于义务献血是工会每年都要做的工作，久而久之就会让我们产生"这个大家都应该知道的""献血的好处还要再宣传吗""还需要老生常谈吗"的观念。基于上述的误区，工会每年还需要对《中华人民共和国献血法》、"义务献血的好处"等对教职员工做宣传，排除教职工对献血的错误理解，扫除内心的障碍。

（三）发挥中层干部、党员教师的引领作用，树立榜样的力量有待进一步加强

义务献血首先要发挥中层干部和党员教师的带头表率作用，让中层干部和党员树立责任意识、使命感的同时，也可以让普通教师产生"干部和党员也做了，我也可以"的意识。同时精神力量的作用远远大于物质需求，对于每次献好血的教职工要加强宣传，要让义务献血的教师有荣誉感，这是物质所不能满足的需求。

（四）对于教职工的关心还不够，没有深入了解教职工内心真正的需求

A老师第一次发生心动过速后，虽然园领导和工会主席在第一时间陪同A老师去医院，但后续没有继续跟进，事情发生后我们并没有深入了解与沟通A老师内心真实的想法，身体不适背后的原因究竟是什么，是家中有困难，怕献血对身体造成影响，还是其他原因？只有找到原因才能对症下药，才能避免一些无谓的猜测与传言。

（五）刻板的制度让工会工作缺乏人情味

从工会的角度出发，我们似乎觉得，这么多年形成的幼儿园献血制度已经考虑十分周全，且公平公正。但正是由于这刻板的制度，让人产生畏惧与抵触情绪。幼儿园的管理离不开完善的制度，但在具体管理与实施过程中若只注重依据制度来办事，则会让人与人之间变得机械化，缺乏人情味。而工会本来就是从教职员工的角度出发，为教职员工谋福利、办实事、为教职员工服务的。如何能更好地发挥工会职能，将心比心地考虑问题，使工会工作开展更具有艺术性，让教职员工更积极自愿地义务献血，让献血不再制度化，这是我们工会需要进一步思索的。

三、对策反思

（一）加强宣传，让义务献血变成自身的荣誉

结合每年的世界献血者日组织和开展纪念活动和会议，让教职员工从不同角度进一步了解全世界义务献血的现状，了解献血对自己及他人的利处。如：2018年的主题是"为他人着想、捐献热血、分享生命"。今年活动的主题是将献血作为一种团结互助行为，着重突出利他主义、尊重、同情和善良等人类基本价值观，强调并维持自愿无偿献血制度。我们可以共同搜集身边参加义务献血的教职工、家长们真实的故事进行刊登，在幼儿园园级小报"彩虹之桥"上发表，让所有的孩子和家长都知晓教职工、家长们的光荣事迹，颂扬和感谢献血者，使更多的人认识到献血是一种造福于全社会的无私行为，只有通过自愿无偿献血，才能确保血液的足够供应，借此来激发定期献血者继续献血的积极性，同时鼓励那些健康状况良好但从未献过血的人们（尤其是年轻人）开始加入这一行列，让我们的教育不再只是对3—6岁的孩子，让我们教育的外延扩大化，让义务献血变成自身的荣誉。

（二）关注教职工身心健康，丰富业余生活，进一步增强教职工的凝聚力

通过各种不同的形式丰富教职工的业余生活，教职工春秋游、活力三八、我是厨神、养身更要养心、习礼品茶、幸福像花儿一样、爱美爱自己等活动，让教职工快乐地工作，幸福地生活，让工会活动为大家带来一个放松身心的快乐时光。同时幼儿园工会也表示，会时不时为教工送上些温情和浪漫的点缀，努力让每个教职工都感受到工作之余的快乐和幸福，教职工家人没想到的，我们先想到；家人想到的，我们想得更多、做得更好，使幼儿园成为大家的第二个家。

（三）去制度化，让工会工作更具有艺术性

有形的管理是看得见高度控制的过程，对于教师来说是被动的、消极的。无形的管理则是隐形的，表面上看没有管，实际上是把教职工置于主人翁的地位，让他们自己知道该做什么、怎么做，这种管理对教职工来说是主动的、积极的。幼儿园献血制度去制度化，则是让"自愿无偿义务献血"脱去制度的帽子。工会在日常工作中，要善于与教职工"唠家常"，了解教职工的家庭琐事，成为他们的解忧大姐，使教职工愿意把内心真实的想法告诉你。献血不再轮流排序，大家根据各自的情况自愿报名；本次献血有困难的教职工，不会再为觉悟、舆论的压力所困扰。人性化、艺术化的工会管理，使工会工作最大化地发挥其职能。

总之，作为一名工会工作者，从一次献血事件而引发对自身工作的反思，提高自己的管理艺术，倡导去制度化的管理，充分利用自己的学识、智慧、能力、经验和气质，恰当地参与管理，做到有法、有心、有情、有义。

案例研究

工会工作中的"小风波"

●上海市长宁区金钟路幼儿园　朱雯琼

每个教职工都有自己独立的人格、细腻的感情、不同的需求，而这些形形色色的人都是幼儿园工会中的一分子，工会旨在服务于会员，一个出色的工会组织必是令大家感到满意的，而"一千个观众眼中有一千个哈姆雷特"，众口难调决定了工会工作的难处，只有真心实意尊重每位教职工，聆听他们的心声、理解他们的需求，才能做好工会的工作。

一、案例描述

由于现今生活节奏快，教师工作压力大，职业性质导致这个群体大多会有诸如咽喉炎、颈椎腰椎不适等症状，容易处在亚健康状态，另一方面，现在人对健康养生的意识也越来越强，因此，每年一度教职工体检一向是工会工作的重头戏，这是一项直接关系到教职工切身利益的工作，通过一年一度的体检尽可能地进行全面的检查，了解掌握自己身体的状况，根据动态采取相应的措施可防患于未然，比如调整饮食结构，辅佐运动提高身体素质。

我园对于体检工作一直秉持以人为本的原则，尽可能地做到人性化，在合理范围内满足绝大多数教职工的意愿。每年开展此项工作前都会以教研组为单位征询大家当年想去的体检机构，在尝试了专门的体检机构和医院后，大家还是更倾向于选择医院，因此每年的征询结果相对比较稳定，基本就是一直合作的一家二甲医院。为了满足每位教职工个性化的需求，我园的体检项目一直是由两部分组成的，一部分是必选项目，此部分属于常规体检，涵盖了大多基础指标的检查，另一部分是自选项目，教职工可以根据自己的意愿和需求选择她们想要检查的项目。每年体检工作启动后会印发医院的体检项目清单，然后统计好每个人选择的检查项目，并且与合作医院预约特定项目的检查时间，安排教职工前往。

2016年体检工作照常进行，在征询体检医院时，有教职工提出三甲医院专业性应该更强，相关的检查仪器也肯定更先进，所以想去体验一下更好医院的服务，考虑到大家的需求，便联系了一家著名的医院。待所有事宜安排妥当后，告知全体教职工体检的时间和具体的流程时，没想在此环节出现了问题。部分教职工在得知不能像以往那样选择自己想检查的项目，而是必须全体统一后,对这样的安排产生了抵触情绪,表示不能接受,要求回到原来可以个性化选择体检内容的医院,而另一部分人仍坚持要去权威性更高的医院体检,不能因为部分人的诉求而改变计划。于是出现了要求当年体检分两家医院开展的尴尬局面,虽然出现了这样的呼声,但考虑到幼儿园毕竟是一个集体,统一行动肯定是工作实施的底线和原则,一旦开了某些先例,必将不利于团队的和谐发展。最终,与相关人员诚恳沟通后,达成共识:当年体检还是维持在所选定的三甲医院进行,在今后年度中会进一步完善此项工作的机制。

二、案例分析

(一)对于个体需求的认识尚薄弱

导致这样的局面,一定程度上是由于个体始终是站位于自身立场考虑问题,都希望自己的利益最大化,自己的诉求能得到满足。由于工会的工作是密切与人打交道的工作,不同的个体必然会有不同的想法,比如年纪较长的教职工由于经年累月的辛劳,腰部颈部平时负担较大,得不到放松,可能会存在一些旧疾,一定会想借由体检拍一下CT或者核磁共振,了解一下目前情况,以便进行后续治疗;又或者目前空气质量较差,污染较多,有些老师会担心肺部的健康状况,就想做这方面的精密检查;然而对于年轻教职工来说,他们正处于青壮年,身体素质相对较好,可能反而不太愿意拍过多的片子,毕竟这些检查仪器也会有一定量的辐射存在。另外,有些教职工更看重好医院的专业性、权威性,而有些教职工更偏向去熟悉的地方,习惯了一种模式后就不喜欢改变。

但是从幼儿园的角度来说,我们的团队永远是一个集体,工作的开展只能尽可能地满足大多数人,却无法做到完全地、绝对地满足每一个个体,这种矛盾是整体和个体间固有、难以避免的。因此,在工作的开展中先入为主地存在了少数服从多数的理念,回避了一些矛盾,忽略了部分教职工可能存在的情绪,觉得既然在工作前期已经征询过了,就这样按部就班地照着决定的方针操作下去,就不会有问题。

(二)针对潜在的问题苗子没有提早干预

在与选定医院接洽的过程中,其实已经知道这次的三甲医院与以往的医院的政策不同,根据不同的价位有相应的体检套餐,无法像原来那样个性化地选择体检项目,于是根据以往的经验,已经适当地调整了一下体检的内容,加入了一些以往选择较多的项目。虽然如此,却没想到将这个情况提前告知,让大家有个心理准备。在整个过程中,除了前期的征询,基本就是由工会着手落实,其间出现什么问题,也是在班子层面进行商议决定,所以教职工的参与度较少,然而作为体检最终被服务的对象,其实他们有权参与整个过程,了解各项进程,并在过程中提出建议。这是在此工作中工会欠缺考虑的方面,如果在过程中给予大家发言权,那就有可能及时对问题进行干预,并得到解决。

三、对策反思

(一)充分了解问题的症结,并及时给予反馈

当发生问题时,逃避或者一味地责备都是于事无补的。为了合理地解决问题,掌握清楚问题的原因是必需的,只有这样才能想出最合适的解决方法。在这件事情发生后我们立即与反映问题的当事人进行了详谈,了解她产生不满情绪的缘由,以及她的诉求,并且承诺她一定会尽快解决。

在得知这个状况的第一时间,我们就设想了几种解决方案:继续原定方案,得到老师谅解、更换医院,回到原来的模式、统计人数,分开安排体检。所以也立即与以往合作的医院进行了联系,确认如果临时更换回这家医院体检,是否有时间安排给我们,先做好准备,以防真的要回到原来的二甲医院体检。与此同时,也与数个对体检内容都有不满的老师进行交流,了解她们的想法,明白她们也不是不体谅学校的工作,只是对于突然更换的模式无法适应,觉得未提前告知她们的做法有不妥之处。整合了这些信息并细致考虑后觉得如果突然再更改体检医院,对于想去三甲医院体检的教职工有失公平,毕竟这是征询了大家意见后的结果,因此采取第一种解决方案,在用心沟通后老师们也不是不讲道理的人,纷纷表示愿意接受这样的安排,既然是大家共同选定的地方,而且各项事宜也都已经安排好了,她们愿意尝试体验一下。

(二)深入群众,加强工会主动服务意识

作为工会的工作者,的确应该对事态的发展有敏锐的触觉,对于一些潜在的状况尽可能地提前采取有效措施,降低被动局面的发生。很多问题如果能够有先见之明,就可以提早干预,比如拿这次的事件为例,如果正视了这可能存在的矛盾,及时采取措施,也许就不会发生后续不愉快的情况。

确保防患于未然,把握工作的主动权,这就要求我们平时深入群众,多倾听群众心声,熟悉每个教职工的脾气和需求,只有充分了解了,才能思考得更全面,避免疏漏。要达到这样的境界意味着更大的工作量,如果没有更强的主观能动性是难以做到的,所以提高工会团队的服务意识即是保证了工会工作的质量。

(三)以人为本,更多更细地考虑教职工感受

在工会工作中,应立足于群众的角度,着眼于民心,懂群众所想、了解群众所需,真正做到关心人心,而不是浮于表面。体检工作中发生这样的问题,归根结底还是思考的不够深入,对工作的把控不够充分。基于教职工的立场,她们就是想要得到更好的服务,通过体检能够获

得全面的检查，确确实实地查到她们所关心的部分，而不是走个过场，到看病的时候还要自己另外再做检查。这样的心态无可厚非，如果考虑到这层意思，在工作开始时就会主动将教职工利益落实到最大化。因此，在以后的工作中一定要多进行调研，想透彻、想全面了再制定方案，落实工作。

从零开始
注重非专业青年教师能力提升

● 上海市长宁区长华幼儿园　侯佳磊

近年来，我园周边社区适龄幼儿入托生源越来越多，为满足户籍地段内幼儿入托需求，自从2011年以来我园逐渐开设了分园，班级数量也由原来的5个增加到了现在的9个。

为配合幼儿园不断发展，同时随着近几年老教师们陆续退休，教师的配备逐年增加：新入职教师均为35岁以下青年，至2018年9月，我园青年教师为13人，占到了全园教师的46%，其中非专业11人（另有1人为后勤编制），占青年教师的84.6%。目前，非专业教师教育工作年限分为三个阶段：第一阶段见习期2人；第二阶段新手期教龄2—5年3人；第三阶段成长期教龄5年以上6人。

非专业青年教师虽然有着他们特有的自身优势，但是因为缺乏全日制系统性的学前教育专业的学习过程，在实际的保教工作中存在着不少的疑惑和困难，如：如何合理、流畅地开展一日活动；如何开展有效的家长工作；如何在不同领域的集体活动中，采取恰当地表达方式和语言以及回应、提升幼儿的方法等等。

因此，教师的专业技能参差不齐，基本功是需要得到提升、磨炼和发展的。

一、案例概况

在上一轮五年规划的过程中，我园共有非专业青年教师8人，她们有的毕业于护理专业，有的毕业于计算机专业，还有的毕业于编辑专业等，虽然不少青年教师在工作后都主动继续深造，拿到了学前教育专业的本科证书，同时不少青年教师之前也有着一定的幼儿园工作经验（私立居多），但是通过对她们一日活动中，如集体活动、运动活动、游戏活动等的观察还是能看到她们的不适应、她们的不理解等。

在这8个青年教师中，Z老师从计算机专业本科毕业后便来到我园担任一线教师，她除了接受区级带教活动中海贝幼儿园老师每周认真的辅导和有针对性的见习教师培训外，她的园内带教老师同时也是她的搭班，因此在每天的一日活动中，Z老师既能观察搭班带教老师的半日活动，也能时刻受到搭班带教老师的指导和观察，之后作为党员青年教师，Z老师也受到了幼儿园的栽培与引导，有机会参与了市级课题组活动并顺利完成相关的学习；Y老师在进入我园就职前曾在私立幼儿园从业过一段时间，同时她也利用业余时间完成了华东师范大学学前教育专业的本科学习。和Z老师一样，她的带教老师同时也是她的搭班，每天她能有更多结合实践问题的及时的一对一指导，在上一轮五年中，Y老师在区级层面中展示了《跳花竿》这一运动活动，入围了长宁区"主题——运动"优秀教案并刊登入相关的书刊中，同时Y老师还被推荐成为"教学能手"，参与了区级项目组"优化幼儿园唱歌教学的实践研究"，并成功在区级层面展示了相关的唱歌活动，受到了导师的好评。

而L老师30岁以后才从事幼教这一工作，除了在精力上有所不达外，她的区级带教老师由于自身工作较忙、任务较重，因此对于她的指导相较于Z老师的带教老师心有余而力不足，同时L老师的园内带教老师是我园的保教主任，虽然会利用一定时间来到教室观察与指导，但不同于搭班教师的时时刻刻在场，同时又由于当时我园师徒带教的制度还不是那么完善，因此相较Y老师，L老师获得的指导具有碎片化、分散化的特点，指导的内容指向性不那么明确，体现的价值没有Z老师和Y老师那么明显。

二、案例分析

经过督导，核心组对目前我园非专业青年教师的实际问题进行了认真的反思和探讨，并对我园的非专业青年教师进行了全面细致的分析，发现主要存在以下几个问题：

（一）缺乏专业理论知识和具体实践经验

所有非专业青年教师均未受到全日制系统性的学前教育专业学习，有的青年教师毕业后便转专业从事学前教育工作，有的青年教师中途转行从事学前教育工作，还有的青年教师虽然曾有过私立幼儿园工作的经历，但由于私立幼儿园的特殊性，她们的专业基础并不扎实，一旦面对各种突发的教育教学问题，这些老师们在一定程度上便无法正确解读分析问题，这样不仅会影响正常的教育教学工作，而且可能会打击她们的工作积极性和自信心。

（二）缺乏良好沟通与互动的平台

当这些非专业青年教师入职后遇到一系列的问题和困难后，除了和自己的搭班老师进行沟通外，与其他老师（如：级组长、教研组长、保教主任、园长等）缺乏沟通，这样在一定程度上不利于问题的解决，使之少了更多解决问题的途径和平台，对于她们的成长缺少了一把推力。

（三）缺乏系统和完整的师徒带教制度

我园有较为初步和基础的师徒带教内容，但是尚未形成系统和完整的制度，因此不同的带教老师可能会因为自身习惯、工作量等原因造成带教内容、数量等的不一致性，这样一来，在一定程度上便会造成带教水平的参差不齐，影响带教质量和非专业青年教师的成长与发展。

三、对策建议

L老师等其他几位青年教师所存在的问题是多数非学前教育专业青年教师存在的普遍问题。目前，在我园乃至大部分幼儿园的师资队伍中，非专业青年教师的数量不在少数，要加强非专业青年教师的专业能力，提升她们的基本功，是促使她们发挥自身优势、胜任这一工作的基础，采取有针对性的培训方式和策略才是解决问题的关键。

（一）规范化培养

规范化的培养可以参考园本研修分为师德与素养、知识与技能、实践与体验等三项内容。

师德是确立教师教书育人之本。园本化规范化培养中的师德的培养主要包括《长华幼儿园员工手册》，同时和园内政治学习、师德学习内容相结合，在多种理论学习与实践工作中帮助非专业青年教师树立良好的师德师风，明确职业道德和规范。

同时骨干型教师和成熟型教师将带教成长型教师中的见习期（1年）教师和新手期（2—5年）教师，在更为系统和完整的师徒带教制度下指导非专业青年教师在常规教育教学活动中应该注意和把握的事项，规范和提升各个环节的操作能力，对她们的半日活动进行指点，促使她们获得进步与成长。

（二）教研组活动

教研组活动的培养更偏向于知识与技能、实践与体验这两项内容。

教研组活动主要包括大教研与小教研。大教研主要以园内教师在日常教育教学过程中碰到的常见问题，通过大教研平台以各个级组间互相研讨的形式予以开展相关的学习和讨论，从而在相互交流与互动中促进教师专业技能与思考能力的提升；另外大教研组的"一课三研"活动也为非专业青年教师提供了园内开课的机会，通过小教研至大教研的活动前的设计、探讨等，到一教、二教的实践活动开展，再到活动后的自我反思以及他人反思并根据反思进行调整等的过程都是让非专业青年教师在一个更专业的平台上，通过"设计—开展—反思—调整"的过程来发展自己的业务能力。小教研主要以每周主题为研讨内容，探讨如何根据幼儿的年龄特点与身心发展特点，结合教育教学大纲与《3—6岁儿童学习与发展指南》设计周教育教学计划，在这样的教研活动中，逐渐促使教师掌握不同幼儿年龄特点与身心发展的特点，能够解读不同年龄段不同行为与语言背后所存在的教育价值与教育问题。

（三）完善师徒带教等制度

从这一轮五年规划开始，我园将重点项目内容设立为"以结对带教、青年教师合作互学，提升非专业青年教师专业基本功"，我园以"提升非专业教师基本功"为切入点，意图结合保教常规工作并借助"园本研修"这一载体去扎实锤炼非专业青年教师的基本功。

于是在师徒带教方面，将园内骨干型教师和成熟型教师与成长型教师中的见习期和新手期教师一一结对儿，目前要求做到每月检查一次备课，观摩一次集体活动和一次半日活动，开展一次理论学习并做好评析与反馈，在实际活动的开展过程中还将不断进行调整和丰富。同时在师徒带教的过程中，我园也鼓励被带教老师有问题能积极向带教老师诉求，带教老师也需主动询问被带教老师的疑惑，这样一来在师徒带教的过程中又逐渐多了一个沟通和互动的平台，帮助她们解决在工作中或业务或心理方面的困惑。

努力发挥工会的协调作用

● 上海"儿童世界"基金会长宁幼儿园　陆蓓玲

近年来，我园工会在长宁区教育工会和学区工会的领导下，认真学习贯彻落实党的十九大精神，紧密结合改革、发展、稳定的工作实际，不断创新工作思路，坚持以人为本，积极开展群众工作，努力构建和谐校园，收到较好的效果。为贯彻落实党的十九大精神，认真总结群众工作经验做法十分必要。

一、案例描述

在教育局的领导下，我园与福泉幼儿园为了提升办好优质园的思想指导下，于2014年9月进行了一体化的改革。在一体化的初期，虽然福泉幼儿园变成上海"儿童世界"基金会长宁幼儿园的福泉园区，但教职工们仍然如以往一般陌生。许多规则也不相同，制度也不同，原福泉幼儿园的教职工困惑较大，也担心她们会因人少而势单力薄。因此，原福泉幼儿园的教职工总是因种种原因与原上海"儿童世界"基金会长宁幼儿园的教职工处处不相容，事事提心吊胆。

二、案例分析

机构在重组之后，如何打破职工群众思想上的藩篱，是领导班子面临的首要问题之一。在教育局党委和上海"儿童世界"基金会长宁幼儿园党支部的统一指导下，工会工作努力创新工作思路，坚持以人为本，一切从职工的根本利益出发，充分发挥工会组织的桥梁和纽带作用，积极开展群众工作，才是解开教职工心结的捷径。

（一）参与园所科学管理，充分维护职工根本利益

长期以来，基金会长宁幼儿园始终坚持科学民主管理的工作思路，在实际工作中落实党的群众路线。例如在决定职工医疗补助、提案的处理、职工待遇等方面，凡是涉及职工根本利益的问题，都通过职工代表听取群众的意见和建议，获得职工的理解和支持，职代会表决通过后

再具体实施。特别是在一体化以后的体制机制改革过程中，职工代表大会多次召开专题会议，听取职能部门的改革方案报告和关键问题的解释说明，充分对《上海"儿童世界"基金会长宁幼儿园医疗补助细则》《上海"儿童世界"基金会长宁幼儿园绩效工资方案》《上海"儿童世界"基金会长宁幼儿园制度》等进行审议，并在职工代表大会上表决通过。

（二）继承原来的行政班子，逐步慢慢融合

一体化后，根据园所的需要，继承原来的行政班子，坚持"协调、督察、指导、服务"的八字工作方针。凡是涉及职工利益的重大问题都要经过行政、工会的广泛深入调查、认真分析讨论，提出初步解决意见，为我园的各种决策提供科学依据。由党群工作部负责人牵头，妥善解决改革发展中出现的各种问题，全面维护职工群众的根本利益。

（三）开展各类文化娱乐活动，搭建职工交流沟通平台

自两园一体化之初，由工会组织的一年一度的职工集体外出疗休养活动以及每学期一次的工会一日游活动，鼓励所有教职工参与其中，工会小组都认真筛选和周密安排，根据教职工推荐的疗休养地点，选择既经济实惠便利，又环境优美舒适的一日游行程。活动开展，吸引了接近90%以上的教职工的参与，深受广大职工的热切期盼和积极参与。我园的工会活动增加了职工们彼此接触的机会，提供了相互交流的场所，对于提高基金会长宁幼儿园的凝聚力、向心力，起到了积极的促进作用。

（四）开展各类竞技比赛活动，不断促进校园文化建设

"三八"节的运动会比赛活动，岗位技术比武活动等都是我园"构建和谐校园"的一个重要组成部分。工会以各类活动为契机，围绕中心，服务大局，有计划、有步骤地开展工作，始终把它作为展示才华、凝聚人心、调动教职工积极性的一件大事来抓。自一体化以后的活动开展以来，所有职工参与热情高涨，各个部门大力支持，深受广大教职工的喜爱，对职工展示风采，激发热情，凝聚力量，构建和谐校园有着极大的推动作用，对我园文化建设具有十分重要的意义。这类活动也是我园形象的一种展示，更能激发职工的团队精神，激励职工积极向上的热情。要推广和延续这类活动，增强群众工作的向心力、影响力和吸引力，为我园的发展做出更大贡献。

三、对策反思

坚持党的群众路线，积极开展群众工作，是提高群众工作科学化水平，做好我园各项工作，践行科学发展观的基本保证。

（一）坚持科学民主管理，吸引职工群众参与管理

我园党支部在凡是涉及职工切身利益的重大决策的时候，都通过工会组织和职代会等途径与职工交流沟通，使广大职工感受到主人翁的责任意识，初步建立起幼儿园和职工双方相互信任、相互理解、相互尊重、相互支持的和谐关系。在推动一体化的改革发展、维护职工合法权益、发展和谐劳动关系、促进党风建设和领导班子建设等民主管理方面，工会也都做出了一些尝试，取得了一些创新经验和实际成效。

（二）敢于解决遗留问题，维护职工根本利益

在我园党支部的领导下，工会小组积极开展工作，从群众反映强烈的工资问题入手，在原基金会长宁幼儿园的分配方案的前提下，结合一体化后的实际情况，坚持公开、公正、公平的原则，稳妥地解决了一些历史遗留问题，化解了矛盾，维护了稳定。又如工会及时办理了因一体化前拖延下来的工伤办理等事宜，保险理赔等事宜，为满足教职工的紧迫需求进行及时的解决，获得了群众的信任。

（三）促进群众接触交流，融合良好氛围

广大职工认为，我园工会组织的集体活动，为大家搭建了一个沟通交流的平台，使职工相互之间、部门彼此之间拉近了距离。有些同志深有感触地说，工会活动太丰富了，有这么多这样的活动太好了，它让大家有时间坐下来畅所欲言，部门之间不再有陌生感。这种很好的沟通交流的机会，增进了同志之间的友谊，增加了各部门之间相互的了解，比每年写一份工作总结报告都形象生动，更能增加大家的团队意识和认同感。

（四）各类活动寓教于乐，推进校园文化建设

工会组织各类活动，原福泉的教职工说了三个"没有想到"：一是没有想到基金会长宁幼儿园有这么多有趣的活动。没一体化之前，以为只是几个节日有活动，没想到还有许多活动内容是以往从来没有的。二是没有想到活动内容如此新颖有趣。工会对每个活动都精心设计，细节温馨，让人感动。三是没有想到原来基金会是这么和谐。从领导到群众，从园长、书记到后勤人员，大家团结友爱，融洽和睦，令人感触至深，这真是一个友爱的大家庭。

教案与反思

全等三角形辅助线添加

●上海市天山第二中学　张　静

一、教学目标

1. 熟练掌握三角形全等的各种判断条件，能根据不同题设和结论给出不同证明方法。
2. 掌握全等三角形问题中辅助线的添加及数形结合、转化等数学思想方法。

二、教学重点

全等三角形的判定方法；常见的辅助线的添加。

三、教学难点

针对不同题型，相应辅助线的添加。

四、教学过程

（一）复习引入

已知：如图7，$AB // ED$，

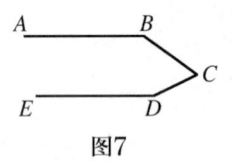

求证：$\angle B + \angle C + \angle D = 360°$。

图7

为了说理的需要，在原来图形上添画的线叫作辅助线。辅助线通常画作虚线。

（二）方法探究

例1　已知：如图8，$BD = CD$，$\angle B = \angle C$，

　　　求证：$AC = AB$。

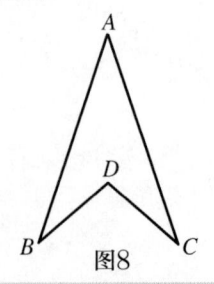

图8

小结：对称性图形可以考虑连接两点构造全等三角形、等腰三角形。

例2　已知：如图9，在△ABC中，AD是BC边上的中线，

求证：$AD < \dfrac{AB + AC}{2}$.

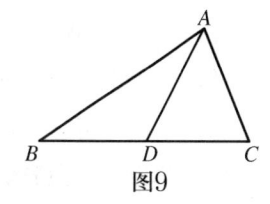

图9

小结：遇到三角形的中线，倍长中线，使延长线段与原中线长相等，构造全等三角形。

例3　已知：如图10，在△ABC中，AD平分∠BAC，

∠B=2∠C。

求证：$AB + BD = AC$.

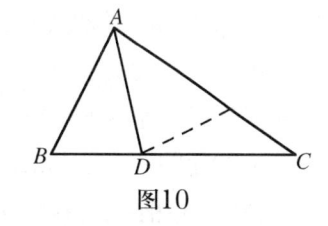

图10

小结：截长法与补短法，具体做法是在某条线段上截取一条线段与特定线段相等，或是将某条线段延长，使之与特定线段相等，再利用三角形全等的有关性质加以说明．这种作法，适合于证明线段的和、差、倍、分等类的题目。

（三）巩固提炼

练习　已知：如图11，$AC\parallel BD$，EA、EB分别平分
∠CAB、∠DBA，CD过点E，

求证：$AB = AC+BD$.

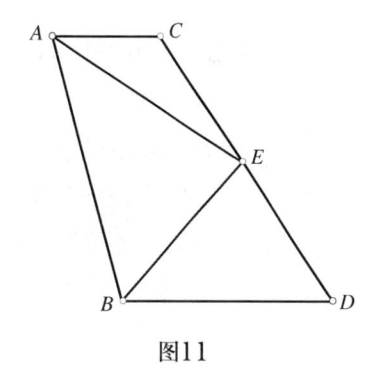

图11

（四）反馈小结

1. 常见的辅助线

（1）遇到三角形的中线，倍长中线，使延长线段与原中线长相等，构造全等三角形。

（2）截长法与补短法，具体作法是在某条线段上截取一条线段与特定线段相等，或是将某条线段延长，使之与特定线段相等，再利用三角形全等的有关性质加以说明。这种作法，适合于证明线段的和、差、倍、分等类的题目。

（3）遇到角平分线，可以自角平分线上的某一点向角的两边作垂线，或者直接以角平分线构造全等三角形，利用的思维模式是三角形全等变换中的"对折"，所考知识点常常是角平

分线的性质定理或逆定理。

（4）过图形上某一点作特定的平分线，构造全等三角形，利用的思维模式是全等变换中的"平移"或"翻转折叠"。

（5）特殊方法：在求有关三角形的定值一类的问题时，常把某点到原三角形各顶点的线段连接起来，利用三角形面积的知识解答。

2. 选择证明三角形全等的方法（"题目中找，图形中看"）

（1）已知两边对应相等

证第三边相等，再用"SSS"证全等；证已知边的夹角相等，再用"SAS"证全等。

（2）已知一角及其邻边相等

证已知角的另一邻边相等，再用"SAS"证全等；证已知边的另一邻角相等，再用"ASA"证全等；证已知边的对角相等，再用"AAS"证全等。

（3）已知一角及其对边相等

证另一角相等，再用"AAS"证全等。

（4）已知两角对应相等

证其夹边相等，再用"ASA"证全等；证一已知角的对边相等，再用"AAS"证全等。

五、教后反思

这节课是本章节的复习课，目的在于让学生进一步熟悉全等三角形的四种判定方法，能从条件入手，通过添加辅助线构造全等三角形，从而说明角或边的数量关系。引入所用的题目是之前练习中出现频率较高的，学生较为熟悉，再次梳理添加辅助线的多种方法，一则复习，二则引导学生在后续的例题中考虑添加辅助线，在课堂上落实度较好。几个例题确实有一定的难度，分析时间把控得不够好，略显急躁，学生的接受度和掌握度也不尽如人意，在后续的教学中还需要进一步落实。反思整个教案设计，或许将几种不同的辅助线添加方法分成小专题，配合一定量的练习，逐一落实，可能效果会更好！

参观消防站

●上海市长宁区威宁小学　郑黎莉

一、单元目标

（一）知识与技能

1. 能正确跟读含有字母组dr，pr单词的儿歌，知道字母组dr，pr在单词中的发音规律。

2. 能在语境中朗读、理解、运用核心词汇 brave, dangerous, afraid, fire station, fire engine, put out the fire。

3. 能比较熟练运用核心句型 What does...do? He/She is...进行询问和应答，并表达出合适的语气。

4. 能在语境中运用所学词汇和句型，比较熟练地描述消防员的工作。

（二）过程与方法

1. 通过朗读学习含有字母组dr，pr的儿歌。
2. 通过视听、跟读、问答、对话，运用核心词汇。
3. 通过视听、跟读、问答、对话，听懂、读懂、运用核心句型，并进行表达和描述。
4. 通过语篇学习、学会正确表达。

（三）情感、态度、价值观

能深入了解消防员的工作，感受消防员工作的重要性，了解简单的防火常识。

二、教学过程

Procedure	Content	Methods	Purpose
Pre-task	1. Warming up 2. Review the jobs	1-1 Let Ss sing a song together 2-1 Quick response 2-2 Play a guessing game	通过问答激活已学知识，通过歌曲、游戏活跃气氛
While-task	1. The cover <Visiting a fire station> 2. Picture1 Q1: Who's the firefighter? Q2: Where does he work? 3. Picture 2 Q3: What's in the fire station? Q4: What's in the fire engine? 4. Picture 3 Q5: What can firefighters do? Q6: How are the firefighters? 5. Picture 4 Q7: What can we do? 6. The whole story	1-1 Find the title from the cover of the story 1-2 Have a fast view of the picture book and fine the characters 2-1 Role read 2-2 Ask and answer 2-3 Find the settings 3-1 Role read 3-2 Watch the video 3-3 Ask and answer 3-4 Read and match 4-1 Watch the photos and video 4-2 Learn: dangerous, afraid, brave 4-3 Ask and answer 4-4 Listen and enjoy 5-1 Listen and answer 5-2 Role read 5-3 Group work 6-1 Pair work: role read the whole story 6-2 Finish the mind map 6-3 Retell the story	单元设计，整合教材内容，再构文本 设计问题链，在问题链的带动下，层层深入，了解故事之间的逻辑关系 用mind map作为导读，让学生掌握教学内容关键，并能在板书帮助下复述课文，培养学生思维品质
Post-task	1. Group work 2. Evaluation	1-1 Group work: finish the diary about the story 2-1 Self-evaluation	通过讨论，进一步巩固新知。小组合作，完成日志
	Assignment	1. Read the story <Visiting a fire station> 2. Retell the story	
	On Board	4A M2U2 Jobs (Period 2) Visiting a fire station Mind map Title: Who? What job? Where? Suggestions What (see)? How? What (do)?	

Materials
Oxford English 4A Module 2 Unit 2 　　　　　　　　　　Visiting a fire station Miss Fang: This is a fire station. This is Mr Xu. He's Jill's father. Students: Good afternoon, Mr Xu. Mr Xu: Good afternoon! Welcome to our fire station! Mr Xu: This is a fire engine. Danny: Wow! It's so big. Peter: Fire is dangerous. Are you afraid, Mr Xu? Mr Xu: No, I'm not. I'm a firefighter. I can help people. I like my job. Mr Xu: Don't play with the fire, children. Students: Yes, Mr Xu. Students: Thank you, Mr Xu! Goodbye! Mr Xu: You're welcome. Bye!

三、教学评价

评价内容	理解运用	评价方式	自评
评价标准	☆ It's hard for me to finish this sheet. ☆☆ I can finish the story map, but I can't retell the story. ☆☆☆ I can finish the story by myself and I can retell it.		
评价结果	☆☆☆		

四、教学反思

　　回顾本节课的教学过程，从中也受到了不少启发，总结经验，作为日后教学工作的借鉴，有助于自己不断改进教学方法，提高教学能力。

（一）单元教学设计，有效整合再构

　　通过单元教学设计，使得整个单元的学习循序渐进。学生在掌握职业表达的基础上，学会了解他人，观察生活，并培养愿景。同时，本节课通过故事和儿歌的整合，使教学文本内容更丰富，更贴近生活，激发学生的兴趣。

（二）提升语言能力，培养思维品质

　　思维品质体现学科核心素养的心智特征，思维品质的发展有助于提升学生分析和解决问题的能力。本节课在语言能力学习的同时，注重培养学生的思维品质。让学生观察故事书的封面，猜测职业和地点；学生在了解火灾危险，思考消防员是否害怕；学生在思维导图的导读下，如何转化成日志形式进行表达等，都是对学生思维品质的培养。

（三）不足之处

本节课也存在着教学设计中的不足，在今后要反复思考，仔细琢磨，采取措施，及时补救。

1. 资源开发还需灵活适度

本节课在教学生消防车的时候，使用的是一段视频介绍，包含了消防车内的一些消防器具，但是由于没有将需要感知的关键内容进行醒目标注，学生观看的时候有一些走马观花，容易遗漏侧重点。

2. 训练表达还需拓宽途径

在分段学习语篇的过程中，设计的教学方式是提出问题，跟读文本，回答问题，再次学习。为了有效地训练语言能力，设计了不少方式，儿歌、猜谜、听指令做动作、小组谈论等，但是在一些段落中，除了朗读还缺乏一些有效的训练。例如：两人对话，分组合作等，在教学设计中，对语言学习的操练还要更拓宽途径，使学生对语言知识的掌握更扎实。

通过对本节课各个教学环节得失的客观分析，找出了一些问题的症结，也探索了一些解决问题的办法、对策，在今后的教学中还要继续提出改进教学的策略和方案，提高课堂教学效率。

翻转垫子

●上海市长宁区实验幼儿园　廖　蕊

一、教学设计

（一）活动目标

1. 在与同伴合作完成任务的游戏中，发展解决问题的反思能力，以及同伴互相理解、沟通、配合的能力。
2. 体验团队合作完成任务的成就感和乐趣。

（二）活动准备

大垫子2块、计分板；有团队合作完成任务的经验。

（三）活动过程

1. 游戏导入——介绍规则

游戏规则：6人站在大垫子上，一起努力把垫子翻转过来，但脚不能离开垫子，最后垫子翻转成功，人还留在垫子上算胜利。

计分规则：最快完成任务的小组加一分、最后留在垫子上几人加几分。

主要提问：什么是把垫子翻过来？关于游戏规则还有什么问题吗？

主要关注：幼儿对游戏规则的理解。

2. 前两次游戏——探索、反思方法

两组尝试完成游戏任务。

主要关注：幼儿探索翻转垫子的过程与方法。

分享交流：你们是怎么翻转垫子的？翻到哪里是最难的，你们用了什么方法解决？如何折叠垫子？脚踩在黑色垫子的什么位置更好？下面的垫子如何拉出来？等等。

小结：大家分享了各自翻转垫子的方法，我们可以试试这些好方法。

3. 后两次游戏——体验协作、配合

规则调整：完成任务过程中组员不能讲话。

主要关注：幼儿在完成任务中同伴间的相互理解、配合、协作。

分享交流：你是如何保护朋友的？你得到了朋友的什么帮助？不能说话了，你们是如何和朋友沟通的？

小结：你们今天最了不起的是在游戏中能和朋友商量办法，努力去理解、配合朋友的想法和动作，甚至保护朋友不掉下，相信以后遇到再难的任务你们都能依靠团队合作来完成。

二、教学反思

作为后备干部培训班学员，我面向培训班学员开放了集体教学活动"翻转垫子"。通过几次活动试教和一次正式展示，我从此活动中收获了很多。

（一）活动目标的逐渐明晰

"这个活动对大班幼儿有怎样的发展价值"是我一直思考的问题。翻转垫子这一游戏，我能够肯定的是大班孩子一定会喜欢，但仅仅好玩是不够的，通过游戏还能让他们收获到一些什么有意义、有价值的呢？

通过最初的几次试教，我尝试分析孩子们在游戏中到底在做什么？在体验什么？在收获什么？我发现，在与伙伴一起翻转垫子的过程中，他们无论是否使用言语，除了探索尝试自己想到的办法，还需要不停地与同伴沟通：表达自己的想法、理解他人的想法、协商彼此想法的可行性、配合他人的想法。为了团队共同的利益，他们不仅仅要保护好自己，还要体恤他人的安危，互相帮助保护。在每一次游戏后的交流中，无论谈论翻转垫子的方法还是彼此的沟通协作，孩子都是在回忆、分析自己和同伴成功或失败可能的原因。而在这一过程中，我能感觉到孩子通过语言、肢体动作、表情等表达自己想法，努力去探索尝试翻转垫子的方法都是没有问题的，但理解和配合他人的想法、体恤他人的安危是有挑战的。在分享交流中反思翻转垫子的方法、同伴合作的策略也是有一定难度的。

因此，经过多次试教，活动目标逐渐明晰：（1）在与同伴合作完成任务的游戏中，发展同伴互相理解、沟通、配合的能力，以及解决问题的反思能力。（2）体验团队合作完成任务的成就感和乐趣。

（二）活动环节的层层递进

活动环节从之前的做两次游戏（小垫子，一次允许说话，一次不允许说话），调整为后来的做三次游戏（第一次：大垫子、允许说话；第二次：大垫子、不允许说话；第三次：小垫子、不允许说话）。这不仅满足了幼儿游戏的愿望，而且能够体现层层递进的游戏进程。在越来越有挑战的游戏任务中，对幼儿合作的要求越来越高。第一次：在探索翻转垫子方法过程中的沟通合作；第二次：继续在探索翻转垫子方法过程中通过动作、表情等沟通合作；第三次：翻转小垫子时同伴间的帮助、保护。

多次试教后，虽然教案调整为三次游戏。但我心中是装着两个版本的，需要根据幼儿第一次、第二次游戏探索翻转垫子方法的时间长短来决定后续是否进行第三次游戏。

（三）垫子大小的选择

多次试教的经验和教研团队的研讨，为我提出了一个非常好的建议，就是前两次游戏换成大的野餐垫。为什么说这一建议非常好呢？

前几次试教时，大家发现探索翻转垫子的方法是一个难点，我使用的又是小的棋垫，也就是说，垫子过小，幼儿下场，阻碍了每个幼儿都能够体验、尝试、探索翻转垫子的方法。而在方法还没有弄清楚的情况下，第二轮游戏仍会在翻转垫子的问题上花费很长时间。

工作坊老师建议我前两次游戏用大的野餐垫，6个人站在上面绰绰有余，不易掉落，可以有更多空间探索翻转的方法。第二次游戏虽然增加了不能说话的规则，但仍使用大垫子，同样可以让幼儿继续体验、探索翻转垫子的方法。经过两次体验和探索，对翻转方法有一定经验了，第三次游戏换小垫子，增加合作的难度，更合理也更有递进性。

（四）游戏中的指导

经过多次试教，我摸索出几次游戏过程中老师的关注与指导重点。以下是我在教案中所写出的观察与指导重点。

第一次游戏过程指导：

针对翻转垫子的方法通过问题引导其关注与思考：折叠多次的方法能翻转过来吗？有图案的一面要贴紧地板哦。这时候应该往哪里站方便你拉扯下面的垫子呢？脚下有2层垫子下面一层拉得出来吗？表扬遵守规则的人（掉下垫子自动坐下去的人）。看看他们组是怎么做的，也可以学习一下他们小组的方法。

针对合作通过语言给予提示，引导其思考：你的想法朋友们知道吗？是不是大家都在动脑筋想办法？一个人的力量是不够的哦。

第二次游戏过程指导：

针对彼此沟通理解给予引导与肯定：你明白他的意思吗，她想让你怎么做？你明白了，所以移动了位置。

第三次游戏过程指导：

针对同伴互助给予引导和肯定：她快掉下去了哦，怎么办？赞赏保护朋友的动作。

这次公开活动对我的锻炼是非常大的。试教中孩子出现的各种情况，都引发我思考可能的原因是什么，我该如何来调整活动环节、活动材料、关键提问。可以说这个活动是在一次次试教中，幼儿和团队与我一起建构的过程，孩子永远是教学的源头活水。

教学评议

教育的探索

充实的内容、扎实的教学
——《全等三角形辅助线添加》评析

● 上海市新泾中学　余　琼

在培训活动中，我有幸听了一节天山二中张静老师的八年级数学课，课题为《全等三角形问题中的辅助线添加》。

本节课是全等三角形的一节复习课，目的在于让学生熟练掌握全等三角形的五种判定方法。作为复习提升，本节课主要是让学生能从条件入手，通过添加辅助线构造全等三角形，从而证明角或边的数量关系。这样的复习课是比较难上的，设计的环节简单了学生不感兴趣，内容设计难度过大很难完成，拓展太多学生又无法掌握。张老师给我们呈现的这堂复习课是非常成功和精彩的。

一、课堂以学生为本，层层递进

教师设计的教学内容杂而不乱，主要针对全等三角形中辅助线的添加。从本节课堂教学中，能感受到张老师的备课真的是做到了用心、细心和精心。不仅备教学内容，还备学生。教师从一道平行线背景中添加辅助线证明角之间关系的常规题入手，由于此题是学生练习中曾经出现的题目，但是添加辅助线的方法多，对本课的开展进行了很好的热身。

例题和练习的选取均来自平时教学活动的积累，都很典型又有代表性，体现了开放性和探究性；能体现本节课的学习重点，并能突破难点。本课中典型题的选取又依托学生原有的知识和能力，层层推进，逐步挖掘了学生的"最近发展区"，体现了以人为本的学生发展观。如果本课的最后能抽出时间让学生自主总结辅助线添加的方法，就更好了。

二、教师把握课堂节奏，循循善诱

学生在老师温柔又有条理的语言的引领下，能够积极主动地展示自己，愿意和同学互动讨论以及相互评价，整堂课充分感受到好的教学语言的魅力。张老师在课堂活动中循循善诱，紧扣学习目标的要求，重点突出。把主要精力放在关键性问题的解决上，并且注重层次、结构，张弛有度，循序渐进。譬如复习引入重点放在学生添加辅助线方法的多样化上，以达到基础知识的复习。例题1重点放在辅助线的添加后，几何推理的口头表达或书面表达上，培养学生的基本素养；例题2、3重点放在类比分析上，注重建立数学新能力与相关知识和能力的实质性联系，保持数学知识的连贯性、思想方法的一致性。这些都是先构造全等的三角形，再用全等三角形的相关性质解决一些问题，并且在解决问题时技巧也是相同的，通过不同的做辅助线的方法达到"倍长中线""截长"或"补短"的效果。

三、学生主动参与课堂，孜孜以求

在本节课中，可以看到学生能够主动参与、积极表达，表现出强烈的学习愿望。这和教师的合理选题密不可分。比如在热身的引入题中，不管哪个层次的学生都能进行正确添加，主要区别就在于方法的多少，因此应该是每个学生都有所收获；对于例题1，直接连接两点，将分散的元素构造为两个全等三角形的方法比较容易想，会有大部分学生想到，学困生通过同桌互助可以理解思路也是收获；例题2、3由于中线和角平分线的提示，大部分学生能在小组交流中探究尝试、质疑辨析得出准确的解决途径，就是能力和情感品质的提升。所以本节课对学生必须掌握的数学基本方法——三角形全等的判断训练比较到位，对学生必须达到的基本技能——准确运用几何语言进行口头表达和书面表达的培养起到潜移默化的作用，对学生要形成的数学思想——类比、转化等数学思想有一定的提升。

课堂教学是一个"仁者见仁，智者见智"的话题，正如龙应台先生所说："每个人来到花前，都看见不一样的东西，得到不一样的明白。"大家对每节课的认识都有自己不同的见解。我个人觉得，本节课涉及的添加辅助线是学生几何学习的难点所在，不是一节课就能让学生掌握落实的。其中的一些常用的构造方法是需要学生通过练习加以消化和吸收的。建议将倍长中线法、截长补短法，能和图形运动中的旋转和翻折联系起来理解，这样会让学生的空间想象能力和逻辑思维能力得到更好的提升。正像张老师自己反思的一样，如果将几种不同的辅助线添加方法分成小专题，配合一定量的练习，逐一落实，可能效果会更好！

什么样的课算一堂好课？叶澜教授给出了最好的答案，他认为一节好课应该是扎实的课、充实的课、丰实的课、平实的课、真实的课。因为是真实的课必然是有缺憾的课，正因为不是十全十美，所以课堂显现着生命的原生态，也促使教师不断反思、修正自己的教学细节和教学行为，永无止境地追求教学的更高境界。我希望自己的课堂也能越来越精彩。

在生活中学习
——《参观消防站》评析

● 上海市长宁区北新泾第三小学　张静妍

本次后备干部培训班有幸聆听了威宁路小学郑黎莉老师的一节四年级的英语课，感触颇多。我认为，郑老师的教态自然、面带笑容、轻声细语，教学语言和蔼可亲，让学生如沐春风。整堂课清晰实在、扎实系统、动静结合，基本遵循了以教师为主导、以学生为主体、以训练为主线的三为主原则。下面，我将从本堂课的教学目标与设计、教学过程和教学评价三个方面谈谈我的看法。

一、教学目标设计从单元整体设计入手

本单元主题为Jobs，在设计课时，郑老师从单元整体设计入手，将这一单元分为三个课时。以教材中的Jill's family为主要人物，在第一课时，完成了teacher, doctor, bus driver, nurse, student等职业类名词的教学，学生能用What does he/she do? He/She is a/an...来进行问答。第二课时，以Jill's father为主要人物，通过"Visiting a fire station"这一话题，聚焦了firefighter这一职业，使学生随着话题的展开，了解消防员的工作场所、基本职业技能、火灾逃生的常识等，最终对消防员这一职业有更深入的了解，形成有序的语言输出。第三课时，是在第二课时的基础上，从Jill's family回归到学生自己的家庭，让学生根据已有的知识储备，从外貌、工作场所、职业特征等方面综合描述家人的职业。

由于学生已有了实际生活的经验，对于消防员这一职业并不陌生，并且能了解消防员的本领和职责。郑老师采用了语篇整体导入，以三个核心问题贯穿整节课：Where does Jill's father work? What can Jill's father do? How can we do when there is a fire?主体文本呈现后学生能较快地解决第一、第二个问题，并能很好地进行语言输出。在解决第三个问题前，郑老师先给学生播放了一段如何在火灾来临时自我保护或逃生的视频，在学生有了直观印象后，再来理解辅助文本就比较简单了。

二、教学环节的设计为教学目标的落实打下了坚实的基础

1. 导入自然，歌曲激趣，新旧知识连接紧密

良好的开头对一堂课的成功起着关键的作用。本堂课一开始，郑老师通过师生问好，做动作猜职业的游戏，消除了师生之间的陌生感和紧张感，接着教师通过英语歌曲的带入既活跃了课堂气氛，使学生的注意力在最短的时间里被激活，又复习了以前学过的句式"What does…?"使新旧知识自然有效地联系在一起。

2. 思路清晰，活动扎实有效

语言的学习需要真实的情境，而本课的教学内容与学生的生活实际息息相关，联系密切，郑老师创设真实的语境，让学生联系实际，真正运用英语做事情。新课程标准指出，英语学习的宗旨就是让学生在用中学，在学中用，让学生掌握用英语做事情的能力。

本堂课中，郑老师将一首儿歌引入故事之中进行教学，引出要教授的6个单词词组的教学，使得整堂课浑然一体。在教学单词词组时，教师在课件上让学生用补全单词的方法来记忆单词，激发了学生的思维，促进了对单词的记忆。如果在教授单词的过程中适当地渗透语音教学，引导学生根据读音规则记忆单词将更有利于学生单词拼读能力的培养。

在每个单词的教学中，都用本节课的重点句型进行操练，做到词不离句。这样既复习了旧知，也加强了语言的交际功能，给学生提供说的机会。

三、教师的评价方式多样化

评价的重要功能之一即是导向，教师的口头评价应具有较强的启发性，力求在课堂中做穿针引线者，通过巧妙的教学评价，激活学生的思维。此外，课堂口头评价的时机把握十分重要，教师要抓住合适机会给予学生即时评价与延缓评价等。如：学生进行交流反馈存在错误时，建议不要立即纠错，使学生有完整的话语表达过程；在学生表达结束后，教师再通过引导式的问题，给予学生足够的思维空间去发现和分析自己的问题，并自我纠正。必要的延缓评价可以营造轻松、积极的语言交流环境，使学生获得安全感、成就感与归属感，从而建立自信。

本节课的评价所采用的并不是终结性评价，而是渗透于每个课堂教学环节中的过程性评价，了解学生的基础和发展，关注学生的学习过程和结果，重视对学生学习全过程的评价。如：通过课后教学评价表——自评、师评，从学习兴趣、学习习惯、学业成果三个维度，对学生课堂肢体语言、表情交流、提问互动、练习反馈、口头呈现等方面给予口头评价，明确评价标准，激发学生的学习兴趣与自信心。

总的来说，郑老师的这堂课朴实无华，扎实有效，值得我学习的地方很多，在以后的教学中我会不断探索，使自己的课堂教学更有实效性。

注重孩子综合素质的培养
——《翻转垫子》评析

● 上海市娄山中学　黄军成

本学期开学的干部培训活动，我们有幸走进长宁实验幼儿园聆听廖蕊老师讲授《翻转垫子》一课，尽管作为一名中学老师，却让我从中收获很多。

一、活动的设计有角度

这是一节教授幼儿园大班孩子的活动课——翻转垫子。表面上看起来活动似乎很简单，但其中蕴含的教育目标对于大班的孩子则要求很高。有时活动的难易不在于活动本身，而在于有前提条件或者设置规则的情况下，学生在活动过程中的收获。而整个的活动设计角度不仅体现的是个人的想法，更要体现个人与同伴之间的沟通，能够相互接纳对方的意见，并能互相帮助，与同伴合作完成活动任务，改变孩子现有以自我为中心的认知。活动设计符合大班孩子的年龄特点，尽管有难度，但其设计角度很有价值。

二、活动的设计有深度

廖老师这节课的活动过程整个分为三个环节，第一个环节：游戏导入——介绍规则；第二个环节：前两次游戏——探索、反思方法；第三个环节：后两次游戏——体验协作、配合。整个教学环节流畅，层层递进，最后一个环节还增加难度，不能用语言交流，具有一定的挑战性。整节课的设计和科学研究的一般过程有相似之处：提出问题——分析问题——解决问题，为今后学生高年级的学习奠定基础，具有一定的深度。活动中不仅能展示个人的个性，敢于提出问题，敢于表达，同时培养了同学之间团结协作、分工合作的意识，反思评价对方的方法，孩子思维品质得到锻炼，有利于幼升小的过渡。

三、活动的设计有广度

整个授课过程显示出廖老师的教学功底深厚，活动中与孩子平等沟通，设计符合孩子的年龄特点，语言、肢体都表现出了老师的机智，课的节奏把握到位，成效达成度高。廖老师能在小组讨论中抓住学生讨论的几个关键问题："听清楚要求有什么问题吗""是从四周一起拉垫子还是从一边一起拉""单层垫子和双层垫子的问题"等等，为孩子更好地解决问题搭建了一个个平台，通过问题设计拓宽了孩子的视野。同时，在活动中与学生的语言发展、运动能力、应变能力、交流意识等相结合，学生综合素养得到全面发展。

四、几点建议

1.教师设计活动时要对孩子已有的知识有所了解。比如计数的问题，老师没有充分考虑孩子的实际情况，影响了课的进度，活动的重点在于孩子体验的过程，而非简单的计分。可以用小红旗或五角星来代替记分牌，可能更突出活动的重点。

2.活动的设计如果能设置在一定的生活场景中效果可能会更好。让学生在熟悉的场景中，运用已有的知识解决翻垫子。同时，还要有意识保护好同伴，在活动中不仅培养孩子与同伴的合作互助意识，还要有安全意识。

3.活动的设计要有梯度，符合"最近发展区原则"。比如设计可以从一块小垫子到一块大垫子，或是可以先从一个小朋友体验开始，再增加到两个、三个……六个，甚至更多，设置一定的梯度，让孩子边挑战，边解决遇到的新问题，让学生自己发现解决方法，并能及时和同伴分享，在活动过程中不断培养孩子的沟通合作意识，才能高效解决问题。

有意义的游戏活动
——《翻转垫子》评析

● 上海市长宁区虹桥幼儿园　崔　华

本次后备干部培训，有幸聆听了长宁试验幼儿园廖蕊老师的一节大班集体活动课，我深有感受。

一、活动立意高

当下幼儿园教育的理念是整合活动，让孩子们在活动中获得的是能力的综合发展，而不是一个技能的发展。其次，就是对幼儿身心品质的培养。从廖老师的介绍中，我们就能看到一位幼儿园老师的用心良苦，现在的孩子普遍以自我为中心，觉得自己的想法是最重要的，只倾向于满足自己的想法，通过这个活动，老师寄希望于让孩子们在这个过程中，体会在集体、合作游戏中的快乐，从而愿意去参与集体游戏，愿意和大家合作完成，真正体会合作对于个体的意义是什么。这样的一节活动才是有意义的，孩子一天就30分钟的集体活动，所以其立意的高低就决定了整个活动的有效性。

二、难度层层递进，结构合理

大班的孩子，对于活动的挑战性是非常重视的，要孩子能有兴趣参与，这个活动既要富有挑战，又要在孩子的最近发展区内，不至于产生挫败感。廖老师的这个活动，就很好地诠释了什么是环节的设置合理。我们可以看到，整个活动中，廖老师创设了几节台阶，显示尝试合作，第二层次加快合作的效率，第三层次，当提升合作难度后，我们还可以怎么办。环节的层层深入，让我们看到了孩子们在整个活动中不断地挑战的欲望，在和同伴合作中不断地学会倾听他人意见。然后在更难的一次活动中尝试完成挑战。在这个过程中，教师心中有目标、有层次，还能根据孩子的现场状况进行及时的调整，减少环节，以幼儿当下发展能力为主，可见教师心中有目标，心中更加有的是孩子！

三、温和化解矛盾

大班的孩子对于自己的想法是非常坚持的,我们在活动中,可以看到两个女孩子发生了比较激烈的矛盾,教师一旦处理不好,这个矛盾就会升级,但是我们看到,廖老师就是这样不紧不慢的三言两语,就让两个女孩子开始愿意为对方着想,不禁感叹,老师的教导作用的完美体现,什么是合作,是学会协商,更重要的是,在可能的时候,勇于放弃自己的一些想法,去帮助他人,配合他人,这个才是孩子的核心的教育价值所在。

四、不成熟的建议

1. 建议在环节的一开始,可以让孩子们尝试在垫子上进行交流,不同感官的充分利用,帮助孩子们想出更好的合作的办法。

2. 对于大班初期活动时,6人合作有一定的难度,并且游戏的解决方法是孩子们还需要去摸索的,如果教师需要关注孩子的合作意识的培养,可以在活动初期4人一组熟悉游戏的解决方法,在了解怎么玩之后,增加人数,让孩子将关注商量游戏的解决方法的视角转变到人数改变后,我可以怎么样让我们的团队更加快,这样帮助孩子们分解难度,并聚焦合作意识。

有趣的翻垫子游戏
——《翻转垫子》评析

● 上海市长宁区新剑幼儿园　时佩蓉

这次在长宁实验幼儿园观摩了廖蕊老师执教的大班活动"翻转垫子"。整个活动就是三次游戏活动的过程，孩子们在团队游戏的体验中获得了宝贵的成长经历。以下从教师和幼儿两方面谈谈我的感受。

一、教师专业素养体现

本次活动从选材的思考、教学环节的设置、教学重难点的把握和组织实施，加上教师自然亲和的教态，和孩子们轻松的互动，都体现了教师较高的专业素养。

（一）教学思路清晰

教师从成人的团队游戏中受到启发设计了游戏活动，目的是为了培养幼儿良好的团队合作能力，针对幼儿比较关注自己、较少关注他人的不足，设计以团队形式翻转垫子，让幼儿能在游戏中自觉地去帮助同伴，获得成功体验，体会到帮助他人的快乐和成就感。

（二）教学结构有层次

教学环节环环相扣，首先交代游戏规则，让幼儿明确任务；之后进行第一次游戏，首次的游戏尝试让幼儿体验到小组的胜利需要大家的合作，也需要用好的方法。第二次的游戏，在使用好方法的同时，再次体验同伴合作的重要性，不能只顾着自己，小组共同完成才是胜利。通过两次的探索，孩子们获得了团队翻转垫子的成功经验。于是第三轮的游戏进行了升级，让幼儿在不讲话的规则下更进一步体验相互理解和协作及帮助他人的重要性。

（三）教学方法有效

提问的有效——教师的提问突出了教学的重难点："拉哪里""站哪里""垫子折叠的方法""脚踩的位置"……围绕着翻垫子的方法，鼓励引导幼儿去大胆探索。第二轮的游戏从另一方面——"你是如何保护同伴的""你得到了同伴的什么帮助"……围绕同伴间的互助，引导幼儿体验团队合作的重要性。

追问的有效——在活动中，给我印象比较深的是教师的追问，大班的幼儿有想法，但表达不清，特别是对于刚升入大班的孩子，语言组织能力不强，往往会词不达意。这时，老师的追问帮助了孩子整理自己的思路，让幼儿的表达更清晰。如，在偶尔回答用"拉"的办法时，教师追问："是到处都拉，还是就拉一角？"不仅让回答的幼儿明确自己的想法，也让同伴得到分享。

回应的有效——及时发现问题，解决问题也是本次活动的一个亮点。当游戏活动中两个女孩为了记分牌发生矛盾时，教师不紧不慢地抛下："你们先去想一想！"之后又以"刚才你们觉得应该吗"这样温柔的话语，让孩子学会互相妥协，学会了谦让。

二、幼儿的美好体验

（一）体验了合作

团队合作是社会人的重要品质，两组孩子在游戏中体验到了合作的重要性，学习了和同伴协商，也通过合作获得了成功体验。

（二）体验了互助

团队要获得成功，就不是一人的事情，大家互帮互助就能更快完成任务，这是孩子们在游戏中获得的友谊体验，帮助同伴，获得成功，也让自己获得积极的情绪体验、情绪愉悦。

三、我的想法

（一）关于记分牌

本次活动可以不用记分牌，一则幼儿的记数能力还有所欠缺，影响了效果和公平性；二则游戏可以不以比赛的方式提出，只是两队的互相探索；三则若是使用记分牌，建议在一轮游戏结束后大家坐在座位上由老师或派一名幼儿翻牌计分，既看得清楚，又可以大家一起来数数。

（二）关于游戏的探索

三轮游戏都是小组同时进行，有难度的变化，还可以从人数来进行递进。第一次2人翻转垫子，初步感受；第二次6人合作验证方法；第三次增加翻垫子难度……这样层次性会更丰富些。

读 后 感

当今时代如何看待多元智能
——读《多元智能理论》有感

● 上海市第三女子中学 夏 磊

在假期里,我阅读了加德纳的《多元智能理论》,其中的多元智力理论是加德纳在1983年的《智力结构》这本书里提出来的,他是美国哈佛大学的发展心理学家,其中令我感慨万千,刹那间感觉受益良多。这本书里面不少的看法,都令人有种恍然大悟的感觉,让人眼前一亮。

加德纳曾经这样指出:世界上并不存在谁聪明谁不聪明的问题,而是存在哪一方面聪明以及怎样聪明的问题。通过这句话,我觉得当今的教育实践尤为重要,那样才能真正体现多元智能理论对教育的影响,对教育的课程改革展示实质性的价值,更为重视教育当中的素质理念。在我看来,多元智能理论更为全面地阐释了人们的智力构造,这种理论的发展不但对素质教育展开了全新的解释,并且为如今教育的课程改革提供了很大的帮助。

阅读了《多元智能理论》,我觉得多元智能理论就是一种教育观与学习观的内在建构,基于教育的实质性特征,多元智能理论和建构主义的学习观是具有共通点的,针对每个个体都是通过自身的方法以了解知识以及建构自身对事物的认知这种观念做出了强调。所以,在多元智能理论当中比较看重个体的智能差异对教育的影响。以加德纳的观点来说,依照多元智能理论,智能在教学中可以充当多个角色,这样的特征针对教学来说是具有很关键的意义的。在加德纳的一些著作里,他觉得教育的改革需要更为关注学习者之间的差异。通过总结,我觉得多元智能理论针对教育理解的新观念,使得多元智能教学具有如下三个特征。

首先,教学目标具有多面性。加德纳认为,学校教育的基本理念应该是探究不同的智能且帮助学生了解自身潜力找到适合自己的方式。他觉得学校教育的目标不单单是培育学生的智能以及基本的学习技巧还有知识,应该还有学生对学习的理解,具有更深入的独立判断解决问题的能力。多元智能可以令教育达到更好的效果,多元智能理论不但有助于学生的学习,并且有助于学生向成人角色状态方向的发展。总的来说,我觉得以加德纳的观点来说,多元智能的教学目标是运用个体不一样的心理特点的不一样的形式。

其次,教学过程具有生成性。多元智能理论把教学环节定义成一种生成性的环节。其实在书中加德纳并未阐明教学过程具有的生成性,不过在他的著作《受过训练的智能》这本书中指出,基于多元智能理论需创建理解的课堂教学,并且这样理解的课堂教学就是"重在理解的建构主义者的课堂教学"。在这里我借鉴建构主义的观点,能够把教学环节的生成性概括成两个层面:第一个层面,建构主义觉得知识是主体和自然相互影响的结果,这样知识的构建由同化以及顺应两类形式展开。第二个层面,建构主义着重于学习的自主性、情境性以及社会性。在加德纳的教学评价里,他强调展开和学习环节相互统一的情景化评价。

第三,学生角色具有自主性。多元智能的教学着重于教学环节里学生角色的自主性。学生角色的自主性能够由两个层面进行阐述:第一个层面,教学环节的师生之间的关联就是一种主体间的关联。加德纳在指出多元智能的学校以"个人为核心"的学校时,开始就说明了尊重学生的关键性。以"学习者为核心"是多元智能教学的基本理念,这样的"核心"着重于教师对学生主体角色的认可。第二个层面,教学环节是学生自主性比较强的一种实践活动。加德纳在教学中看重学生的参与,他建议为学生提供更大范围的可以挑选的课程。学生的自由挑选,在多元智能的教学里和建构主义的理念是相统一的,被当作是学习以及教学里"建构"环节的起始环节。在教学评价里,加德纳强调儿童自我评价的关键性。他觉得学生经过对自身的评价,会针对自己的学习有一定的反思,进而使得学生自身在学习方面具有更为强烈的意识。

通过阅读加德纳的《多元智能理论》令我受益匪浅。加德纳的多元智能理论更好地阐释了当今的素质教育,以全新的角度表述了目前教育事业的发展方向,经过阅读这本书,不但让我了解到了多元智能理论在教学当中的运用,并且同样可以引申到家庭当中家长对孩子的教育与评价,就像这本书的名字一样,都是多元化的。所以,在以后对学生的教育当中,不但教师需要对学生一视同仁,找到每个学生的价值所在,并且家长也要对自己的孩子加以鼓励和表扬,发掘他们身上具有的智能,以令其个性及智能得到更好的发展。

努力求真
——读《语文教学谈艺录》有感

● 上海市虹桥中学 孙海瑾

近来，学习了于漪老师的《语文教学谈艺录》，感触颇深，感佩于于漪老师对待语文教学的真知灼见，感动于于漪老师对于语文教育的满腔热忱。

《语文教学谈艺录》写于二十世纪九十年代，乃于漪老师退休后仍心系教育、拖着病体著成的心血，想来已让人感怀不已。

书中的点点滴滴、林林总总、一席箴言、一点实践，更是动人心弦、启人心智。

异常有感的是，于漪老师写在后记中的这样一段话："要站在战略的高度，清醒地认识语文教学对学生成长的不可代替的重要价值，感受祖国语言文字表情达意、传承文化的巨大魅力，要努力探究提高学生语文素养的规律，品赏与享受语文教学艺术的快乐。"这样的见解、这样的高度，充分诠释了一位充满爱的教育家对于语文、对于祖国未来栋梁的理解与关怀。从语言文字的品悟到文学文化的传承，从知识的学习到素养的提升，这就是于漪老师传递给我们的追求，一名语文教师、一名教育工作者应当有的追求。

书中的一言一语，真真品悟、细细思量之后，对于语文教学当何去何从，也有了一些学习之后、实践之余的感悟。

语文教学应当返璞归真。当我们把形式去掉之后，还剩下什么，是每一堂课都应该考虑的问题，也是每上完一堂课都应该反思的问题。我们很难做到把一堂课上得很干净、很利落，但是我觉得作为语文老师应当有这样的追求。设计时用心、教学过程中有心、教学之后静心，不忘本质，去除冗余，追求效率。

语文的可贵之处在于培养学生的思维品质，但是我们很多时候被分数束缚了手脚，教师的功利心不可避免，我们过多地关注了学生学到了哪些知识，学生知不知道怎样回答这类问题，学生的答案是否完整规范。这样一来，学生的思维无从打开，学习的兴趣也无从培养。也因此，教师自己的视野也缩小了，没有了与时俱进的眼光，没有了胸怀教育的襟怀，没有了不断充实自己的举止，我们拿什么去培养学生，我们又有什么可以去影响学生？思维，只有在不断的碰撞与激发中才能迸发蓬勃的生命力。

教学有其个性，但是个性背后还是有共性的。在我们学习许多优秀教师的教学经验的时候，除了学习他们的方法策略，更有意义的事情是思考这种方法与策略背后的原因，当我们明白种种教学行为背后的原因的时候，才是真正的学会，也才能真正地有选择地运用。

实践出真知。非常认可于漪老师所讲的一线教师进行的改革是值得提倡的，并非改革一定正确，但是改革本身说明了教师的努力与追求，也许有不恰当之处，但是那些恰切的有价值的正是点点滴滴的教学行为带来的教学的活力。教师的主动追求，勇敢实践，是一定会影响学生的种种行为的。但是反观现实，反观自己，真正的勇于进行教学改革的教师，或是改革的行为少之又少。

语文教学的整体性是我们的追求。学生思维的缜密是在学习与实践的过程中逐渐获得的，语文教学中或许会有许许多多的点值得我们带领学生去揣摩，去学习，但是我们不能忘记，所有的点都是整体的一个部分，任何一个点脱离了整体，只是无源之水，只有在整体把握下的理解才是有根基的、深邃的。

看于漪老师的书，学习到的不仅仅是知识与方法，更是一种教育的情怀。任何时候我们都不能遗忘语文是母语，任何时候我们都要在潜移默化中这样去"告诉"我们的孩子，如于漪老师在书中所言，"从先秦诸子开始到历代名儒，无不强调学语文与学做人要紧密结合"，"离开了人的培养去讲语文的教学就失去了教师工作的制高点，也就失去了教学的真正价值"。语文，承载的是一个民族的文化，一个民族的思想。带领孩子们品味语言的美，接受情感的熏陶，传承优秀的文化，是我们作为语文教师永远应当铭记于心的使命与追求，或许这条路很长，但是只要在路上，就会走向远方。

"学生是学习语文的主人"，于漪老师多次这样强调，的确，教学要心怀母语，也要心怀学生，时刻不忘教是为了不教，我们要清晰了解学生的需求，知道学生的学习起点，摸清学习的规律，鼓励学生去尝试，去发现问题、分析问题、解决问题，允许学生提出不同意见，领着学生一起沉浸课堂，一起进入思维的殿堂，一起提升语言的素养。

当然，这种理想状态的背后，需要我们不断地学习，不断地思考，不断地实践，不断地在反思中积累经验，走出一条充满希望与生命力的道路。

教育的探索

以论统实，寓论于实
——读《帕夫雷什中学》有感

● 上海市娄山中学 黄军成

  干部培训班导师李静微校长给我们学员推荐了几本书，其中一本是苏霍姆林斯基所著的《帕夫雷什中学》。当我第一次拜读这本书时，看到的是平淡朴实的封面，1983年2月发行第一版，已印刷十余次，数量超过十余万册，从第一次出版至今已有35年。心想这本书是不是已经过时，跟不上现代教学的发展，没必要再读？就简单浏览了顾明远教授为书做的总序和译者的话，却发现作者的教育理念和教育思想并没有过时，许多至今还在沿用，对当前教育和教育工作者仍具有巨大的现实意义与启发作用，不由得细细品读起来。

  《帕夫雷什中学》一书是苏霍姆林斯基在帕夫雷什中学任教33年、包括担任26年校长的工作总结，是作者一生心血与教育智慧的结晶。该书通俗易懂。它既非空洞无物的泛论，也不是事实材料的罗列，而是以论统实，寓论于实。它布局严整，泾渭分明。其中《前言》部分言简意赅地阐述了作者的基本教育信念。第一章介绍了该校从校长到整个集体朝气蓬勃的概貌。第二章则把该校富于教育性的物质环境生动形象地展示在读者面前。第三、四、五、六、七各章分别就体育与健康、德育、智育、劳动教育、美育五个方面详尽地阐述了作者的见解和做法，全面展示了作者的教育思想，不愧为一部"活教育学"，为大家留下了诸多思考。

一、教育是充满爱的教育

  这本书开篇即提到教育者最主要又是最重要的品质就是"深深热爱孩子"，这一主张引起了我的共鸣。如果我们仅仅把教育理解为传道授业，这一解释未免过于狭窄，过于冷淡，缺乏人与人的感情色彩。一位校长曾经说过："教育就是播种爱。"每一个孩子心底都有一块爱的心田，教师将爱播种在孩子心底，让爱的种子在他们心田生根发芽，让孩子懂得世界上最包容的一种情感就是爱。只有心中有爱，才能"用心灵感觉出别人的情绪"并"关怀他人"，才能"在精神上给别人温暖的时候，自己也能从中感受快乐"，才能在未来成为一个善良、有爱心、有同情心，心智健全的人。这些"心"都源自爱。

  教师要教会学生爱，首先自己要学会爱学生。只有爱学生，向学生展示了什么是爱，怎样表达爱，教师才有教授学生去爱的资格。学生才能切实感受到教师的爱，才能体会到爱的珍贵与美好。"尽可能深入了解每个孩子的精神世界"，"细心观察，寻找跟他们进行精神交往的手段，深入孩子们的精神世界中去"。这些都是教师对学生爱的表现。反之孩子的纯真、好奇、活跃的天性也会感染教师，唤醒教师的爱。当教师学会从孩子的视角看问题，多与孩子接触沟通交流，真正打开了孩子的心灵之门，就能与孩子共同分享快乐。正如书中苏霍姆林斯基所说"孩子们使我感到愉快，对我来讲，就是最大的幸福"。 爱孩子是作为一名教师的最基本要求，需要教师在教育实践中不断体会领悟。教师只有做到了爱孩子，才有可能被孩子们所热爱、拥戴。因为"孩子们所喜欢的是那种本人就喜欢孩子、离开孩子就不行，而且感到跟孩子们交往是一种幸福和快乐的人"。

二、教育是充满艺术的教育

苏霍姆林斯基在书中谈到"教育是一种十分细致的精神活动"，"要掌握影响儿童和青少年的艺术"，也在强调教育充满了艺术。许多优秀教师常常让人赞叹其教育的妙处和艺术，这与教师个人的实践经验和素养是分不开的。教育艺术蕴含于教育实践，只有教师长期处于特定的教育情景中，经常与学生沟通交流，了解其心理，才能积累实施教育艺术的经验。倘若一个教师不能抓住教育契机，过于固执迂腐，教育思想陈旧，拒绝接受先进的教育理念，同时又欠缺教育总结和反思的意识，这样的教师，纵然有一生的教育经验，也很难实施教育艺术。在书中，苏霍姆林斯基这样描述他们的教育学课程："那里讲的教育学不是枯燥乏味的结论，而是关于教育艺术、关于如何影响意识和情感的生动而清晰的阐述。"与此相比，我们接受的教育学更注重理论知识的传授，失去了了解教育艺术的途径。

三、教育要善于换位思考

苏霍姆林斯基在书中写道："一个好教师意味着什么？首先意味着他热爱孩子，感到跟孩子交往是一种乐趣，相信每个孩子都能成为一个好人，善于跟他们交朋友，关心孩子的快乐和悲伤，了解孩子的心灵，时刻都不忘记自己也曾是个孩子。"这一段论述中最后一句"时刻都不曾忘记自己也曾是个孩子"，其实就是提醒教师在教育中要善于换位思考。在现实教育中，尽管教师所做的一切都是为了学生，但教师的视角、立足点还是从社会需求、期望和教育培养目标等实际出发来要求学生。究其根本，教师在传授知识、教育学生的背后隐藏的仍是通过一切教育教学手段达到教育目的、实现教学目标，很少站在孩子的角度，思考孩子真正需要什么，想学什么，希望老师怎样教，自己怎么学。现实教育中，教师不停抱怨现在的孩子和以前不一样，却没有思考为什么不一样，是什么改变了？如果不去了解孩子在想什么，需要什么，就很难理解他们。正是教师在教育过程中没有做到换位思考，才会产生这样的抱怨，才会感到教育效果低下。正如苏霍姆林斯基在这段话中提到的"时刻都不曾忘记自己也曾是个孩子"。如果教师能够感受到这一点，就能深刻体会到孩子的快乐、悲伤、好奇、愤怒的情绪，就不会以成人的眼光去审视孩子的问题，就会知道孩子期望什么，怎样教才能引起孩子的兴趣。如果教师能够意识到这一点，自然而然就会掌握与孩子们沟通的技巧，了解他们的困惑和烦恼，给予他们必要的帮助和指导。如果教师能够时刻提醒自己这一点，就会少一些苛求，多一些宽容；少一些严厉，多一些友善；少一些批评，多一些鼓励。善于换位思考的教师，会用心灵体会儿童世界，受到孩子的喜爱。

  读完《帕夫雷什中学》，真的是感触很深，为作者热爱教育事业的真诚所感动，为作者终生从事教育科研的精神所激励。阅读过程如同聆听一位教育长者的娓娓叙说，领教一位智慧大师的彻夜长谈。作者的"相信孩子，尊重孩子，用心灵去塑造心灵"的思想是教育思想宝库中的瑰宝。从这本书中我学会许多许多，对待教育要坚持怀抱着爱的心理，认真平等地对待每一个孩子，挖掘他们的闪光点……通过这样我们一定会慢慢发现，我们对教育，对孩子付出的同时，也一直在收获快乐。

读 后 感

读懂学生、教师和教育
——读《读懂课堂》有感

● 上海市新泾中学 余 琼

教师是个非常烦琐、平凡且极具挑战的职业。因为他的服务对象是人，而且是一群天真烂漫的熊孩子，所以在工作中充满无数未知，即使付出了自己的所有精力也可能得不到自己期望得到的结果。

前一段时间，我读了钟启泉先生的《读懂课堂》，知道了：教师的教育生涯就是不断倾听教育呼唤的生涯。作为教师要倾听三种声音的呼唤，了解他们的诉求：来自学生的呼唤、来自教育内容的呼唤和来自制度的呼唤。同时教师的工作也应做出三种回应：回应学生呼唤的教育生涯导向爱；回应教育内容呼唤的教育生涯导向真理；回应制度呼唤的教育生涯导向正义。课堂是教师专业成长的重要场所。结合本书我觉得，教师要"带着思想观察，直面课堂本质"，以科学的态度和方法面对自己或他人的教学过程，才能在教学研究中提高自身的学科教学知识和学科教学素养。

一、要读懂学生

叶圣陶说过，"最要紧的是看学生，而不是光看老师讲课"。读懂课堂不仅要看老师的"教"，而且要看学生的"学"，要学会读懂学生的学习方式、学习状态、学习参与度、学习效果、学习习惯等。这里的读学生不但是指学生具体情况，包括家庭情况、性格特点、基础差异、爱好特长等，最主要的是学生的认知发展水平。学生在学科的学习上有多大的发展潜力，并根据学生的实际水平制定自己的教学内容和方法，让自己在课堂中能够和学生处在同一认知的水平，让学生能读懂老师的授课内容，并掌握好内容。

儿童进入课堂之前，他们已经通过经验构成了该领域的某种概念。因此，教师在熟悉教学内容的同时，还得了解儿童在上课之际持有怎样的概念。儿童的特有概念可以分为：先入概念和错误概念以及相异概念。先入概念并不是概括化的科学概念，但是已经具有初步的模型或理论的性质，可以同"科学概念"抗衡，并且最终会转化为"科学概念"。错误概念不同于"科学概念、科学解释"的幼稚解释，但在这种概念中也会有部分正确的、合理的解释，可以作为新知识的生长点，促进学习者建构新的知识和观念。相异概念在日常生活中未经系统的教学而获得的概念，在日常生活中拥有适应的性质，但是对照科学概念未必是正确的，它必须被"科学概念"置换。因此，我们的数学教学应该是基于学生学习基础、学习方式下的课堂，不是所有的教学内容都要照本宣科的。

如在学习解一元一次方程时，由于小学已经学过类似的内容，初中只需要将各步骤应用的数学法则，以及一些步骤的名称"去括号、移项、系数化为1"等重点讲解，留较多的时间让学生自己感悟体会。有时候学生没有正确解题，并不是他的智力和能力问题，而是他那儿童的特有概念和教师课堂上的科学概念之间产生了矛盾，没有得到正面的强化，甚至对科学概念产生了负迁移。如曾有位学生一直弄不清楚圆与圆位置关系中的相切和相交，总是把两者搞混，经仔细询问，才知道他觉得"相切"中的"切"和动词"切"的意思一样，所以应该把圆切开来，所以"相交"的位置关系他觉得应叫作"相切"。如果没有了解学生的想法，肯定会认为这孩子理解记忆有问题，连相交相切也分不清楚，其实并不是这样。这个学生后来就明白了"切"在这里的意思，判断圆与圆的位置关系也就没有再出错。

二、要读懂自己

习惯了喧嚣的校园，容易忘记书声琅琅时寻找一份安静的心情来感受反思。作为一名一线的教育工作者，我深有感触的是教师常常处于"失独"状态：即失去一个人独处的空间时间。学校—家庭，两点一线，备课、讲课、听课、改作业、辅导学生等一系列教育教学常规工作，买菜烧饭、打扫卫生、教育子女等家庭事务天天处理，感觉无暇去思考，更无时间去"反思"。在教学岗位上时间越久，越会忘记自己的初心，看不懂自己。

钟启泉先生说："课堂不变，教师不变；教师不变，学校不会变。教师不能停留在'技术性实践研究'，还需要上升到'反思性实践研究'。"这就要求教师要对自己有个很清晰的认识和评价。静下心来反思一下自己是否熟悉教材，能否活用教材，能在多大程度上在课堂中调动学生的积极性，是否能够熟练掌握现代化的教学手段，哪些方面需要自己积极提高，是否能掌握先进的教学方法？对于自己欠缺的这些应该从哪些方面补救，让自己更加完善。

"知己知彼，百战不殆"这句话用在教学上应该也是适用的，我们只有读懂了学生，读懂了自己，才能让课堂成为师生共同成长的摇篮，"教学相长"才被赋予其真正的意义。

三、要读懂教育的本质

钟启泉教授在书中怒斥道"应试教育本质是反教育"。作为一线教师我也深有体会，学生、老师、家长都深受其害，但又难逃其羁绊，或者说我们老师还有意无意地成为应试教育的助力者，却又非常无奈。尽管这样，但我们还是要意识到，把应试能力作为衡量学生发展的主要指标，尽管会有很大的诱惑性，亦不乏现实的市场需求，而同时也有极大的欺骗性，甚至可以说是误人子弟。书中根据国际教育的先进经验，指出"公民教育是攻克应试教育的良方"，认为我国20余年来的素质教育与应试教育之争，归根结底是"公民素质"之争、"公民形象"之争，应提倡"公民教育"，应该培养学生的核心素养。在飞速发展的现在社会，信息技术日新月异，教学模式层出不穷，我们还是要从根本上思考教育的实质，清楚自己该给学生怎样的教育，要培养具有怎样能力的接班人。

现代性所带来的负面功效，已经渗入教育领域，迷恋大数据、依赖网络、痴迷规划，看似科学的背后，是一种理性缺失的狂躁。作者看到这种"狂躁症"，并指出后现代才是走出迷阵的通衢。后现代，超越技术的纷繁，专注教育的本质研究，从教学基本理念的重塑中找到未来工作的基础。钟教授指出，幻想依靠大数据来改革教育现状的做法是不科学也是难以行得通的。因为教育首先是对人的教育，不是冷冰冰的一系列或大容量的数据可以妄求解决的。他认为学校教育特别是课堂教学最重要的是要做"质性研究"，进行质性研究的价值判断，所以大数据对于教育研究，包括课堂教学研究的帮助是有限的。

我想，真正的教育不是关注孩子的成绩、课堂的数据，而是关注孩子的发展。读懂学生、教师和教育，把握住信息技术背景下课堂教学的特点，培养孩子健全的人格和人文素养，更好地发展学生的智慧。

我给学校文化建设找一百个理由
——读《帕夫雷什中学》有感

● 上海市长宁区特殊职业技术学校 乔 悦

《帕夫雷什中学》是苏联著名的教育家苏霍姆林斯基最广为流传的一部书，在这部书中，充分而又全面地展现了他的教育思想。从《帕夫雷什中学》中可以充分地看出学校文化在教育中的突出地位，我们一直以来非常重视显性文化在教育中的重要性，而忽视了隐性文化的重要性，尤其在当下的教育环境中，显性的、口号式的、灌输式的文化教育受到越来越多的反感，而隐性文化的重要性更加突出。我们有必要从苏霍姆林斯基这本著作中去寻求解决方案。

一、基于教师专业发展的学校文化建设策略

学校的文化相对于学校的物理环境是更重要的东西，因为他关涉的东西更多，影响相对的明显，学校的老师、各种规则、传统等都是学校文化的组成部分。在老师方面，由于老师和学生的接触机会多，所以一个老师的各个方面（甚至他的体态）都会对学生产生巨大的影响。所以，在帕夫雷什中学中，对老师的要求都很高，不光要精通他所教的那门学科，教师们的私人藏书有4.9万册，如文学教师达拉甘的私人藏书就有1000多册，物理教师菲利波夫就有1200册，教导主任就有图书1500多册。此外，每个老师还会订阅基本杂志，当孩子们为老师渊博的知识所震撼时，自然而然地就会培养起对知识的渴望。除此之外，还在很多细节体现了隐形文化的存在，如努力做到学校中男女老师的比例恰当，在校内，所有的老师都面对每个学生，并不是各位老师都"各人自扫门前雪"。苏霍姆林斯基是这样说的："只有当每个孩子亲身感受到是许多老师在影响他，而且是他们每个人仿佛都在把自己的一份精神力量注入给他的情况下，教师集体才能形成一种教育力量。"

当前，面对课程与教学实施中不断出现的各种问题，学校和教师遇到了巨大的挑战，过去的经验不管用，现成的经验没出现。教师专业发展成为学校迫切需要解决的问题，于是校本培训、校本教研应运而生。以校本培训、校本教研为学校新型制度，形成了具有新质的教学反思文化、教师合作文化、阅读文化和学习文化，全面提升了教师的专业发展水平和综合素养，形成新的教师日常行为和生存方式。这就是学校的学习型组织和学习型行为，建设学习型学校与

学校文化建设紧密结合起来。

二、基于校本管理的学校文化建设策略

校长办学的思想，会潜移默化地融入教师、学生的血液之中，影响他们对人对事的看法，比如在学校设有少先队监督岗，保护绿色植物，这个毫无疑问地会增强孩子们爱护植物的意识，还有学校存在着青年讨论会俱乐部，学生们通过讨论问题可以获得对一件事正确的看法。帕夫雷什中学的很多规则都不是明显地展现出来的，很多东西已经融入这个学校的校园文化之中，并影响每一个在这里接受教育的孩子。

校本管理是以学校为中心的管理，是学校责任和学校权利相统一的因地制宜的管理，是学校主动适应变化的环境的自主管理行为。校本管理是教育民主和权力分享理念下的学校管理模式和管理行为，它鲜明地体现着新的管理思想和管理文化。校本管理的实践，需要并呼唤着现代学校制度的建立。而现代学校制度是在改进和调整学校与行政、学校与社区、学校与家庭关系基础上建立起来的一种新型制度，也是一种新型学校文化，即学校服务文化。建设学校服务文化，要求我们从以让教育行政部门满意为中心，转变为以让学生和学生家长满意为中心，要求我们面向学生、家庭和社区，建构以服务对象满意度为宗旨、以服务项目承诺制为运行模式、以多样化和个性化服务为基本方式的学校服务体系。

三、基于学校传统和学校特色的学校文化建设策略

最能体现学校的隐性文化的应该是学校的文化历史，一所学校的传统是该学校的核心文化，而传统的体现则是在一个个具体的活动中，在帕夫雷什中学中也有着丰富多彩的活动，每个活动都会默默地教育着孩子们。其中，少先队员和将于两年后上一年级的5岁小朋友会面等活动会增强孩子们的归属感；毕业生的"最后铃声节"、毕业典礼会加深孩子们对学校的感情，让他们牢记在学校里的友谊；花节、鸟节会使孩子们热爱自然而且富有同情心；女生节会让男生学会对女生的爱护和尊重；学校的劳动传统有利于孩子们在劳动中体会崇高的美感，让孩子们爱上劳动，理解劳动的价值。像以上这些类型的活动还有许多，孩子们就是在这些传统中了解和接受人类的基本道德的，这种形式远比教条的灌输效果要好，这种方式的教育效果会更加牢固和持久。

学校文化是一种"过去时""现在时"和"将来时"的统一，"过去"以特有的方式存在于"现在"，并影响和制约着"现在"，无法一笔抹杀；"现在"是一种潜在的未来，以特定的方式影响着未来、造就着未来。将学校传统、学校特色与学校文化建设融为一体，要求学校文化建设关注学校的历史传统、敬重学校的文化积累，回到学校的历史文化中重新发现、解读

和建构学校思想和文化资源，使之符合时代精神和素质教育的要求。

　　《帕夫雷什中学》是一部"活的教育学"，它没有空洞教条的说教，没有深奥晦涩的教育理论，比任何一步教育学都形象生动，深入浅出，因为这全是作者自己教育生涯的结晶，是来自作者对教育工作满腔的热爱。这样一所美丽的学校是我们所向往的学校，更是我们努力的目标。

读后感

为师者，任重而道远
——读《滋润上海》有感

● 上海市长宁区开元小学　郑璐佳

人们常说，"教师是人类灵魂的工程师"，肩负着为祖国培养人才的重要责任。但要真正做好这份工程师的工作，对我来说并不是件容易的事，可谓"任重而道远"。幸而在这条教书育人的道路上有着不少杰出的楷模值得我学习，《滋润上海》一书中就介绍了许多优秀的校长和教师。

无论是一代名师段力佩还是充满宽广博厚人文情怀的仇忠海老师，书中的每一个人物都值得我学习和景仰。其中，令我印象最深的还是于漪老师。

我曾经阅读过于老师《教育的姿态》一书中的几篇文章，那时，我就对这位大爱无疆的于老师充满敬意。因此，在一拿到《滋润上海》这本书时，我第一篇翻看的就是作者对话于老师的语录——《选择教育，就是选择了高尚》。潜心阅读后，于老师那高尚的师风、全心育人的品质和"一辈子做教师，一辈子学做教师"的执着信念深深地打动了我，让我深有感触。

于漪老师说过"教师身上要有正气，对党、对祖国、对教育事业，对学生满腔热爱之情，全身心投入到教师教学工作之中"。我非常认同这个观点，教师就应该充满正能量，有积极和阳光的工作态度，认真负责地对待工作。审视自己的言行，我在工作中能始终秉持踏实和严谨的态度，平日里以学生为本，无论是授课还是日常的沟通，我都能站在学生的角度考虑问题，热爱我的学生，关心他们的学习生活，对课业上有困难的学生我也能做到耐心地为他们辅导与解惑。但要将这份热情和信念保持下去，还有漫漫长路要走。"教师的生命是在学生身上延续，教师的价值在学生身上体现"，因此，我要以于漪老师为榜样，对学生充满爱心，心存敬畏。

同时，作为一名青年教师，我在教学能力和专业发展方面也有很长的路要走，这就需要我不断学习和实践。就像于漪老师所说的那样："教师要学而不厌，努力充实自己，才能担当教育学生的重任。社会的向前发展，科技的飞速进步，新的信息层出不穷，如潮水般涌来，教师要教出成绩，必须认真学习，提高求知的自觉性和积极性。"

因此，我会继续认真上好每一节课，并及时做好教学反思。因为每一次的课堂教学实践往往会与之前的备课计划有所出入，那么一节课上下来效果究竟如何，就需要通过课后反思来进行总结,这样不仅可以促进我本身教学能力的提高,还能使接下来的教学活动得到更好的开展。同时,我还要不断向有经验的老师学习,在听评课的过程中,发现他人的闪光点,寻找自己的不足之处,做好听课笔记,努力扬长避短,摸索总结自己的教学经验,运用更加多样的教学方式,提高课堂教学的有效性。此外,我也会积极主动地参加校内外的各项教研活动,开阔眼界,在努力提高自己的专业基本能力的同时,不断充实自己,汲取最新的教学理念,并在学习之后,有自己的思考。

通过阅读《滋润上海》这本书,我学习到了许多先进教师身上的优秀品质,特别是于漪老师的事迹和她所说的话语深深地印在我的脑海中。学习过后,就是要付诸实践。我一定会在榜样事迹的熏陶下,努力提升自己的思想品质,努力学习和实践,做到好学,深思,力行。

读 后 感

做一个聪明的教师
——读《做一个聪明的教师》有感

● 上海市长宁区北新泾第三小学　张静妍

在业余时间，我细细研读了《做一个聪明的教师》这本书，读后真有一种相见恨晚之感。这本书从教师的思维方式入手，通过90个案例讨论教师思维方式对教育教学的影响，帮助教师"认识自我"。这本书传达着王晓春老师的思想，传播着他的理念，那里面许多发人深省的语句深深吸引着我，从许多的教学案例中我似乎看到了自己的影子。

"要做一个聪明的老师。"——这是我读后感触最深的一点！王晓春老师的《做一个聪明的教师》给我们这些在教育一线苦苦摸索的教师们送来了一剂沁人心脾的良药。这句话看似简单，其实要做到不容易。有时候，我们老师常会好心办坏事，造成这种情况其实还是我们工作得不细致，想得不周全。"鼓励孩子的方法有很多种，尤其是对行为偏差生更应该多想想办法，多从这些孩子的角度来考虑，带着一些宽容的心态去面对这些孩子。"读到这，我想到了去年我班转来的一名新同学。上课时，他总爱把手伸进抽屉里做小动作。刚开始时，我看到时轻轻地叫一下他的名字后，他就坐端正了，过了不一会儿，老毛病又犯了。几天下来，总不见起色。我想，是不是我方法上出了问题。后来，我说："这几天我发现某某同学比以前上课用心听讲了，作业也做得很棒了。希望他做个永远的乖孩子。"听了我的表扬，他很端正地坐好。几天下来，尽管有时还要做一下小动作，但比以前少多了。在以后的几次默写中，空格也少了很多。好多次早晨，他看扫地的同学没来，都主动打扫着，看着他认真的背影，我的心里一阵激动。是啊，我们不能用一把尺子去丈量所有的孩子。在教育的过程中，我们不妨多动动脑筋，想一些既有效又能让孩子、家长都能接受的好办法。

王晓春老师对聪明人的界定太经典了：聪明人其实就是善于思考的人，他们往往有良好的思维方式，而思维方式对于我们教师太重要了。看了这本书后，当我碰到违纪学生时，我都会动一番脑筋再作处理。在平时，学生犯了一些错误，我一定会把他们课后留下来批评一顿。可现在我想到王老师在书中说到的一种思维误区便是"迷信师严"，我提醒自己要变得聪明些，于是，我采取让学生做好事来弥补，使他们在做好事的过程中认识自己的错误，从而受到教育。后来只要遇到犯事的学生，我就采取这样的方法，效果要好一些。

王晓春老师也反复强调，爱心是师德的灵魂，没有爱心就没有教育。"爱与责任"是当代教师之灵魂，"师爱"是师德之必备。但是，王老师同时指出，不能因此迷信"师爱"。他说，迷信"师爱"有两种情况：一种是好心的糊涂人，真的以为能点石成金，爱是万应灵药，一旦他不能把学生"爱成好学生，他会怀疑自己爱得不够。另一种人则不然，他们其实是把"爱"当成棍子用，他们的本事是把自己对学生施加的一切压力都解释成"爱"，他们嘴里是"爱"，心里想的是"权"，是对学生的"管、卡、压"。王老师指出，现在教育界流行的做法是高唱廉价的"爱的颂歌"，现实中也的确有老师只求"爱岗敬业"，而在实践中大碰钉子。我们不能要求师爱完成本不属于它的任务，就好像我们不能要求医生光用爱心就能把病人治好一样。所以说，没有爱是不行的，光有爱是不够的。爱不是迁就，爱需要理智。

《做一个聪明的教师》书中一个个案例解开了深藏在我心中的困惑。我曾因为学生的问题而烦恼，我也曾因为学生的调皮而头疼，然而这一切都是教育过程中必须面临的正常问题，不要让自己的烦恼扩大，让我们坦然去面对，因为学生的生命存在着差异，我们不是要所有的孩子都长得一样高、一样强壮、一样美丽，而是与学生的原有基础相比，让每个学生的生命有所发展，而老师应该引领着我们的孩子体会自我的发展，教会学生懂得生活，拥有健康的心理和体魄，拥有积极向上的心态，拥有生活、求知的能力。

最后，我引用书中的一句话来激励自己——"我是一个行者，步履轻盈在教育的路上，我的脸上带着笑容，我的心中充满阳光，我的行囊中为教育准备了一切：澎湃的热情、宽容的胸襟、迷人的书香、思考的大脑。"在今后的教学生涯中，我更应严格要求自己，为教育事业做出自己更大的贡献。

读 后 感

淡到深处是繁华
——读《我们仨》有感

● 上海市长宁区绿苑小学　姚丽琳

初读这本书，便吸引住了我。那简简单单的文字里，有女性的温婉，有学者的睿智，有大家的宽宏，也有老者的悲凉。看《我们仨》，总感觉温馨中渗透着隐隐的悲伤，悲伤中散发着淡淡的从容，从容里又隐藏着深深的幸福。

我想93岁老人的文字深深地吸引我，因为一个正走在人生边上的人，绝不需要哗众取宠，定会用上最朴实、最自然、最亲切的语言。果不其然，她娓娓道来，述说了夫妻的相处，子女的成长，做学的快乐，动荡的生活，亲人的别离。是的，即使这样丰富的一生，也仅是用一个"淡"字来诠释，我想这大概就是杨绛先生最值得人尊敬的地方。

不知为何，夜深人静，总让我看得泪湿衣襟。由杨先生的那个梦起，让我想到了芸芸众生都会有一场梦吧。人生如梦，梦里梦外，不一样的境遇，一样的是我们都曾拥有，我们也都将会失去。所以，懂得珍惜，享受平淡，乐观进取，这是杨先生教我们的人生态度。

关于悲伤

最初打动我的，不是他们的幸福，而是悲伤。别的不说，就看那三部的标题"我们俩老了""我们仨失散了""我一个人思念我们仨"，便能感受一个老人站在人生边上时有多少的惆怅与孤独，有多少的不舍与思念。再去感受杨先生的那一个梦，梦里有相聚，亦有相失，那凄凉的古驿道上，为何总要描写两岸数不尽的杨柳，那是杨先生深深的留恋与浓浓的惜别，她多想留住丈夫和女儿，可是这是人生的无奈，再浓的情意只能化作文字去思念。

看着看着，我多么希望两位老人还健在，我多么希望阿媛不要先于父母而去，我多么希望这近乎完美的一家能共享几年天伦。可是，时光哪能逆转，人生永远是要经历正在经历的。

转而一想，谁的人生不是这样呢？谁不会老？不会失散？到头来总会剩下唯一的一个去思念吧！这样的悲伤谁都要经历吧！

这样一想，心生了更多的珍惜。在杨先生的文字里，我读懂了在那每一天的普普通通里，都藏着无尽的珍宝，那一句轻轻的安慰，那一道浅浅的微笑，那一个小小的拥抱……你我可曾珍惜！

关于幸福

　　每一个人感受幸福的能力是不同的，每一个人感受幸福的标准也不尽相同。《我们仨》告诉我们什么是幸福，怎样去感受幸福。

　　在这一家的相处中，有太多幸福：钱老像孩子似的和阿媛玩捉迷藏，是幸福；阿媛每天给父母精心地做早餐，是幸福；他们仨各自工作互不干扰，是幸福；钱老试着给刚生产完的妻子做早餐，是幸福；杨先生每每爬上高处换灯泡，是幸福；夫妻间互相阅读对方的作品并交换意见，是幸福；阿媛给父亲画日常的幽默画像，是幸福……细细数来，在这本书里，流淌着太多的幸福，好好去感受，它们如暖流般温暖心灵。

　　杨先生说："我们稍有一点快乐，也会变得非常快乐。"不管在什么状况下，她们都会从中寻找快乐的源泉。其实幸福的关键是感知能力，而这一点正是我们现代人正在逐步缺失的。杨绛的一家不论在怎样的逆境中，不论遭受着怎样的苦难，她们永远都是相濡以沫，相亲相爱！因为"我们仨在一起"，就是最幸福的。

　　所以，我读懂了，幸福萦绕在我们每一个人的身边。这天底下有太多的"我们仨"，"我们仨"不特别，但也唯有这一家的"我们仨"很特别。唯有这一家的"我们仨"让我们明白包容、尊重、幽默、努力、体贴、淡泊……这些日常里平淡的点点滴滴，便是生活里最完美的幸福。

关于学问

　　三口之家均为当代学者。钱锺书，中国现代作家，文学研究家，他精通多种语言，能背诵无数的诗词和文献，能将经史子集随手拈来，头头是道。杨绛，中国女作家，文学翻译家和外国文学研究家，通晓英语、法语、西班牙语，由她翻译的《堂吉诃德》被公认为最优秀的翻译佳作，96岁出版《走在人生边上》，102岁出版《杨绛文集》。钱媛，北京师范大学英语系教授，博士生导师，编写《实用英语文学体》英文版教程。

　　钱老和杨先生从青年到中年再到老年，坚持读书写字和教书育人。在那个时局动荡的乱世中，他们忍受过最艰难的社会压力，始终坚持在学术上的钻研和追求。

　　如此学问，有禀赋使然，更有后天的热爱与坚持，这些非常人所及，我敬仰有加，却知不是自己所能去效仿的。但是，在他们身上，总有一种对学问的热爱，对学问的钻研，对学问的自律，对学问的执着，对学问的赤诚……深深打动了我，这是"我们仨"的身上所共有的，更是值得我去学习的。

他们告诉我做学问无关乎身份，无关乎年龄，无关乎健康，无关乎功名。我想只有在淡泊中才能积蓄起更纯的力量，那是关于知识的美好力量。

我的工作是教师，称不上做学问，但也总是和知识沾边的。所以对知识的谦卑，对知识的渴求，对知识的探索，对知识的传授……是我这一辈子应该恪守的。而我认为，我也将在恪守中形成我对知识的热爱，希望到了垂暮之年，也能像杨先生这般把知识当成永久的朋友。

关于苦难

谁都不知自己的一生会经历怎样的苦难。这一刻也许还风平浪静，下一刻也许就风暴来临。杨先生的一生可谓是跌宕起伏。青年时想考清华大学却遭遇清华大学不在南方招女学生的限制；留学时候因为怕父亲负担重放弃了美国韦斯利女子学院的奖学金和入学资格；回国后遇到了抗日战争；再后来还遇到了"文化大革命"；年老时候，先后送别了自己的女儿和老伴。即便如此，她却仍拥有乐观的人生态度。

在《我们仨》中，我不曾看出她的历经沧桑，不曾感受她的颠沛流离。相反，我仍能感受到她文字的清淡，生活的清淡，为人的清淡，一生的清淡。尽管她见证了烽火硝烟的战争岁月，也目睹了风声鹤唳的政治运动，可是她却仍然在恬淡中寻找着自己心灵的安所。

所有历经的苦难，竟也变得淡淡的，不甚重要……

苦难是什么？是我们谁都不愿的经历吧。然而从杨先生身上我却感受到了她对苦难的宽容和释怀，她说：

"人世间不会有小说或童话故事那样的结局。'从此，我们永远快快活活地一起过日子。'"

"人间没有单纯的快乐。快乐总夹带着烦恼和忧虑。"她就是在这样的淡然里活到了一百零五岁的高龄。于苦难，我不敢说；于困难，我想说，就让我们向杨先生学习，多一份勇敢和坚韧，多一份淡然与宽容，生活就会吐出它悠悠的芬芳。

淡到深处是繁华，繁华深处是幸福！愿你我都能在繁华中不会迷失自我。

积极影响幼儿，为未来做准备
——读《学习故事与早期教育：建构学习者的形象》有感

● 上海市长宁区实验幼儿园　廖 蕊

暑假里我阅读了《学习故事与早期教育：建构学习者的形象》，这本书带给我很多思考与触动。

一、爱：建立关系

"学习故事"如此打动人心，都让人感到"爱"，被爱因斯坦称之为"无穷无尽能量源"的"爱"，"包含并统领所有其他一切的生命力"。

正因为"爱，驱动着，热情"，所以我们必须"将关系放在教学的中心"。什么是"关系"？我所理解的是儿童、教师、家长、环境间的一种互动关系、一种氛围。它当然也包括儿童间的、教师间的、家长间的关系、氛围。

"儿童在与他人、所处环境和事物之间建立的互动和互惠关系中学习"。"最好的教室应该能够建立一种人与人之间亲密的关系，真心地关心彼此"。"人们将忘记你说了什么，人们将忘记你做了什么，但是，人们永远不会忘记你带给他们的感受"。

让我们改变与儿童、家长、教师的关系，让这种关系变成互惠的、真实的、有效的。

二、儿童的形象：什么是人？什么是生命？什么是教育？

儿童的形象，也可理解为我们的儿童观，就是我们如何看待儿童，我们认为儿童是怎样的人。这种我们内心所相信的一种形象，或许自身清晰，或许自身并未意识到，潜藏在我们的意识里，它通过我们对儿童的一言一行所展现出来。无论如何，我们的一切教育行为都被这种"儿童形象"所影响着，它统领一切，决定一切。

而我们心中儿童的形象，又受很多因素影响，大到地域历史、文化传统、社会背景，小到园所文化、办园理念、课程理念、自身受教经历等。

这本书让我不仅对我心中"儿童的形象"有所思考，更触动了我去思考"人是怎样的生命"，"人的生命的过程、意义"，"教育是什么"，"我自己的生命、成长"等等问题。我想正是在对这些问题的思索中，我们一次次修正着我们心中的或清晰或不清晰的那个"儿童形象"，并且这个形象会越来越清晰，越来越坚定，越来越强有力地影响我们的教育行为。

无论老师、儿童，我们都努力做真实的自己，发现自己的力量。

三、"心智倾向"带来的启示

书中所提出的"有助于学习的心智倾向"，引发了我们这些每天忙于当下的人对未来社会的思考，"孩子生活的世界将和我们认识的这个世界大不相同"。"他们要从事的工作需要他们有艺术方面的能力，需要他们能综合分析，能理解当下情境，能进行团队合作，并能够在一定程度上跨界，使用多种语言，理解多元文化……""我们需要激发他们对学习的热爱和发展人这一生所需要的学习技能。让每个人都能越来越有创造力，确保所有人都有机会去做他们应该做的事情，同时用他们自己的方式去发现他们自己内心的特质。"

因此，"学前教育机构不仅为儿童提供一个度过愉快童年和快乐成长的环境，同时也有责任帮助他们成为有准备、愿意和能够成为应对社会变化的人，即成为一个终身学习者。""让教学的每时每刻都能积极影响幼儿当下的学习生活，并为未来做准备。"

在这样的理念下，学习与教学应是一次旅程。"课程应是一个灵活的规划，不预设终点的计划。课程既是有所规划的，又是未知的，既是有组织的，又是开放的，它依赖灵活的策略，多于死板的计划。"

此外，当我们希望孩子具备那些"有助于学习的心智倾向"时，我们自己也要有勇气成为那样的人。因为"儿童从家长、保育员、老师那里学习如何学习，我希望他们培养那些品质，我也要努力成为那样的人"。我们是他们最有吸引力的榜样，对他们的影响有多大超乎想象！

书中的这番话语激励自己，并感染更多人，那就是："充满热情的工作，试着寻找激发自己热情的事儿，寻找给自己启发能突破自己的事儿，努力成为更好的自己，允许自己享受工作，传播工作中的喜悦！"

培养学生成为一名乐观主义者
——读《斯宾塞的快乐教育》有感

●上海市长宁区愚园路第一幼儿园　诸毅萍

世界上有这样两种思想：一种是随着时代的变化而产生，也随着这个时代的结束而宣告过时；另一种也是随时代的变化而产生，但却对人类有着不朽的价值，它经过时光的打磨，反而更加光彩夺目。

斯宾塞的"快乐教育"无疑属于后一种思想。

他的教育被证明是普遍适用的，因为揭示了人性和心智发展的规律而使孩子和家庭受益无穷。正因为如此，许多科学家、教育学家称"斯宾塞为人类历史上的第二个牛顿"。哈佛大学校长艾利奥特称他为"一位真正的教育先锋"，他的思想值得每一位家长和老师聆听。

中国历来都崇尚头悬梁、锥刺股的学习方法，并长期认为学习是严肃得近乎"苦差事"的事。曾经是学生的时候就一直在想：学习可不可以"快乐"？现在，我已踏入教育者的行列，角色的转变却没有改变我心中对于这个问题的思考。我希望自己的课堂成为愉快的课堂，希望孩子们快乐学习并学有所成。

出于这样的原因，我拜读了《斯宾塞的快乐教育》，这本继卢梭《爱弥尔》之后最有用的最深刻的教育著作。刚刚读它时，我就感觉少了阅读教育理论专著的生涩，多了份亲切与共鸣。我深深地被斯宾塞富于人性的教育思想所震撼，为他奇妙的开创性的教育方法所吸引，为一百多年前他那先进的教育理念而惊讶。它既关注了儿童的智力因素，又关注了儿童的品德、情感、习惯等非智力因素，而这些都是在"快乐"中不知不觉地进行着的。看完《斯宾塞的快乐教育》一书后，我才真正领悟到：真正的有成效的"快乐教育"不是一个简单的概念，而是一系列完整的教育方法和观念；只有"快乐教育"才能最大限度地调动起求知欲、创造欲和自信心。

在书中，有个尤其让我深有感触的小游戏《走进孩子内心的12张卡片》。他说：不管怎样的孩子，他都需要交流，都有一个属于自己的世界：有动物，有人物，有梦境，有情绪，当美好的情感说出来的时候，也会唤起别人同样美好的情感。我也尝试着每天花一点时间和孩子们玩这样的游戏，轮流从我准备的12张纸牌中抽取当天的纸牌并回答上面的问题，如：讲一讲你做的一个梦，说一说你最快乐的事情等等，孩子们沉浸在分享的快乐中，了解了自己，也了解

读 后 感

了别人，我也通过12个简单的问题走进了他们的内心世界。

斯宾塞说：几乎所有成功的孩子，在他们的教育上都幸运地会遇到好的引路人，有的是他们的父母，有的是他们的老师，有的是他的朋友，有的可能只是大自然。这让我想起了我们最近几次的写生活动，从来没有看到孩子们是那么的投入，结束后还不断地要和我商量下一次的写生，所以我想自然教育也是快乐的，孩子从具体的实物中得到的快乐远比抽象的要多。

我们一直希望给孩子们最好的教育，可是最好的教育是什么呢？是一味地追寻"成功教育"吗？我想应该不是。成功固然重要，但它却不能代替快乐。一个对事业、生活缺少乐观态度的人往往很难成功。所以斯宾塞认为，让孩子从小体验快乐，成为一个乐观主义者，比成功更重要，孩子在快乐的状态下学习最有效。

那么快乐是什么呢？不同的人可能有不同的回答，但不可否认，真正的快乐是一种积极的情感体验。作为孩子的快乐需要我们教师来引导，因为老师不快乐，学生就不灿烂。要想让孩子快乐，我们的老师们首先要自己快乐。如果老师整天在孩子面前流露出不耐烦，孩子又怎么会快乐呢？要播撒阳光到别人心里，先要自己心里有阳光。所以每天我都告诉自己多笑一笑，因为我知道微笑对孩子很重要。

有一首歌这样唱道：你快乐吗？我很快乐。我想，快乐应该是人生的真谛。我期待着能以斯宾塞快乐教育的精髓，努力学习做一个快乐的教育者，带着孩子们去"享受学习的快乐"。

最后，我想用斯宾塞的几句话作为结束语，与大家共勉：

当孩子失败的时候，告诉他：一切都可以重来；

当孩子遭遇不公的时候，告诉他：这不是你的错；

当孩子悲观的时候，告诉他：你已经开始走向成功了；

当孩子怨恨时，告诉他：每个人都会出错的，宽容一些，对大家都有好处。

改变，从学写"学习故事"开始
——读《用专业的心，让观察更有温度》有感

●上海市长宁区天山幼儿园 胡 云

"学习故事"是什么？和案例有什么区别？诸如此类的问题会涌现心头，在认真拜读了《用专业的心，让观察更有温度》这本书后，才对它有了更深的理解。

首先，学习故事主要由三部分构成，即注意、识别和回应。注意是对孩子的观察记录；识别是对儿童行为的评价；回应是对下一步活动进行的计划。弄清了"学习故事"的基本概念和框架后，我开始了撰写，在撰写过程中，我做出了以下几个改变。

一、以欣赏的眼光去看待每一位幼儿

在写"学习故事"时，我的心情是愉悦的，在回忆记录着孩子们在活动中的表现时，可以在文字中感受到孩子们的发现、创造力、表现力。教师可以从孩子的对话中分析幼儿内心真正的想法，从每一个细节中去感受孩子每一个点滴的进步。相比案例的撰写，教师在观察时愿意用欣赏的眼光去看待眼前的孩子，不仅能给予孩子鼓励，同时让教师学会认可每一位幼儿的闪光点。

例如，回顾分析：在这短短的30分钟内，我看到你玩得非常开心，与好朋友沫沫完全沉浸在磁力小车的比赛中。从搭建赛道到比赛这个过程中，我看到了你对于赛车的经验很丰富，你知道赛道有起点，有终点，而且小车在同样的赛道里进行比赛，同时出发。此外，你并没有因为第一次的失败而沮丧，而是在比赛中发现了磁铁棒方向的秘密，在第二次比赛中的改变让你的小车不断前进。过程中，我看到你会和好朋友商量、分工并且友好地进行游戏。

二、从以教师为主体转变为以幼儿为主体

和之前的案例撰写有所不同，"学习故事"的主体是幼儿，教师与幼儿是站在平等对话的角度上，我们采用第二人称"你"来记录幼儿的活动，而案例是以教师为主体，站在旁观者的角度上，我们通常采用第三人称"他"来称呼，这是两者在撰写过程中比较明显的区别。教师

读后感

主体的转变，让幼儿真正成为"学习故事"中的主体，从儿童的视角去解读孩子的言行，分析孩子的想法和意图。

例如，故事内容：这两天连着下了几天雷阵雨了，你戴好了警帽，拿着自己搭好的手枪坐在了司机的位置上。你突然喊道：下雨啦！下雨啦！把雨披穿起来。坐在后面的警察们开始东张西望："嗯？雨披？"这时候，你走过来向我请求："胡老师，我要做个警察穿的雨披。""什么样子的啊？你想用什么做啊？"你想了一会走向宝贝箱，一边拿出蓝色垃圾袋一边说："就用这个吧。"你把垃圾袋披在了身上，又拿了下来，剪了四条黄色长形手工纸贴在上面，你说："老师，帮我写警察的字好吗？"我用记号笔在衣服背后写上警察，你接着补充道："旁边还有POLICE。"在我们俩的合作之下，警察雨披做好了，你非常兴奋地回到警察队伍中，嘴里还说道："我在路上看到的警察就是穿这个的。"

三、从单一的观察到连续性的观察体验

自从学写"学习故事"之后，我更愿意去连续性地观察孩子。在同一个区域活动中，孩子们每一天的表现是不同的，他们可能发现问题，可能自己解决了问题，在这个连续的过程中，我能看到更有趣、更丰富的儿童世界，也让我喜欢上连续观察幼儿。

例如，故事内容：铁磁娃娃的游戏投放的第一天，你早早地去玩了，起初，你并不明白怎么玩？所以你不停地摆弄着四个磁铁轮胎，当你发现轮胎可以吸在一起，也可以弹出来，你很平淡地说道："这是磁铁，可以吸在一起，相同的颜色就会弹开。"然后你尝试将轮胎放在车子上，看着步骤图，放下了娃娃，"啪"，娃娃弹起来了，你又调整了轮胎的摆放位置，娃娃还是弹起来了。

第二天，你依然来到这里，继续做"实验"，你先把轮胎放在车子上，先放了橘色的娃娃，娃娃弹起来，你又拿起了紫色的娃娃，娃娃可以放下去了。"咦，好奇怪，换个娃娃就可以坐下去了。"然后你研究起两个娃娃，你发现两个娃娃也可以吸在一起。

第三天，在之前的基础上，你很快就把磁铁摆放好，然后娃娃坐稳了。你拿来了纸和笔，按照黄紫不同颜色的磁铁把它画了下来。在分享交流的时候，你这么说道："我觉得这个磁铁的摆放和娃娃的颜色有关系。"这样的新发现，让每一个孩子眼前一亮，也让我们有了想继续去探索的欲望。

读过《用专业的心，让观察更有温度》这本书后，指引我如何更好地撰写学习故事，让我学会改变角度，用欣赏的眼光去看到每一个孩子的优点，也能让我更加喜欢上观察，通过观察更加了解孩子，走进孩子。

把孩子培养成有个性的人
——读《窗边的小豆豆》有感

● 上海市长宁区安顺路幼儿园 胥梦超

第一次看到这本书是在高中的时候，听到表妹在看便去借来看了看，那时并没有多少想法，只是觉得小豆豆很幸福，可以在那么好的学校里学习，如今再看，反而有了新的感悟。

《窗边的小豆豆》是作者黑柳彻子上小学时一段真实的经历，作者因淘气被原学校退学后来到巴学园。在小林校长的爱护和指导下，让一般人眼里的"怪怪"的小豆豆逐渐变成了一个大家都可以接受的孩子，并奠定了她一生的基础。

在文章中，作者从小就是一颗令学校老师头疼的"怪味豆"，阳光一样灿烂的天性与传统学校教育格格不入。书中是这样描述的："我站在窗子旁边，是为了等宣传艺人们……当宣传艺人们表演完毕后，别的孩子都回到了座位上，可我还是照样站在窗边。老师问我：'为什么还站在那里？'我回答说：'也许这些艺人们还会回来呢，也许还会有别的艺人过来。'仍旧朝外面张望着。……我发现学校的书桌盖子和垃圾箱的盖子一样，不禁十分高兴，上课的时候把桌子开了又关，关了又开，足足折腾了上百遍……"这就是小豆豆在传统学校开始上学仅仅几天之内发生的事情，试想有哪个老师能忍受上课时有这样的学生在班级中存在呢？于是，小豆豆被校方勒令退学了。这也怪不得学校，照现在看来，小豆豆是一个典型的LD的孩子，在当代的中国称之为"学习障碍"或者"小儿多动症"。学校是不愿收留这些麻烦的怪孩子的。如果不是幸运之神眷顾小豆豆，成年后的她，必定游离于主流社会之外，更谈不上成为日本有史以来最伟大的女性之一，并成为联合国亲善大使了。

她是幸运的，因为首先她有一个好母亲。面对女儿被校方勒令退学如此大伤脸面的情，依然疼爱着她的女儿，丝毫没有责怪小豆豆，撒了一个美丽的谎言后，默默地四处寻找适合自己女儿的学校。工夫不负有心人，母亲成功了，她找到了现代教育的理想国度——巴学园。

"巴学园"是一个与众不同的学校。"巴学园"的教室：一个个废弃不用的电车车厢。"巴学园"的校长：第一次见小豆豆，校长就微微笑着听小豆豆不停地说了四个小时的话，没有一丝不耐烦，没有一丝厌倦。"巴学园"的午餐：每到午餐开始的时候，校长就会问："大家都带了'海的味道'和'山的味道'来了吗？""海的味道""山的味道"原来是校长不想让小朋友们偏食，所以蔬菜、肉类、鱼类，都得吃。"巴学园"的教育方法：自己从喜欢的课程开始学;"巴学园"的运动会:能够自己策划稀奇古怪的项目让每个孩子都能发挥特长。"巴学园"的活动:上午,如果把课程都学完了,下午大家就集体出去散步学习地理和自然;夜晚还在大礼堂里支起帐篷"露营",听校长讲旅行故事……"巴学园"里的一切新鲜动人的场景多么令人羡慕。

巴学园是一所可以令全世界所有的学校都汗颜的学校,无论用"奇迹"还是"童话"来赞誉它都不过分。小豆豆在"巴学园"里自由自在、无拘无束。没有师生之分,无论老师、学生,甚至校长都是好朋友,完全丢掉了学生在老师面前的拘束。或许,有许多人会觉得这样的教育方法是异想天开,它对爱心、耐心、想象力等的要求远远超过了对知识的要求,但我觉得这是许多孩子的心声。

在这所学校里,小林校长是巴学园的灵魂。在第一次见小豆豆时竟然认真地听一个6岁的孩子絮絮叨叨地讲了4个小时,直到讲得这颗有着强烈说话欲的"怪味豆"再也讲不出新的东西再也不想讲为止。这个惊人的举动,竟神奇地治愈了小豆豆上课喜欢站到窗边的毛病,从此以后竟然能端端正正地坐在最前排的座位上了。书中还介绍了小豆豆的许多同学,我们会惊奇地发现,在巴学园这所仅有四五十个学生的小学中,竟有许多的怪孩子,甚至包括"几个患有小儿麻痹症或者其他残疾"的孩子。几十年过后,这些孩子除了几个患病英年早逝之外,其他人都在自己喜爱的工作岗位上快乐地生活着。

教育这些怪孩子成功的秘诀是什么呢?就是这位令人尊敬的校长,他从来不说"大家要帮助他们"之类令怪孩子们丧气的话,而只是说:"要在一起啊,大家做事要在一起啊。"自始至终,在小林校长心目中,这些孩子都是和普通孩子一样看待,给予他们尊重,同样保护了他们幼小的自尊心。不论是在游泳池游泳的时候,还是在食堂吃饭的时候。最令人钦佩的是,他为了给一个残疾的孩子信心,竟为他开了一个全校性的运动会。几乎所有的比赛项目都是为他量身定做的,所以,几乎每一项比赛,他都是冠军。可想而知,这次难忘的经历会给这个身体残疾的孩子多大的鼓舞,对他一生产生多大的影响啊!这些怪孩子就在小林校长精心的照料下自尊自信地成长着。

今天,二十一世纪的今天,我们的身边还是存在着这些为数众多的所谓的怪孩子。他们中有多少就像小豆豆一样,天生的数学不行啊(黑柳彻子到了成年,还是不能对付100以内的加减法运算)。一个人在某一个功能方面缺憾,并不是他的错误。然而如今的教育,却容不得他们的存在。学校的全面培优,使得这些孩子不断的边缘化。一门功课考不及格必定使其丧失发展其他特长的空间。无止境地补差,残忍地折磨着这些边缘学生的身心。父母望子成龙、望女成凤不切实际的心态挤压着这些学生的成长。

作为老师,小林校长对孩子的鼓励我们是否做到了?对孩子的讲话耐心倾听、与孩子站同样的高度谈话,对残疾孩子的良苦用心,那种发自内心地对孩子的爱,我们是否拥有过?……假如她是我的学生,我能否静静地听她乱七八糟地讲4个小时?是否能在她为了找到自己心爱的钱包而把厕所里的粪便都掏在操场上却只说了句"弄完后，再把它们放回去吧"就转身离去？——想想，如果是我，我能做到吗？可能当时就大发雷霆了，可能……可是书中的小豆豆幸运遇到一个懂得教育的校长。小林校长，一个深受欧洲教育思想影响的杰出教育家。小林校长年轻的时候就有志于教育，为求教育真谛曾多次自费到西欧教育界去求学，学成归国就按照自己的理想自费创建了这所童话般的"巴学园"。

小豆豆在巴学园学到了什么？她又得到了什么？也许，回顾着短短的几年，小豆豆会发现，她似乎什么也没有学得，但那只是知识上的，更重要的是在生活上、人生上，小豆豆一定是受益匪浅的。

巴学园改变了小豆豆的人生观。在原来的学校里，小豆豆不但学不到知识上的本领，也许对人生的认识也将走上歧途。她不知道这一生，她的目标应该是什么，她的价值将如何表现，而在巴学园，她明白了真善美，学会了帮助同学，知道了如何表达她对周遭一切的爱。包括把泰明拽上大树，包括改变"齐声唱"，她用自己小小的身躯、坚强的心灵捍卫着正义，守卫着巴学园——她心灵中的乐园。这一切将带着她走上一条正义之道。这就是巴学园对小豆豆的意义。就像《怀恩师》中提到的：回顾过去，两位老师并没有改变她对写字对手工的兴趣，但是却培养了她学得学习方法的兴趣，使她受用一生。这就是好老师的意义。

一位好老师、一所好学校教给学生的，留给学生的当然有许多的知识、很多的技能，但也应该留给学生很多时时会想起的回忆，这些回忆时时在提醒着孩子们人生中的这条路该如何笔直向前走，如何伸向远处。

巴学园不在了，小林校长也离开了，但是这消失的一切将一直留在我们的心中，因为我们的心中也有一所巴学园，我们也深深地了解了小林校长办学的宗旨，并会把它永记在心，让每个孩子都能生活在心中的巴学园。

最后，把小林校长的一句话送给大家：无论哪个孩子，当他出生时都具有良好的品质，在他们成长的过程中，会受到很多影响，有来自周围环境的，也有来自成年人的，这些优良的品质可能会受到伤害，所以我们要早早地发现这些优良的品质，并把他们发扬光大，把孩子培养成为有个性的人。

学会反思
——读《在反思中成长》有感

●上海市长宁区虹桥幼儿园　崔　华

打开这本书，原来这是一本记录幼儿在园生活和教师应对策略的书。一个一个鲜活的小故事，篇幅不大，却耐人寻味，说的是别人的故事，却往往能在其中寻觅到自己的影子。其中有几则小故事就让我感触颇深。

故事一：

孩子们正在教室里开心地玩着老师新投放的跳舞毯，这时，游戏的时间到了，于是在老师的提醒下，幼儿开始自己收拾玩具了。正当大家都在忙活的时候，老师看到七八个孩子一起抬着一张小小的跳舞毯，朝着收玩具的地方走去，歪歪扭扭，眼看就要摔倒了。于是老师一声暴吼："你们在干什么？"孩子们脸上的笑容没有了，取而代之的是一张张惊恐的、害怕的、惊讶的、迷茫的小脸，其他区域中的孩子也停下了手里的工作，看了过来！

老师突然意识到自己在干什么呀？于是，冷静过后，马上走到孩子的身边，你们那么多人都想要收玩具啊？可是那么多人走路不好走，会不会有摔跤的危险啊？孩子们只是看着她，也没有过多的反应，这时正好垫子又掉了下来，只有三四个孩子动手拿起了垫子，其他的孩子只是看着，没有继续动手。

看到这个老师的一幕，我不禁笑了笑，是啊，这样的场景也曾经在自己的身上出现过，常常会因为孩子在安全方面或是其他方面没有按照要求来，而会去质问孩子，口气也比较僵硬。虽然出发点是为了孩子的安全着想，但是冷静下来想一想他们还是小孩子啊，在他们的世界里并没有与成人世界那么匹配的错与对的概念，对他们而言，很多东西都是有趣的，正是因为如此，孩子才是充满想象力的人群啊！可是自己却以成人的角度去看待他们，觉得他们怎么能这样做呢？这实在是有点可笑的。

所以，当他们发生了这类事情，不如静下心来，走到他们的身边，蹲下身子，问一问他们在做什么呢？其中会发生些什么事情，什么事情是有危险不能做的，哪些是正确应该做的，告诉他们，让他们知道，这样，既不会打扰孩子的那一份天真，也能让孩子们知道怎么样让自己做正确的事情。

故事二：

孩子们正在学本领，老师带了不同种类的糖罐子，想通过本次活动让孩子们学着怎么样打开不一样的罐子。但是孩子的年龄小，很多时候想和做不能同步进行，于是老师这个请请，那个请请，但是没有几个孩子能做到。于是老师问："那我们怎么办呢？""请老师帮忙。""还有谁也能来帮助我们呢？""大妈妈！"

看似这个故事开展得再正常不过了，孩子学会了求助，可是文章是这么分析的：根据小小班的年龄特点，他们有独立做事的愿望，但是由于受到行为动作能力发展的局限，动作仍然迟缓、笨拙，需要成人的帮助。在这个故事中幼儿打开罐子的动作就说明了这一点。老师虽然能体现出良好积极的师幼互动，但是作为教师过于急切引导幼儿希望能快点找到解决问题的方法。

是的，其实我们班中也有一部分的"慢半拍"幼儿，无论什么事情他们总是比其他孩子要慢一点。当老师的要求提下去后，是十分想要马上得到效果的，但是孩子往往不能在第一时间反应，于是老师就参与其中，剥夺了幼儿尝试的机会。我们应该加以引导，让孩子多尝试，试着自己解决问题，自主建构知识。如果能耐住自己的性子，再等一等，使用"慢半拍"的教育方法说不定结果就会大不同。

还有就是故事中老师让我了解了平等的师幼关系，是优质教育的前提。在故事中，教师以幼儿为主体，以平等的方式同幼儿进行交流，以关怀、接纳、尊重的态度和幼儿交往，努力成为幼儿学习互动中的支持者、合作者、引导者。故事中幼儿每一次的尝试后，老师都会说："你能打开吗？打不开怎么办？"而不是用语言来否定幼儿的能力，在引导的基础上鼓励幼儿解决问题。这点正表明，只有实现良好的师幼互动，才能发掘幼儿身上的优点、亮点、闪光点，才能最大限度地发展幼儿的才能！

这本书中还有许多耐人寻味的小故事，以上是我的读书心得，也希望与更多的读者一起分享这本好书！

读后感

掌控自己的内心
——读《少有人走的路》有感

●上海市长宁区金钟路幼儿园 朱雯琼

选择《少有人走的路》这本书是由于我平时就比较喜欢读一些心理类的书籍，一直认为一个成熟的人是必须能掌握自己内心的人，足够知晓自己的心是什么样的，才能负担得起自己的选择，只有知道自己想要什么才能理智地做出决定。因此，在看到此书在畅销书排行榜上一直停驻近20年，突然就产生了一探究竟的意愿，是什么样的魅力让这本通俗的心理学著作指引了那么多人勇敢直面自己的问题，不逃避，然后一步步走向心智成熟的道路呢？

全书共分四个部分：自律、爱、成长与信仰、恩典，贯穿了作者在从业经历中很多真实的案例，作为行走在心智成熟旅程中的芸芸众生之一，这些故事确实很有代入感，其中有一个案例特别触动我，描述了作者在面对每日高强度的工作后，心怀不满，疲倦感与日俱增，他向主任反映了情况，抱怨了现状，希望求得假期，并且改善这样的工作状况，而主任给出的答复是"你现在确实有问题，你的问题和时间有关，在时间管理方面出了问题"。作者一开始并不理解其中的意思，但三个月后渐渐意识到主任没有说错，"我的时间是我的责任。是我，只有我，能决定怎样安排和利用我的时间。是我自己想比其他同事花更多时间工作，我的负担沉重，并不是命运造成的结果，不是这份职业本身残酷，也不是上司的压榨逼迫，而是我自己选择的方式。同事们选择了和我不同的工作方式，我就心怀不满，这实在毫无道理，因为我完全可以像他们那样安排时间。憎恨他们的自由自在，其实是憎恨我自己的选择，可是这本是我引以为荣的一个选择。"

这段情节太符合自己当下的心境了，以至于在读到的当时就产生了共鸣，因为在工作中身兼数职，工作量越来越大，起初的干劲满满、雄心壮志终是抵不过实际的疲惫感，难免力不从心，禁不住会去思考：为什么我就要担任那么多工作，事情多到应接不暇，为什么不能像别人那样专注于一项工作，何苦要让自己这样焦头烂额，可是的确就像书中说的那样，这不是当初自己的选择吗？是我自己想要好好工作，让自我价值最大化，发挥自己的能力，挑战自我，做更好的自己，然而却因为大强度的工作乱了心智、坏了心态，这样和初衷背道而驰，如果说后悔了自己当初的选择，觉得撑不下去了，可以放弃，选择的权力其实一直都在每个人自己的手里，那我们没有说要放弃不就是说明我们选择了坚持吗？既然如此，抱怨的意义是什么呢？又何来伤春悲秋的立场？这是我们自己想要的生活啊！那么勇敢承担自己的选择才是一个心智成熟、内心强大的人所应有的行为。

  人们总是更热衷于安于现状，躲在自己构建起来的保护壳里，《少有人走的路》给出了这表象的动机，并非所有恐惧都等于懒惰，但大部分恐惧确与懒惰有关。人们总是觉得新的信息是有威胁的，因为如果新信息属实，他们就需要做大量的辛苦工作，修改关于现实的地图。他们会本能地避免这种情况的发生，宁可同新的信息较量，也不想吸收它们。他们抗拒现实的动机，固然源于恐惧，但恐惧的基础却是懒惰。他们懒得去做大量的辛苦工作。

  的确在平时的工作中，我们似乎更习惯去运用一些熟悉的方法去处理问题，哪怕这些方法并不是最合理高效的，哪怕明明存在一些更有效的措施和途径，可是思维定式会让我们假装看不见，或刻意去避开那些新的方法，因为我们不确定这些方法会给我们带来怎样的结果，害怕承担因为未知而带来的不甚理想。这样的行为多少有点懦弱，试想一下，如果这个世界上所有的人都是这样的懦夫，没有先驱者存在，所有人都躲在安全的区域内，不去创新、不去尝试，那么这个时代将永远止步不前，而不进步的结局终将走向毁灭，这是我们愿意看到的吗？通俗点说，"第一个吃螃蟹的人是需要勇气的"，但这螃蟹的滋味却因为这份勇气被大家了解到了。

  合上书的那刻，却没合上它带给我的感受，这真的是一本可以激励我们成长的书，它提供给我们不一样的视角，教会我们如何与自己的心灵对话，让我们看到自己身上确实存在的问题，而想获得幸福美满的人生，就需要我们直面人生的问题，自律可以帮助我们解决问题，爱可以滋养我们的心灵，带给我们源源不断的内动力，在成长的过程中建立自己的信仰体系可以让我们更好地了解周围的世界，找准自己的定位，对生活怀抱感恩之心，那生活也更会回馈我们幸福。

  《少有人走的路》仿佛黑夜中柔和清明的月光包裹着行人，给人温润如水却深刻至极的体悟，正如著书者的期望那样，带给人智慧和勇气，在通往心灵的道路上，一路前行。

读 后 感

培育教师人文素养的重要性
——读《教师人文素养》有感

●上海市长宁区北新泾第四幼儿园 吉燕君

假期中阅读了《教师人文素养》一书，我对教师职业道德及心理健康等方面的知识又有了新的认识，现在我就谈一谈自己的学习感受。

中华民族有着独具特色的人文思想，诸如儒家的仁爱、节俭、谦让，墨家的重实践、任人唯贤等，得以绵延至今。我们如今所说的人文素养，即是正确处理好人与人、人与社会、人与自然的关系，它是悠久历史的深厚积淀的结果。如今所提倡的素质教育与人文素养的提高是有共性的，素质教育是以促进学生身心发展为目的，以提高思想道德、科学文化、劳动技动、心理素质为宗旨的基础教育。它主张因材施教，发挥学生在学习过程中的积极性、主动性，使学生生动活泼，注意培养学生的学习能力和创造能力。所以在教育教学中，充分发挥人的求知欲、兴趣等各个方面的优势，来填补教学过程中缺乏的教育方式，那就是以人为本。

教师被大家誉为"灵魂工程师"，承担着传道授业解惑的重任。作为一个传其道、解其惑的"精神导师"，他本身必须具备美好的情趣、广泛的爱好。琴棋书画、赋诗吟词等不说是无所不精，但起码要成为自己的所能。要使自己在广泛的兴趣爱好中陶冶情操，并且只有教师具有广泛的兴趣爱好，他才会注意培养和保护学生的兴趣爱好。教育的根本目的是为了提高人的素质，促使人形成正确的人生观和价值观，进而提高人的生存质量。

人文素养是人的重要素养之一，对一个教师来说有着重要的意义。人文素养是人类精神文明的重要组成部分，人类人文素养的高低直接关系到整个社会精神文明的发展。人文素养是人在言行中表现出的以人为对象、以人为中心、对人无限关爱的思想倾向，是对人类生存意义的终极关怀的一种人文精神。加强教育的人文性就是以提高学生人文素养为主要目的。这应当包括较高的文化品位、高雅的审美情趣、健康的心理素质、积极的人生态度、高尚的道德修养、博大的爱国情怀、丰富的精神世界。具体地说，教师必须具备爱国主义情感和社会主义道德品质；教师必须深刻地感受到中华文化的丰厚博大，不断吸收民族文化智慧；教师必须具备开阔的视野，关心当代文化生活，吸收人类优秀文化的营养。

有着丰厚的人文素养积淀的人，性格开朗，乐观向上，感情丰富，多才多艺。对于涉世未深、求知若渴的青少年学生，这样的教师是偶像，是榜样，更是学生羡慕、学习、效仿、超越的对象。在这样的教师面前，学生不会消沉，因为教师面对生活的态度可以给学生克服困难的勇气与力量；在这样的教师面前，学生不会死气沉沉，因为教师的幽默风趣可以随时随地给学生带来轻松活跃的气氛；在这样的教师面前，学生不会是别无长物，因为教师的多才多艺会引发学生对才艺的爱好与获取。

　　用不着给教师的人文素质过多的定义解释，我们只要回顾一下我们自己求学时代的经历，是什么样的老师能够长远地驻留在我们的记忆磁盘上？必定是那些才情并茂、技高一筹的教师。那篮球场上奔跑跳跃的潇洒动作，那音乐会上引吭高歌的美妙歌喉，那茶余饭后的说古论今，那缥绢白宣上飘香的丹青笔墨，那明月清风下的管弦丝竹。所有这一切，不是语言的最好言语，不是说教的最好教育，对学生的引导教育钻髓入骨，终生难忘。

　　教师的人文素养就是教师所具有的人文精神及教师在日常活动中体现出来的思想、道德、心理、性格和思维模式等方面的气质和修养。它表现为教师在日常教学管理中对学生的尊重和对学生成长的关心，表现为教书育人的强烈责任感和历史使命感。通过学习，我深知作为人类灵魂的工程师，必须具有高尚的道德品质，对学生要有慈母般的爱心，且不断更新、充实自己的知识，做到与时代同步，才能培养出符合社会发展需要的人才，挑好肩上这副教书育人的重担。

读后感

心系幼儿
——读《幼儿园实用手册》有感

●上海市长宁区南新幼儿园　王莉莎

《幼儿园实用手册》是美籍华人蔡伟忠所著，因为作者接触国外的教育较多，所以在这本书中也提到了许多不一样的教育方式，而本册书的中心就是"跳出传统思维"，在阅读过程中不断提升和反思自己。

在书中，作者在阐述理论知识时深入浅出，让我觉得理论知识离我并不是那么的遥远了。书中第一章讲述的是怎样让孩子喜欢上幼儿园。是的，孩子们是否喜欢上幼儿园是非常重要的，有的孩子上幼儿园非常的乐意，每天都是开开心心地入园；而有的孩子却觉得上幼儿园非常的痛苦，特别是刚入园的孩子，对于一个新环境的适应，总是会有那么一点不顺利，那么我们就应该用科学的办法来解决问题。首先，要找出孩子不喜欢上幼儿园的原因，并且一定要与家长家园共育，因为不管老师采取了怎样的办法，都离不开家长的支持。同时，环境和开展的活动也有一定的作用，如温馨的环境不会让孩子们感到一种陌生感，如果在环境中加入一点孩子们感兴趣的因素，那么孩子们在这样的新环境中也能找到一定的熟悉感，比如：今年9月，我们幼儿园的小班教室里就贴上了一张张幸福的家庭照；而活动的开展就是吸引孩子的关键所在，现在的孩子大多都是独生子女，在家中经常是一个人玩耍，而幼儿园里面却有许多的同伴，活动中的游戏会让孩子了解到在幼儿园的趣味性。这样一来，孩子们就能更喜欢上幼儿园了。

幼儿园老师与孩子如何建立感情也是一个关键。我觉得书中的建议非常好，对孩子的分类管理，使每个孩子在最短的时间内与一个老师建立亲密的关系，只有孩子觉得老师亲切、可靠，他的行为才会在正常的状态下发展，以后就相对容易对孩子进行施教。其实，在工作中我们采取了领导的建议，在班上实施了这种方法，效果还是很不错的。记得有一次吃午饭时，我看到点点小朋友在哭，我准备过去问她怎么回事，坐在她旁边的夏老师示意我不要过去，说是早餐她就没有吃，说胸口痛，就准备带她去看医生，但是她一转身就在笑，开始告状了，于是就没有理她，现在她又是这一招，我们要让她自己吃。于是我也没有去理她，就在旁边观察，过了好一会儿，其他小朋友都吃完了，我想我还是去和她谈谈，我拿了纸坐在了她身边，请她把眼泪和鼻涕擦了，她主动给我说她胸口闷，我说我知道你那里不舒服，所以就不想吃饭，但是不吃饭就没力气，那你就把这碗饭吃了就可以了，我陪着你一起吃，好吗？她很干脆地点点头，然后吃起来，过了一会儿夏老师就过来看看她吃得怎么样，点点一看到她就紧张起来了，夏老师怀疑她是装的，听到这句她又开始哭了，我连忙让夏老师离开，并安慰她我很理解你的感受，我知道你是真的不舒服，我相信你，那我们快点吃了然后去睡觉，点点的情绪这才稳定了下来，很快地就把饭吃完了。事后我和点点妈妈沟通过这事，她说点点晕车，所以胸口闷，可见孩子并没有说谎。点点是一个爱哭的小女孩，性格也很温柔，她是一个服软不服硬的小朋友，所以当她发生这种状况时我并不紧张，我相信只要好好地跟她谈谈就好了，在这个事件中我明白了同理心与分类管理的重要性，同时这也是班上三位老师发挥团队的功能。

在我看来，这本书中的内容不只在于总结和归纳，还在于它可以使我们在工作中找到自己的影子并结合现有的经验和教育资源提升自己，从而，真正地成为一名跳出传统思维的与时俱进的幼教工作者。